KEJIA YU MINSU
YANJIU CHONGSHU
客家与民俗研究丛书

县志编纂与地方社会

——明清《瑞金县志》研究

李晓方／著

中国社会科学出版社

图书在版编目(CIP)数据

县志编纂与地方社会：明清《瑞金县志》研究／李晓方著.
—北京：中国社会科学出版社，2015.3
(客家与民俗研究丛书)
ISBN 978－7－5161－5692－6

Ⅰ.①县… Ⅱ.①李… Ⅲ.①瑞金市－地方志－研究
Ⅳ.①K295.63

中国版本图书馆CIP数据核字(2015)第047455号

出 版 人 赵剑英
责任编辑 宫京蕾
责任校对 张依婧
责任印制 何 艳

出 版 中国社会科学出版社
社 址 北京鼓楼西大街甲158号
邮 编 100720
网 址 http://www.csspw.cn
发 行 部 010－84083685
门 市 部 010－84029450
经 销 新华书店及其他书店

印刷装订 北京市兴怀印刷厂
版 次 2015年3月第1版
印 次 2015年3月第1次印刷

开 本 710×1000 1/16
印 张 19
插 页 2
字 数 283千字
定 价 62.00元

序

李晓方，江西石城人，有才有德、有情有义；假以时日，前途远大。所撰学位论文《县志编纂与地方社会：明清〈瑞金县志〉研究》，2011年5月顺利通过答辩，获华东师范大学历史学博士学位。毕业后，经过近4年的认真修改和补充，突出了地方社会的整体性，调整了问题意识的切入点，终于在学位论文的基础上，完成了一部兼具社会史和方志史特色的学术专著。翻阅这部即将付印的书稿，作为他的博士论文导师，喜悦、祝贺一类话自不必多说；比较适合在此略谈的，是在指导晓方写作过程中提到过、后来还强调过、今后仍会继续提到、继续强调的以下几个问题。

第一，在区域范围清晰的社会史—方志史研究中，要尽力建构核心史料，下决心、下苦功使这一“建构”在一定范围内达到“穷尽”的程度，以此确保研究结论在“常识”上不出现失误。在当今的互联网和无线通信时代，史料收集之便利已非前代学者（包括我等20世纪80年代初的历史系研究生）所能想象；但技术的发达，并不能代替研究者基于各自的专业要求，对本课题“核心史料”范围的理解和圈定。这里比拼的就是眼光、眼界了。晓方为研究明、清两代《瑞金县志》，收集了该志全部10种存目，考订了其中已佚的3种，利用了存世的7种；为探索历届《瑞金县志》的编纂背景、资料来源、编者构成和编纂过程，广泛阅读明清赣南各府州县所修志书和士人文集；为掌握与历届县志编纂时间相应的进士、举人、贡生的家世生平，从30余种新旧瑞金族谱中，寻找当年参与县志编纂有关的各类私人资料。若按社会史—方志史研究应该达到的标准，晓方对该课题“核心史料”所涉范围的理解，已够较高的专业水准，介绍、解读这部分史料的本书第一章、第二章各节，因此也成为整部著作中最耐读、最耐想、最具方志史特色的内容。我曾要晓方的师弟师妹们结合我在《库域型水利社会研究》第一章中对湘湖核心史料的展示方法，认真模仿晓方的学术实践，努力培养对于建构核心史料所应具备的一种特别的耐心和细心。当然，这并不是说已经没有可进一步探索的问题。我是做社会史研究的，所以特别看重特定区域内人群间利益互动、过程控制等具体关系的运作和展开，受我的影响，晓方既然以中国古代社会史为研究方向，因此就很自然地将“明清时期瑞金县志的编纂和地方社会之间的逻辑关系”作为全书的基本内容。但是，正如本书书名所示，县志研究毕竟属于“方志史”的传统领域，检验某一方志之成文内容的资料来源，鉴定其资料品质，应该在全部内容中占有更大的比重，才符合上述学术定位，而目前的篇幅仅为全书的五分之二，似乎不太充分。这一性质的欠缺，不仅会限制对本题“核心史料”所涉范围的理解和圈定，也会削弱研究结论的广度和厚度，关系非同小可。比如，按中国方志体系，除历朝正史地理志和各代全国总志外，就地方而言，则有省、州、郡、府、县志，县志以下还有乡、镇、街、坊、村志；对处于中间环节的县志研究来说，强调以整个方志体系的大局观为基础，显然是必要的。其次，县志是最有地方性百科全书色彩的一级方志，举凡山川、疆域、建置、物产、气候、户口、风俗、方言、古迹、艺文等，无不广泛搜罗，详细记载，如欲准确说明“县志的编纂和地方社会之间的逻辑关系”，可以也应该通过各个门类加以体现，仅将编纂过程分解为取材范围、取材途径、编写方式，视野似乎偏窄；如能有更宽更广的布局，当更为理想。这样一来，为实现这一目的所需史料，肯定要突破现在所理解、所圈定的“核心”范围。指出以上几点，不是在质疑和批评作者的学术能力，而是仅就专业定位与写作实践之间的“张力”（tension）而言。这其实也是每个希望跨越单一学术体系的作者都会遇到的普遍性难题，只不过年轻学者因率真而少掩饰，不注意发现，也不善于抹平两个体系在衔接上出现的逻辑裂痕而已。方志史是对充满了编纂者“地理想象力”（geographical imagination）和“社会想象力”（sociological imagination）的综合性成果的回溯与解构，所需资料的范围，不但将随着研究主体和研究目标的变化而变化，还将随着对编纂者知识背景和了解程度的变化而变化。耐心细心加专心恒心，是据实确定史料范围且有所超越的重要保证。

第二，本书内容的五分之三展现了标准的社会史研究范式，即以方志记载为主，兼以其他资料，通过对重大事件、重要人物的考察，还原地方社会的形成及演变过程。操作这一单元是晓方的拿手好戏，学位论文的基础本就不错，补充修改更是用心用力，所以文章写得相当精致。精致的基础首先是上文所说的资料充分，其次是要对把握细节特别在乎，对于血气方刚的年轻学者来说，真正做到这两点并不容易；尤其是把握细节，更是必须在心力、能力上面临的考验。细节似乎与广遭诟病的“碎片”有关，其实这里有些误解。“碎片”越精致，包含的信息越丰富，就越能成为有价值的细节。社会史研究的重要特征和魅力之一，就是要努力提供精致的“碎片”，然后在此基础上进行适度的拼图，从而构建有限的整体。拼图游戏中最难处理的碎片，恰恰是那些单调、粗糙、无特点的一般色块。这种不精致、无特点的碎片，做不成上乘的拼图，所以只好被边缘、被冷淡、被闲置、被割舍、被忘记，所谓社会史研究中的“碎片化”倾向，也就是这样形成的。研究者如果只关注“大事”，对细节熟视无睹，轻易放过，当然就达不到精致的境界；反过来同样如此，对“碎片”既不要刻意贬低，也不要盲目拔高；对一时还没有被拼图者看好、还不知道把它拼装在何处的碎片，只要它是精致的，就应该抱着揣摩和欣赏的态度，耐心而宽容地思索，富有想象力地对待它。过于匆忙地从整理碎片阶段跳跃到拼图阶段，并不一定拼得成，更难拼得好。

马林诺夫斯基的《文化论》中有一段名言：“除非我们对于各种文化现象的性质充分了解，除非我们能一一规定它们的功能及描写它们的方式，猜度它们的起源及发展阶段是没有意思的。”什么叫“充分了解”？按马氏的标准，就是对某一物品、某一文化现象在实际生活中的不同用途和它所进入的不同的文化布局，研究者要熟到再也无话可说的程度。这就是我们应当追求的“精致”标准。

当然，碎片是存在理想和不太理想、重要和不太重要之别的。选择值得精致化的碎片与设计出有意义的拼图方案有关，也与构建有限整体的眼界有关。道理谁都懂，关键看实践。康熙癸亥（1683）《瑞金县志》卷首有12幅图，其中8幅的题诗落款被乾隆癸酉（1753）《志》抹去，至道光壬午（1822）、光绪乙亥（1875）时，又逐一恢复，使之重现。晓方发现题诗落款变化的细节后认为，这个过程并不是对编纂者审美趋向的说明，而是反映出他们对县志之“公器”、私著、家史性质的认识程度，以及“几乎垄断了每一次县志编纂的新增内容”，是“对县志编纂过程的直接操控。”这个结论对于揭示“县志的编纂与地方社会之间的逻辑关系”，具有较强的说服力，但还可以通过解读图中的另一细节，也就是所题诗词所含内容，对“逻辑关系”作进一步细化。另外，晓方对县志《地舆图》中的县境图、县治图等关注不够，未在版本比较的基础上进行分析，失落了一些相当重要的历史线索，甚为可惜。在全书265页正文中，示意性地图只用了3幅，也说明晓方对地图在“历史书写”上具有的特殊功能不大敏感，还需要在今后的实践中有所体会；如能进修一些历史地理信息系统方面的课程，当更为理想。

第三，博士学位论文的既定目标中已包含了与前沿学者对话、与本题通用理论对话的内容。按惯例，答辩之前，此类“对话”自不妨低调；至答辩后的修改补充阶段，则可以适度调整，放手一搏，学界对此完全体谅。晓方在这方面总体上做得不错，但若以更高标准来要求，则还有不小的余地。如本书正题中的“地方社会”，就有很多值得展开的理论思考。众所周知，赣南的瑞金县是客家聚居地，晓方本人就具有客家背景，客家问题应该是可以深入展开的一个重要角度。日本东北大学濑川昌久教授在由我翻译的《客家特性形成过程之研究》一文（载《人类学研究》第三卷，浙江大学出版社，2013年），以及在由他主编的《客家的创生与再创生——从历史与空间出发的综合性再探讨》（东京风响社，2012年）一书的序论中，都提到了客家研究的新局面，主要表现在人们已经开始揭示出与罗香林曾经总结的“客家持续且连续的整体性面貌”明显不同的一系列个别实态。在这个被濑川先生称为“客家研究第二范式”的引领下，客家起源的多样性、多元性，客家与其他集团界限的暧昧性，在被统称为客家的人群中文化的多样性，尤其是在客家内部作为“客家”的自我意识的强弱程度等，成了研究者新的话题，并有逐渐成为研究主流的倾向。如果能在以赣南客家社会为研究对象的著作中，辟出专节，用一定的篇幅对上述问题做正面讨论，明确揭示客家社会与非客家社会在地方志书写上的基本区别，意义将会非常重大。又如晓方与他的师姐张爱华曾经就“族谱的方志化”与“方志的族谱化”两个命题有激烈辩论，颇有心得；事后听说，令人神往，当时似已约定，希望两位尽快成文，以便深入商榷。按我的理解，族谱、方志是基本逻辑不同的两类文本，如何能“化”，如何算“化”，何时何地已“化”，是一个从理论到实践都有待想象、有待求证的大问题。今春在浙江中南部农村考察时，因见识了许多介于“化”与“未化”之间的谱、志，更让我对晓方、爱华的进一步讨论有所期待，可惜本书未能开辟出一个合适的场景来正面展开这个话题。即便如此，仍想与两位贤徒再续前约。亟盼一鼓作气，有所建树；既为学术，又慰我心。

晓方从我读史多年，公事私事，无话不谈；师生之间，早成挚友。以上三点，既是待刊书稿的读后感，也是互勉互励的体己话。因为有所批评，所以就不是敷衍。晓方聪慧，一点就透，应能理解我竟敢以此为序的一片苦心。

钱　杭

2014 年中秋，于苏东吉家庄

目　　录

绪　论

第一节　研究意义

据不完全统计，留存至今的地方志有八千余种，约占现存古籍的10%。[①] 地方志的种类繁多，有总志、通志、府志、州志、县志、乡镇志、卫所志以及各种专志。占据现存方志中绝大部分的县志，是官修方志体系中最重要的一环，它既贴近民间生活，又反映国家的政治要求和主流意识形态。在传统中国，县志既是地方官员了解地情的重要参考资料，是总志和省府州志的重要辑史来源，也是地方士绅建构地方文化形象的重要平台。在修志渐趋经常化和制度化的明清时代，县志编纂是地方政治文化生活中的重大事件而备受县域民众的关注，成为地方官绅竞相染指的话语权力和文化资本。从这层意义上，县志既是县域社会各种势力角逐的对象，又是县域社会各种势力角逐的结果。因此，县志既是对地方历史的记录，其本身也是地方历史过程的重要组成部分。

检讨学界对地方志的研究，不难发现，学者们多将地方志作为一宗史料来利用，用以重建和解释区域社会的历史过程。随着社会史向区域社会史研究的纵深推进，地方志尤其是大量县志已经成为学者们构筑区域史的资料基础。与地方志作为"理所当然"的史料加以利用相比，学界将地方志的形成过程本身置于特定时空背景下的研究却还明显不足。方志学界向来以地方志为研究对象，但其研究范畴主要是地方志的源流、性质、体例、功能、特征、现代意义等，一般不太关注方志编纂与地方社会之间的逻辑关系。

---

① 来新夏：《中国地方志》，台湾商务印书馆1994年版，第1页。

近十年来，随着社会史研究与文化史研究的合流，社会文化史研究悄然兴起。在社会文化史的视野下，有的学者敏锐地意识到，在过去用来建构和解释历史过程的史料本身，也是经由人们建构的文本。因此，探讨文本背后的目的、动机、意图、观念、权力，逐渐成为史学界一个新的研究取向。具体到地方志这一特定的文本，有的学者也开始尝试这样的研究：将它置于具体的社会历史环境中加以解读，探究其形成过程以及由此映射出来的地方社会变迁。此类研究大多颇具冲击力，很能给人耳目一新之感。不过，相关成果只是零星偶现，尚未形成气候。

笔者认为，这恰恰是一个大有可为的研究领域。

基于以上分析与判断，本书计划以现存明清时期的七部瑞金县志为个案，探讨县志编纂与地方社会之间的逻辑关系，权力、观念等因素渗入县志编纂的路径、机制与限度，以及明清时期县志编纂者的认识史。希望本书的研究将具有以下几点意义：

第一，县志编纂是明清时期地方社会政治文化生活中的重要内容，希望本书的研究，能在一定程度上再现县志编纂的运作模式及其与地方社会互动关系的历史场景。

第二，方志是一种经由人们建构出来的文本，这在学界已渐成共识。但是，方志是怎样被建构出来的？它的建构与地方社会的权力结构、价值观念及其变迁有何关联？又是在何种程度上以及以何种方式发生着关联？对于这些问题，我们还可以做进一步的思考和探讨。笔者相信，通过将明清瑞金县志的形成过程置于特定的历史情境中进行具体而微的分析，我们能对上述问题有更加切实的理解，进而更好地把握地方志所谓建构的本质内涵。

第三，通过同一县域、在明清时期不同时段形成的七部县志，仔细比较其志书组合、门类体例、卷篇结构、政治倾向、历史意识、准确程度等内容，全面探讨方志作为一种地方史文献的特殊性，以及生活在地方社会中的历代编纂者对政治、社会、文化的认识史。

第四，在方志编纂制度化的当下，从社会史的维度探讨传统方志与政治社会的关系及其特性，将有利于人们反思地方志的书写、阅读与利用方式，深化对地方志社会文化史内涵的认识。

第二节　学术回顾

由于本书主要研究县志编纂与地方社会的关系，相关的研究成果国内尚且不多，国外的研究则更少，故在学术史回顾中将对国内外的研究现状一并综论。

一　对地方志作为史料的利用

中国的地方志源远流长，关于其起源，虽然众说纷纭，但其源于先秦似为专家共识。先秦之后，中国地方志日渐成长。到宋元时期，其纂修趋于定型，体例渐至完备。迨至明清，地方志的纂修渐趋制度化和经常化，进入了空前繁荣的阶段。在现存近万种的地方志中，九成以上修于明清时期。

地方志历来是历史研究的史料，但其受重视的程度又古今迥异。在传统史学的视域中，地方志虽多被视作史籍之一种而列入史部地理类，但其记事的可靠性又常遭史家们的质疑。被梁启超推崇为方志学之创始人的章学诚，就清代所修方志，批评其为“全无征实”①。在清代以前的正史纂修中，几乎不采用地方志的记载，亦如章学诚所言：“自有方志以来，未闻国史取以为凭也。”② 即便私家著作，对地方志的利用也是心存疑虑而慎之又慎，主要将之限定在历史地理的范围之内。顾炎武的巨著《天下郡国利病书》《肇域志》对地方志的大量征引，在其时的史学著作中并不多见。

20世纪30年代，在社会史大论战的背景下，地方志的史料价值得到了空前强调。顾颉刚、陶希圣、鞠清远等人，率先在《禹贡》《食货》等杂志上纷纷撰文，讨论地方志在揭示中国历史发展动力与

---

① 章学诚著，仓修良编注：《文史通义新编新注》外篇四《答甄秀才论修志第一书》，浙江古籍出版社2005年版，第841页。

② 同上书，第829页。

脉络中的史料价值，探讨利用地方志的方法。[①] 有的学者则付诸实践，大量利用地方志素材进行历史研究，并取得了巨大成功。如梁方仲先生的《一条鞭法》（1937），通过利用一千多种地方志，厘清了“一条鞭法”在各地区的实际推行情况，成为成功利用方志资料探讨王朝制度与地方社会的经典著作。[②] 历史地理学家谭其骧先生，可谓成功利用方志资料于移民史与人口史研究的先驱，他于20世纪30年代就读于燕京大学时撰写的毕业论文《湖南人由来考》，利用湖南诸府、州、县志中的五种，厘清了出自汉族血统的湖南人的由来。[③] 社会经济史学派的创始人傅衣凌先生，他在回顾其学术历程时曾经坦言：“开始懂得地方志在史学研究中的重要地位，这就为后来我的社会经济史的研究打下了基础。”[④] 可见，对地方志的成功利用在其学术生涯中产生了至关重要的影响。在同期的海外中国学中，地方志实际是研究中国史的最大资料来源之一。何柄棣的《明初以降人口及其相关问题（1368—1953）》，可谓成功利用方志资料进行研究的经典作品。20世纪50年代，作为青年学者的何炳棣通过对卷帙浩繁的中国方志作抽样研究，揭示了地方志中大量记载的“丁”与“口”和实际人口数并无对应关系，得出了其中的“丁”只不过是个赋税单位的结论，为中国人口史和赋税制度研究做出了重要贡献。[⑤] 此外，美籍华裔学者萧公权的《中国乡村：十九世纪帝国政权对人民的控制》，其

---

① 陶希圣：《搜读地方志的提议》，鞠清远《地方志的读议》，《食货》第1卷第2期（1934），第40—45页。

② 刘志伟、陈春声：《序》，载梁方仲《中国社会经济史论》，中华书局2008年版，第17页。

③ 陈其泰：《20世纪中国历史考证学研究》，北京师范大学出版社2004年版，第353—356页。

④ 傅衣凌：《我是怎样研究中国社会经济史的?》，《文史哲》1983年第2期。

⑤ ［美］何炳棣：《明初以降人口及其相关问题（1368—1953）》，葛剑雄译，生活·读书·新知三联书店2000年版。关于其研究方法及得出的结论，可参见该著“前言”，第1—3页；对何著的评价则可参见葛剑雄的《译后记》，第405—407页。

中对清朝赋税体系的研究资料，也主要来自地方志提供的数据。①

由于受到特定社会政治环境的制约，眼光向下的社会史研究路径，在随后的较长时间里，始终处于史学界的边缘地位。包括地方志在内的地方文献以及民间文献等“下层文类”，在国内的史学实践中并未受到充分的重视和利用。这种局面，直至20世纪80年代社会史研究复兴后得到根本扭转，地方志的史料价值从此受到空前重视，地方志的利用广度大为拓展。曹树基先生继承和发扬其师谭其骧先生的研究路径，主要依凭地方志史料成功重建了明清时代中国的移民史与人口史。② 中国台湾学者刘石吉先生主要依凭地方志展开的明清江南市镇的系列研究，对大陆江南史，尤其是江南市镇经济研究产生了重大影响，堪称经典。③

随着社会史研究的纵深推进，尤其是区域社会史研究的展开，利用地方志进行明清史研究几乎成为一种时尚，其论著不胜枚举。择其大端，如樊树志的《明清江南市镇探微》（1990）、刘志伟的《在国家与社会之间：明清广东里甲赋役制度研究》（1997）、唐力行的《明清以来徽州区域社会经济研究》（1999）、张研的《清代社会的慢变量——从清代基层社会组织看中国封建社会结构与经济结构的演变趋势》（2000）、梁其姿的《施善与教化——明清的慈善组织》（2001）、张海英的《明清江南商品流通与市场体系》（2002）、常建华的《明代宗族研究》（2005）、陈江的《明代中后期的江南社会与社会生活》（2006）、黄志繁的《“贼”“民”之间：12—18世纪赣南地域社会》（2006）、钱杭的《库域型水利社会史研究——萧山湘湖水利集团的兴与衰》（2009）等，均大量利用到地方志的素材。尤其要指出的是，中国台湾学者梁其姿教授，为了统计清代的慈善组织，

① Kung-chuan Hsiao, *Rural China: Imperial Control in the Nineteenth Century*, University of Washington Press, 1960.

② 曹树基：《中国移民史》第五、六卷，福建人民出版社1997年版；《中国人口史》第四、五卷，复旦大学出版社2000年版、2001年版。

③ 李伯重：《刘石吉著〈明清时代江南市镇研究〉的评介与感言》，《中国社会经济史研究》1993年第3期。

利用方志竟达2600余种。[①] 在一本著作中，征引方志数量之巨，实属罕见。至于单篇论文，更可谓俯拾皆是，通过检索发现，在近二十年来的历史研究中，仅以"基于某某地方志的考察""以某某地方志为考察中心""从地方志看某某问题"为副题的论文不下百篇。以上简述，可谓挂一漏万，但从中不难看出，利用地方志进行的研究就其主题而言，几乎涵盖了政治、经济、文化、生态等诸领域；就地域范围来看，则几乎涵盖了华南、华东、华北、华中等全国各地。基于大量社会史研究的实践经验，常建华教授深刻地指出，地方志既是研究地域史、区域史的基本资料，也是研究历史的重要切入点。[②]

在海外学者中，美国学者施坚雅主编的《中华帝国的晚期城市》（2000）、萧邦齐的《中国的名流与政治变迁——20世纪早期的浙江省》，日本学者森正夫《明清史论集》（第三卷，2006）、谷口规矩雄《明代徭役制度研究》（1998）等著作均大量征引地方志资料。尤其在日本史学界，正如山根幸夫所指出的，"利用地方志已成为一种常识，无需加以说明"[③]。

二 方志学界对传统方志的批判

地方志不仅是研究的史料，历来也是学者们的研究对象。对地方志的研究，大概有两个基本角度：一是从方志学的角度进行的研究，二是从历史学的角度进行的研究。必须说明的是，这样区分并不是说方志学家与历史学家分属二途，事实上大多方志学家同时也是历史学家，只是从不同的角度进行的研究，其旨趣关怀存在较大差别，故有必要分而述之。下面就从社会史的角度，先就方志学界对传统方志的批判做简要综述。

梁启超在《中国近三百年学术史》中，将方志学的成立视为清代

① 梁其姿：《施善与教化：明清的慈善组织》，台北联经出版事业公司1997年版。

② 常建华：《试论中国地方志的社会史资料价值》，《中国社会历史评论》（第七卷），天津古籍出版社2006年版，第61—74页。

③ ［日］山根幸夫：《中国史研究入门》（增订本），田人隆等译，社会科学文献出版社2000年版，第27页。

学术取得的一项大重要成就，并认为“方志学之成立，实自实斋始也”①，将清代的章学诚誉为方志学的创始人。章氏因其在方志学史中的突出地位，其方志学思想与理论历来是方志学界高度关注的焦点，相关研究成果颇为丰硕。② 当然，对地方志的理论探讨，实际上可追溯至自地方志产生以来，这方面的介绍蔚为大观，如中国台湾林天蔚《地方文献论集》、黄苇《方志学》、陈光贻《中国方志学史》均有详论，兹不赘述。③ 清代方志纂修盛况空前，不少著名学者参与其中更显特色，如顾炎武、章学诚、戴震、方苞、钱大昕、洪亮吉、梁启超、孙诒让等人，他们不仅亲自主持方志编纂，而且通过方志序、跋或专门论著，总结修志经验，从不同侧面对地方志进行了理论探讨。晚清民国，再度掀起修志高潮，涌现出了王棻、吴宗慈、余绍宋、李泰棻、朱士嘉、傅振伦、张国淦等一批著名方志学家。新中国成立以后，方志学有了新的发展，方志学者承前继起，来新夏、陈桥驿、刘光禄、薛虹、黄苇、刘纬毅、张革非、吕志毅、王德恒、陈光贻、周迅、杨军昌、仓修良、巴兆祥、戴鞍钢等人，均有专著问世，探讨方志学说。

地方志是什么，或者说应该是什么；地方志应该编纂什么，以及该如何编纂，这是方志学界讨论的核心问题。具体到清代方志学界，章学诚的讨论最为详尽和透彻。章氏反对以戴震为代表的考据学派将地方志定性为地理书的观点，认为地方志应该是一种历史著作，其记事范围不应局限在地理沿革，而应扩展到人物与文献，试图借此提升地方志在史学中的地位，实现其“国史取材”和“经世致用”的功

① 梁启超：《中国近三百年学术史》，中国书店1985年版，第304—305页。

② 邱新立先生曾对章学诚方志理论研究做有很好的梳理和评述，具体可参见邱新立《二十年来章学诚方志理论研究综述》，《福建史志》2003年第4期。

③ 林天蔚：《地方文献论集》（上册），南方出版社2002年版；黄苇：《方志学》，复旦大学出版社1993年版；陈光贻：《中国方志学史》，福建人民出版社1998年版。

能。[①] 章学诚对地方志乃史书的定性，正是其大受梁启超推崇的主要原因。章学诚从“志属信史”“志属史体”“志乃史裁”的理想设计出发，主张地方志的编纂原则亦应秉持“史学法度”，并以此为标准，对既往地方志展开了尖锐的批判，他对其时地方志的基本评价是：“方志久失其传，今之所谓方志，非方志也。”他不满于方志作者的人员构成和基本素养，认为其中多为不懂史学的文士，他们好“夸饰文辞”，甚至“信笔乱填”和“猥滥庸妄”，而不明方志之责在于“期明事实”；至于文人修志多图私利而缺乏责任心，则更为章氏所痛恨，进而提出了“文人不可修志”的主张。章氏亦不满于方志在选材上的局限，他注意到方志取材多源自六科档案和望族家乘，极少深入民间进行实地调查，故其记人记事多集中在地方官员与士绅文人，而鲜及穷乡僻壤的下层民众。章氏更尖锐地批评方志编纂过程中普遍存在的营私现象，如地方官员与士绅文人，往往贪载艺文，即便是风云月露无关惩创之作亦滥收其中，以期传世不朽；更有甚者“贿赂公行，请托作传”，导致方志成为文人游戏、应酬文字或私家墓志寿文的汇集而“全无征实”。此外，章氏亦注意到方志人物传记中空洞无物与脸谱化的现象。[②] 清代其他学者对地方志的批判亦散见于他们的方志序、跋之中，如戴震也注意到地方志的记人记事，往往因受客观条件的限制而无法关照到下层民众，说地方志只能是多载“富贵之家”而鲜及“穷巷下里”，“遗者盖多，书其所知而已”[③]。

民国时期，尤其是20世纪30年代，在民国政府倡修方志的背景下，方志学一度成为研究热点。王棻、吴宗慈、余绍宋、李泰棻、朱士嘉、傅振伦、张国淦等人对传统方志均有论列。在近代民族国家意

① 新近，杨念群对章学诚编纂地方志的设想与帝国政治秩序规划之间的配合关系进行了颇有深度的梳理和解读，可参见杨念群《章学诚的“经世”观与清初“大一统”意识形态的建构》，《社会学研究》2008年第5期。

② 章学诚的上述方志学思想，可详见章学诚著，仓修良编注《文史通义新编新注》外篇四中的《方志立三书议》《答甄秀才论修志第一书》《州县请立志科议》《修志十议呈天门胡明府》等文，浙江古籍出版社2005年版，第827—864页。

③ 戴震：《汾州府志例言十则》，载乾隆《汾州府志·例言》，第4页。

识的主导之下，传统方志中的皇朝史观成为其时批评的主要目标，但是大多批判流于意识形态的一般化而难免空疏。相比之下，傅振伦比较注意吸收清代方志学界的研究成果，他的《中国方志学通论》是其时最具代表性的一部著作，该著设有专章《方志之通病》，对传统地方志进行了全面深入的批判，概括了其中普遍存在的十大通病。不过这十大通病所涉及的内容，几乎没有超出章氏先前论列的范围，这反映了民国方志学界对传统方志批判的一般状况。[①]

新中国成立后，国家十分重视方志编修与研究，并成立了中国地方志小组，以推动这项工作，20 世纪五六十年代，一度掀起修志高潮，方志研究亦应时兴起，但不久因诸多原因而中断。[②] 80 年代，中国政府全面启动全国范围的第一轮修志工作，方志研究从此大盛，并一直延续至今。对传统方志史料价值的重新批判与评估，是现代方志学界的重要论题。20 世纪 80 年代，为推进全国地方志的编纂，中国地方史志协会先后汇编了《中国地方志总论》（1981）、《中国地方志分论》（1981）、《中国地方志论丛》（1984）、《中国地方志详论》（1985）、《中国地方志论集》（1988），收录了自新中国成立以来至 20 世纪 80 年代中国方志学界诸多专家的近百篇文章。其中，傅振伦的《方志——史料的宝库》、邬烈勋的《中国古代史料宝库——地方志》、蒋光田的《地方志是一座宝库》、潘新藻的《地方志是重要的历史文献》等论文，以明确的主题从不同的角度论述了地方志在中国古代政治、经济、文化、军事、民族等领域研究中的史料价值。此外，王重民的《中国地方志》、朱士嘉的《中国地方志浅说》等论文亦拟就“旧方志的作用”“地方志的价值”等章目，全面讨论了地方志的价值，尤其是在史学研究中的地位和作用。学者们普遍认为，地方志可以补正史记载之不足，因其更贴近基层，故更能反映一般民众的社会生活，旨在强调其史料价值与现实意义。这种理念也充分体现

---

① 傅振伦：《中国方志学通论》，商务印书馆 1935 年版，第 40—55 页。

② 关于 20 世纪五六十年代的地方志编修情况，具体可参见邱新立《中国五、六十年代地方志的编修始末及成果概述》，《中国地方志》2000 年第 1 期。

在新近戴鞍钢的著作《中国地方志精读》中。[①]

在充分肯定传统方志史料价值的基础上，学者们也注意到其中的弊病。来新夏《中国方志学概论》（1983）是现代方志学界的一本重要著作，作者在第二章“历代的方志编纂与研究”中，谈到了“旧方志的局限性”，重点批评了旧方志的地主阶级属性和天命论的唯心史观。[②] 谭其骧的《地方史志不可偏废，旧志资料不可轻信》一文，基于自己多年从事历史地理的研究经验，以地方志对古城遗址、建置沿革、历史人物、地方灾异的记载为例，指出了地方志的记载未必可靠，故而不可轻信。[③] 武汉大学《中国图书知识》编写组的《地方志简介》一文，则对传统方志宣扬封建意识形态的孔孟思想、对历代农民起义的污蔑、编纂取材的局限等方面存在的流弊进行了批判。[④] 不过，与方志学界普遍强调和论证地方志的史料价值相比，对地方志史料价值局限性的批评只能算是支流末节。

三　近年来社会文化史视野下的地方志研究

近年来，随着社会史与文化史研究渐趋合流，社会文化史研究悄然兴起。社会文化史研究的特点之一，就是注意分析历史文献背后的权力与观念。这一研究取向，在后现代史学理论的激荡下，更趋活跃与发展。地方志作为一种重要的地方文献，也引起了一些学者的关注，颇有从研究史料走向研究主题的趋势。社会文化史视野下的地方志研究，其旨趣大异于方志学界，他们将地方志作为一种包含着建构成分的“文本”，并试图通过对其产生过程的解构，探讨由此映射出的社会历史情状、权力和观念。不过，这一研究取向尚处朦胧阶段，未见专门著作，只有少部分论文，下面就已见成果作一综述。

探讨影响地方志编纂书写的原因，学者们表现出了较浓厚的兴

① 戴鞍钢：《中国地方志精读》，复旦大学出版社 2008 年版。

② 来新夏：《方志学概论》，福建人民出版社 1983 年版，第 94—96 页。

③ 中国地方史志协会编：《中国地方志论丛》，中华书局 1984 年版，第 8—20 页。

④ 地方史志研究组编：《中国地方志总论》，中国地方史志协会、吉林省图书馆学会 1981 年版，第 82—93 页。

趣，分别从社会治乱、政府控制、宗族势力、讲学风潮、文化观念、一统志的纂修等多个角度进行了颇具启发性的研究。例如，陈春声、冯玉荣讨论了社会治乱的变化与政府控制的张弛对地方志书写的影响。① 程美宝、陈蕴茜等人则对晚清民国社会生活和读书人知识体系、价值观念的剧变，如何体现在其时的地方志书写之中，进行了很好的研究。② 吕妙芬则注意到晚明区域讲学风潮对地方志纂修和书写的影响，视角新颖。③ 有的学者分析了地方宗族势力、族群关系对地方志编纂的影响，如美国学者戴思哲（Joseph Dennis）通过考察万历新昌县志，认为这部县志实质上修纂成了当地吕、潘和俞三个显赫家族的“共公家谱”④。明清一统志的纂修对通志和府、州、县志的纂修起了推动和规范的作用，对此，张英聘的系列研究颇显功力。⑤ 笔者曾从明清时期多次修撰的《赣州府志》的风俗志入手，对“崇文向学”与“尚武好斗”两种看似相悖却密切关联的地方风尚进行了解读，指出明清地方志对民风习俗的书写，受到以下因素的影响：一是修志者的身份和立场；二是当时当地的社会矛盾与社会秩序；三是修志者试图向读者传递何种信息、哪些人群属于他们假设的读者等。⑥

任何文献史料均非透明，它们都经过了权力、观念、目的、意图等因素的“污染”，这在学界渐成共识。揭示深藏文本背后的上述因素，是新近社会文化史研究的又一重要兴趣点。谢宏维通过对清至民

---

① 参见陈春声《嘉靖“倭乱”与潮州地方文献编修之关系——以“东里志”的研究为中心》，《潮学研究》（第五册），汕头大学出版社 1996 年版；冯玉荣《明末清初社会变动与地方志的编纂——以〈松江府志〉为例》，《中国地方志》2008 年第 7 期。

② 参见程美宝《地域文化与国家认同：晚清以来“广东文化”观的形成》，生活·读书·新知三联书店 2006 年版；陈蕴茜、曲兵《论清末民初士绅与江浙地方志的变化》，《江海学刊》2004 年第 4 期。

③ 吕妙芬：《阳明学士人社群：历史、思想与实践》，新星出版社 2006 年版。

④ ［美］戴思哲（Joseph-Dennis）：《谈明万历〈新昌县志〉编撰者的私人目的》，载王鹤鸣主编《中华谱牒研究》，上海科学技术文献出版社 2000 年版，第 156—162 页。

⑤ 参见张英聘《论〈大明一统志〉的编修》，《史学史研究》2004 年第 6 期；巴兆祥《论〈大清一统志〉的编修对清代地方志的影响》，《宁夏社会科学》2004 年第 5 期。

⑥ 参见李晓方《崇文向学与尚武好斗：明清历修〈赣州府志〉对赣南民风的表达》，《社会科学》2010 年第 4 期。

国《万载县志》的分析，认为当地土客权力关系及其变化，渗透在了地方志的书写之中，从而指出，地方志既是地方各种势力角逐的产物，又是地方各种势力角逐的对象。[①] 罗艳春通过对清中叶万载县的书院考察，认为相对于族谱，县志对族学的记载体现了地方宗族势力的兴替。[②] 程美宝以清末民初的广东乡土教材为文本，深入剖析了在清末新政背景下，广东地方上的读书人如何在其中运用一套新的话语，尝试在观念上重新定位地方与国家的关系，表现他们对新式教育的认识以及对国家观念的理解。[③] 日本学者佐藤仁史做了与程美宝极其类似的研究，他以乡土志与乡镇志为切入点，探讨了由此折射出来的清末民初在乡知识分子的文明观与乡土观。[④] 余新忠以明清江南地方志中的"孝友传"为资料基础，着力探讨了方志"孝友传"之类文本的限度、其背后所蕴含的政治和社会文化意涵与编纂者的意图。[⑤] 钱杭对登载在明代弘治《萧山水利志》中，且长期被视为维护湘湖公意及公利的最重要的历史授权依据《英宗敕谕》进行了严密考证，认为那其实是民间精英为了维系集团利益和权力秩序而改编和虚构的神话。[⑥] 李文良注意到清初台湾地方志赋予"客家"极其负面的形象，并分析认为，这些文本实质上是当时福建漳、泉籍人对广东潮州籍人的书写，而并非长期以来一直被学者们视为"讲客家话的客家人"之历史；进而强调反省以往阅读方志的方法，注意方志的作者及

---

① 谢宏维：《文本与权力：清至民国时期江西万载地方志分析》，《史学月刊》2008年第9期。

② 罗艳春：《教育、宗族与地域社会——清中叶江西万载书院再考》，《中国社会历史评论》（第九卷），天津古籍出版社2008年版，第124—139页。

③ 程美宝：《由爱乡而爱国：清末、广东乡土教材的国家话语》，《历史研究》2003年第4期。

④ ［日］佐滕仁史：《清末民初在乡知识分子的文明观与乡土观》，易青译，载《日本中国史研究年刊》刊行会编《日本中国史研究年刊》（2006年度），上海古籍出版社2008年版，第267—298页。

⑤ 余新忠：《明清时期孝行的文本解读——以江南方志记载为中心》，参见常建华主编《中国社会历史评论》（第七卷），天津古籍出版社2006年版，第33—60页。

⑥ 钱杭：《真实与虚构之间的历史授权——萧山湘湖史上的〈英宗敕谕〉》，《史林》2004年第6期。

其意图的重要性。[①] 美国学者范德（Edward L. Farmer）对明代地方志中的插图进行了颇具启发性的研究，指出方志提供的这一景象显然已被学者们和下令刊行方志的官员们的关注点、预设和价值观所涂抹，表现了作者们急于在更宏伟的明朝方略中为自己的地区要求一席之地的意图。[②] 潘晟通过研究明代方志地图绘制者的身份构成则指出，由于明代方志地图绘制者身份的多样性，其内容自然会掺杂他们的视觉而具有多样性，这些舆图在给我们传达明帝国的文化与权力秩序的人文地理景观过程中，由于具体绘制者的差别，仍然使方志舆图体现了丰富的个性。[③] 中国台湾学者王明珂则从人类学的角度，试图透过《道光云南志钞》的书写、出版行为，探索其作者王崧的情感、意图如何影响他在种种社会情境“结构”下的书写及其他行为。[④] 张小也通过比对五部清代《江夏县志》和民间文献《灵泉志》的书写异同，指出其中的材料与编纂方式客观上反映了地方社会的自我认知过程和地方史的建构过程。[⑤]

对地方志生产过程的关注，也诱发了学者们对明清江南市镇经济研究模式的反思。明清江南市镇一直是社会经济史研究领域中的热点，通过地方志的记载来描述江南市镇数量的增长过程，成为许多学者论证明清两代江南区域开发与商品经济发展程度的重要标志。然而，新近有的学者对此研究理路提出了修正。游欢孙以明清以来常熟、吴江二县市镇数量增长所呈现的巨大反差为例，研究认为这不但与二县面积、自然地理环境、农村经济结构有很大关系，而且与各自

---

① 李文良：《清初台湾方志的“客家”书写与社会相》，《台大历史学报》第31期，2003年6月，第141—168页。

② ［美］范德（Edward L. Farmer）：《图绘明代中国：明代地方志插图研究》，吴莉苇译，《中国社会历史评论》（第二卷），天津古籍出版社2000年版，第1—12页。

③ 潘晟：《谁的叙述：明代方志地图绘制人员身份初考》，《中国历史地理论丛》2004年第1期。

④ 王明珂：《19世纪民族地方志描述视角的变迁——以乾隆、道光、光绪本〈凤凰厅志〉比较研究为例》，《贵州民族研究》2005年第1期。

⑤ 张小也：《地方志与地方史的建构：以清代〈江夏县志〉与民间文献〈灵泉志〉的对比为中心》，《清史研究》2012年第3期。

地方志对市镇的界定标准与写作背景密切相关。[①] 游氏的研究，不仅为明清江南市镇经济和任何利用方志数据作为资料基础的统计研究敲响了警钟，而且丰富了我们对地方志所提供数据意义的认识。

在边疆民族地区，方志文本又潜藏着独特的边地与民族意涵，有的学者从民族学与历史学的双重角度对此进行了探讨。张新民基于贵州民族地区的地方志，做了一系列颇富新意的研究，他认为明代贵州方志纂修普遍化和通常化的趋势，在很大程度上折射出当地学者渴望进入中心的边缘性焦虑和大一统冲动；而其叙事倾向，又清楚地反映了传统士大夫的文化觉醒和立言不朽的价值诉求。[②] 谭必友通过梳理19世纪的3部《凤凰厅志》对民族地区描述的对象与视角的变迁，揭示了其时的社会精英对少数民族试图引领的方向。[③]

四　简要的述评

综上所述，首先，中外史学界对地方史志的利用，主要有以下几个特点：一是对地方志的利用从古至今经历了一个由小心谨慎到大胆使用的过程。二是地方志业已成为学者们研究中国社会经济史的重要史料，尤其成为学者们构筑明清区域史的资料基础。三是学者们在利用地方志时，对方志素材多有批判，但其主要目的是鉴别其真伪和判断其价值（如上述何炳棣、曹树基对明清人口数的考辨），而无意于探讨方志书写本身的意义。四是学者们在利用地方志时，一般不注意对地方志史源的考辨，不考虑地方志记述的加减或变化过程。上述特点（这里说“特点”而不言其为“存在的问题”，主要是考虑到这些问题超出了史料性利用者的研究范畴）提示我们研究地方志本身的必

① 游欢孙：《地方志叙事“小传统”与明清以来江南市镇的数量增长——兼论1929年与此1934年的“商业镇”与“自治镇”》，《学术月刊》2009年第10期。

② 参见张新民《大一统冲动与地方文化意识的觉醒——明代贵州方志成就探析》，《中国文化研究》2002年冬之卷；张新民《地方性知识的文本世界——贵州地方志修纂源流考论》，《贵州民族研究》2007年第2期。

③ 谭必友：《19世纪民族地方志描述视角的变迁——以乾隆、道光、光绪本〈凤凰厅志〉比较研究为例》，《贵州民族研究》2005年第1期。

要性、重要性和若干努力方向。

其次，纵观自清至现代方志学界对传统地方志的批评，不难发现，方志学家们有着共同的目标追求，即为现实地方志的编纂寻求理论依据，并试图将自己对地方志的理想设计转化为编志指南。所不同的是，清代章学诚对地方志的批判，其实际效果是揭露了既往地方志中非“史”性质的一面，恰恰相反，现代方志学家更想彰显的是地方志中所具“史料”价值的一面。这一转变正好契合了上述史学界在将地方志作为史料利用中由小心谨慎到大胆利用的发展历程。更为重要的是，清代方志学家对传统方志的批判，从一个侧面揭示了传统方志的一般编纂过程及其特点，以及地方官员、士绅、文人、宗族等各种势力对方志编纂的影响；而现代方志学家则充分注意到传统儒家思想与阶级观念在方志中的渗透。不过，方志学界的研究却依然给我们留下了有待进一步拓展的空间。第一，因受制于研究主题，方志学家们大多是指出了传统方志中存在的“弊病”，至于如何将这些“弊病”置于特定的时空和方志文本中进行深入分析，仍有待做进一步探讨；第二，方志学界对传统地方志的批判往往是共时性分析，如果能在此基础上增加历时性的维度，将有利于我们认清不同时期方志编纂者们的观念及其变化；第三，现代方志学家充分注意到阶级观念与儒家思想在方志编纂中的渗透，如果能把这种批判精神贯穿于地方志的形成过程，那么，交织在方志背后更为复杂的权力、观念和意识也必将显现出来。也就是说，在方志学界对传统方志研究的基础上，我们仍然大有用武之地。

最后，新近社会文化史视域中的地方志研究，对挖掘方志背后的权力、观念、目的、意识等因素表现出了极为浓厚的兴趣，研究视角独特新颖，研究方法趋于多元，观点结论亦颇具冲击力。但是，上文已经申论，相关研究成果并不多见。笔者认为，在今后的研究中，我们主要可以从以下四个方面做进一步深入探讨。第一，学者们充分注意到谁在编纂方志，并以此作为揭示方志权力观念的切入点；但是，至于谁在读方志，或者说方志是为谁而“生产”的问题，我们还可以做进一步的思考。第二，学者们着重揭示了方志中暗含的权力、观念等因素，在此基础上，我们还可以进一步考察这些因素渗入方志的路径、机制与限度。第三，方志中固然包含权力观念等因素，但是，编纂出理想水准的方志，也是大多方志编纂者的普遍追求，对此，我们也不应忽视和偏废。第四，或许正是在上述几个因素的共同作用下，学者们似有泛权力与观念分析的倾向，研究者的目光多聚焦于方志为何如此呈现，却放过了同样重要的方志呈现了什么的问题，从而忽视了权力与观念渗入县志编纂的边界与限度，似有“过度诠释”之嫌。要克服这些问题，将方志编纂置于特定的时空之中进行全面的历时性讨论，已成必然之势。

简而言之，传统史学界试图从地方志中过滤出可靠的信息，以验证研究者预设的某种历史事实。这一研究理路，并不太看重地方志本身的形成过程，地方志只不过是适时登场的配角，偶加利用的道具。在方志学界，地方志自始至终是表演的主角，遗憾的是，这个主角却往往被架空在缺乏特定时空人事背景的虚幻舞台之上。社会文化史视野下的研究，则显示出了超越上述两种研究理路局限性的雄心，他们既盯着地方志，更不愿放过“生产”地方志的人及其权力意志，试图在这两者之间寻求出某种逻辑关系。这一研究取向，无疑将地方志的研究推进了一大步。不过，这类研究还较零星少见，尚处起步阶段，还有不少空白而大有可为。笔者认为，今后的研究应当秉持社会史之总体史的理念，将研究目标锁定在一定的历史时空，多做具体而微的个案剖析，通过在对应这一历史时空的地方志的层累过程的解构，我们不仅可以梳理出这一历史时空中的方志编纂史以及方志编纂者的认识史，也可能以小见大，借此重建和阐释其中更为丰富多彩的社会历史内容。因为地方志作为一种文本，它不仅是人们对区域历史的一种认识和表述，也是整个区域历史过程的有机组成部分。至于地理空间的选择，笔者以为或许以行政县域为宜。因为县志占据着现存方志的绝大部分，大多县域均存有多种不同历史时期的版本，便于作历时性分析。更重要的是，县志是官修方志体系中最重要的一环，它是总志和省府州志的辑史来源，既贴近民间生活，又反映了国家的政治要求和主流意识形态。当然，要通过地方志这“沧海一粟”，映射出区域社会的“总体史”，我们不仅要有跨学科的理论与方法的储备，更需“眼光向下”，走出书斋，走进田野，以人类学家吉尔兹所提倡的从文化持有者的内部眼界来考察县志编纂与地方社会的逻辑关系。

第三节 研究思路、内容与方法

一 选择明清瑞金县志的说明

选择明清瑞金县志作为研究个案，主要基于以下三方面的考虑：

第一，瑞金县在赣南的特殊历史文化地位。江西赣南，由于其独特的地理区位和族群结构、风俗民情，尤其是在20世纪二三十年代中国红色革命中的特殊历史地位，已经成为海峡两岸区域社会史研究者关注的热点地区。学者们基于不同的现实和学术、人文关怀，将研究的目光投向了赣南大地，已有多项重要成果问世。[①] 笔者认为，对目前被用以支撑赣南区域社会史研究的重要史料之一的地方志进行社会史的批判，有利于将赣南区域社会史研究推向前进。瑞金是赣南的一个县，[②] 地处赣闽粤三省边区，是众所周知的“红色故都”，在赣南诸县中最具有典型意义。

第二，留传至今的明清瑞金县志保存相对完整。在明清时期，瑞金县先后10次编纂县志，其中有7部留存至今，是赣南16个县中修志和存世志书最多的县域之一。这就为我们提供了一个分析县志形成

① 主要研究成果及相关动态，具体可参见唐立宗《在“盗区”和“政区”之间——明代闽粤赣湘交界的秩序变动与地方行政演化》，台湾大学文史丛刊（第118期），台湾大学出版社2002年版。饶伟新《生态、族群与阶级——赣南土地革命的历史背景分析》，2002年厦门大学历史系博士学位论文。黄志繁《“贼”“民”之间：12—18世纪赣南地域社会》，生活·读书·新知三联书店2006年版。张宏卿《农民性格与中共的乡村动员模式：以中央苏区为中心的考察》，中国社会科学出版社2012年版。许金华《社会变迁与乡村革命（1860—1928）：赣南农民暴动的源起研究》，江西人民出版社2013年版。

② 1994年5月18日，瑞金县撤县设市，自此为赣州市管辖的县级市。

过程与地方社会互动关系不可多得的样本。

第三，上海图书馆收藏有近百种编修于清代至民国的瑞金姓氏族谱。研究赣南的学者都有一个同感，那就是文献资料的缺乏。赣南因为文化开发相对较晚，本土文人文集十分稀少。加之上述赣南的特殊历史背景，尤其在近世种种变故的冲击下，族谱等民间文献遭到较之其他地域更为严重的摧毁。然而，令人惊喜的是，上海图书馆竟然收藏有近百种编修于清朝至民国期间的瑞金县姓氏族谱，其中涉及 29 个姓氏和 60 多个宗族。这一存谱规模远远超出了同馆收藏的其他赣南县域的族谱数量。这些族谱资料尽管大多数残缺不全，但将如下文所显示的那样，它实际上成为了本书借以研究县志编纂与地方社会逻辑关系极为有用的资料宝库。比如，县志编纂者的宗族背景、县志编纂者之间的社会关系、姓氏宗族在县域社会中的历史文化地位等，在很大程度上都可以通过这些族谱加以重建。

二　基本观点、内容与方法

本书的基本观点：首先，明清瑞金县志是在明清时期方志编纂经常化、制度化的背景下，由县志编纂者根据其时的县志规范编纂出来的地方历史，是地方社会发展进程的产物，在一定程度上反映了瑞金历史的发展进程。其次，明清瑞金县志又是县志编纂者基于现实的社会权力结构、价值观念和私人目的，对同样隐含着权力、观念和目的的正史、方志、族谱、文集、传说及其他各类文献进行筛选、组合、解释、创造而建构起来的地方历史。它体现了县志编纂者的文化权力意识，并成为权力交换的一个平台。

围绕着这一基本论点，着眼于县志编纂与地方社会之间的逻辑关系，除绪论和结语外，本书各章节安排如下：

第一章梳理明清瑞金县志的编纂概况。这是此后各章研究进一步展开的基础。在这一章中，笔者将对瑞金县志编纂史的源流进行考证，重点考察十部明清瑞金县志出台的社会背景、编纂者的身份、县志体例门目的安排与变化，每部县志在明清瑞金县志编纂史上的地位，然后对明清瑞金县志的编纂特点进行概括。

第二章主要从明清瑞金县志的编纂过程入手，分析县志文本在形成过程中所掺入的政治、经济、文化等因素。如果将县志视为一种隐含权力和观念的“地方话语”，那么，县志书写是展现“地方话语”的陈述、整理、加工、升华过程的重要环节，也是解析“地方话语”形成与表达的逻辑起点。因此，本章又将重点考察县方志的取材范围、取材途径和编写方式，以及县志编纂人员的构成、分工以及修志经费的筹措，所有这些又是在何种程度上以及以何种方式影响着方志的取材和编纂。

第三章从瑞金县志编纂主体与瑞金县志内容之间的关系为切入点，考察宗族观念在县志中的渗透及其表现形式。在传统中国，宗族是百姓的一种文化和一种生活方式。本章重点探讨这种文化和生活方式又是如何体现在瑞金县志编纂之中的。为此，本章第一节将考察明清瑞金县志编纂者的宗族背景，以及县志编纂者之间的社会关系。第二节考察主导明清瑞金县志编纂的地方宗族，是如何设法将其族谱中的记载导入到县志中去，将其私家历史转化为公共历史的一部分的。第三节则进一步分析明清时期宗族观念掺入县志的原因。第四节将以县志对谢长震从“义烈”到“忠烈”形象的建构为例，具体而微地考察宗族观念掺入县志的路径、机制和限度，以及由此映射出来的兼有“宗族精英”和“国家史官”双重身份的县志编纂者的家国意识及表达方式。

第四章考察明清瑞金县志的编纂与地方文化意识之间的关系。第一节从明清瑞金县志书写主体话语权经历了由“他者”到“自我”的转移，以及县志叙事对“他者”痕迹的淡化处理等角度，考察明清瑞金县志成为地方知识精英表达地方文化意识平台的历史过程。第二节则从明清瑞金县志对铜钵山的书写变化角度，一方面旨在具体而微地展现瑞金县志成为地方知识精英表达地方文化意识平台的过程；另一方面，又试图指出甚至具有“长时段”性质的“山岭”，也有可能随着人们认识的变化被打上相应的观念和意识的烙印。第三节则以县志编纂对瑞金文化形象的建构为例，探讨县志作者是如何挖掘和基于一定的事实，然后对这些事实进行加工，创造出一系列“地方性知识”，用以支撑他们心目中的地方文化形象的，进而揭示地方文化意识渗入县志的路径、机制和限度。

第五章以县志为谁编写、谁在阅读县志为切入点，进一步探讨县志作为一种文本的性质。县志为谁编写，谁在阅读县志，县志又是以何种方式被阅读和利用？对于这些问题，学界鲜有讨论。然而，这又是深入理解县志性质不可忽视的问题。为此，第一节从明清瑞金县志的编纂实际，尤其是从县志编纂者主观意志出发，对学界普遍认同说法，即方志主要是为了存史、资治和教化而编写的观点进行了讨论，并提出了新的理解。第二节则以“逆贼”江振曦及其平反案为例，第三节则以璜溪廖氏对宁都州志的修正和挑战为例，分析了县域民众阅读和利用地方志的几种方式，以及县域民众又是如何基于现实利益的考量对县志记述做出有悖于县志作者为阅读者预设的功能目标的解释的。

在以上内容的展开过程中，作为一项历史学的研究，本书首先遵循历史学的基本研究方法，在充分占有相关史料的基础上，通过对史料的分析、批判、分类、排比、归纳，结合笔者自身的知识、经验以及对相关历史背景的把握，努力把明清时期瑞金的县志编纂与地方社会之间的逻辑关系，以及由此所指涉的制度、事件、人物等放回到特定的历史时空之中，对隐藏在县志文本表象背后的诸多因素进行深入分析，希望得出的结论不仅对明清瑞金县志有其解释力，也希望对于解释其他地方志具有普遍意义。

然而，本书是从社会史的角度探讨同一县域不同时期形成的多部县志的形成过程，既可以说是一项区域社会史的研究，也可以说是一项对县志这一特定文类的福柯意义上的“知识考古”。由于研究对象的特殊性，在研究过程中又程度不一地借鉴了福柯的知识考古学、布尔迪厄的社会学、吉尔兹的人类学的相关理论与方法。必须说明的是，笔者在此并不希望随意套用他们的一些理论；相反，笔者对其理论方法的借鉴是谨慎的，希望能用之于无形。在笔者看来，历史学的根本任务在于探明历史事实；对于历史学而言，任何理论都只不过是借以完成这一任务的工具。本书的研究，也正是在这层意义上借鉴这些学者的理论与方法的。

首先，本书的研究视野与方法受到了福柯知识考古学理论的启发。福柯在《知识考古学》一书中说道：

> 应当使历史脱离那种长期自鸣得意的形象，历史正以此证明自己是一门人类学：历史是上千年的和集体的记忆的明证，这种记忆依赖于物质的文献以重新获得对自己的过去事情的新鲜感。……在今天，历史则将文献转变成重大遗迹，并且在那些人们曾辨别前人遗留印迹的地方，在人们试图辨认这些印迹曾经是什么样的地方，历史便展示出大量的素材以供人们区分、组合、寻找合理性、建立联系，构成整体。①

在福柯看来，传统历史学往往流于表面现象和通行文献，并通过文献去重建和解释历史过程；但真正的历史，应该是去探明这些文献的深层知识结构，即这些文献本身的形成过程，因为文献作为一种话语，其本身体现着某种权力关系。因此，福柯的知识考古学，实际上是一种话语分析方法，揭示作为话语外在形式的各类文献所暗含的权力关系，以及这些暗含着权力关系的文献在历史中获得地位和确立的机制。毫无疑问，福柯给我们展现了一个广阔的历史研究前景。

本书对明清瑞金县志编纂过程的研究，对县志借以建构的文献基础的取材范围、取材方式、编写方法的考察，对县志文本中隐含的各类权力关系和观念意识的探讨，以及对地方志作为一种文本性质的揭示等，都无不受到了福柯上述历史研究视野的启发。可以说，福柯上述对传统史学建基于其上的各类文献的内涵及其形成机制的"考古"精神和方法，已经无形地贯穿于全文各章的研究之中。

其次，在具体问题的讨论中，笔者同样借鉴了布尔迪厄社会学的重要理论与概念，作为分析具体史实的工具。布尔迪厄把权力视作一

① ［法］米歇尔·福柯：《知识考古学》，谢强、马月译，生活·读书·新知三联书店2007年版，第6页。

种资本。为了更好地分析个人与群体在什么条件下并以什么方式利用资本策略、投资策略以及各种形式的资本转化策略，以便维护或强化他们在社会秩序中的位置，他又把资本主要划分为经济资本、文化资本、社会资本和符号资本四种形式。布氏认为，各种资本形式是可以相互转化的，一般情况下，经济资本更容易转化为文化资本，而文化资本的主要功能则是帮助确立并维持社会等级。① 本书在对修志经费来源问题的探讨中，就是利用了布尔迪厄提出的文化资本和经济资本的概念，用以分析地方官员和地方富人之间是如何通过县志编纂这一媒介，实现这两者之间的相互转化而各得其所的。

再次，在表述过程中，笔者也借鉴了吉尔兹阐释人类学中的“地方性知识”这一概念。“地方性知识”是人类学大师吉尔兹深富特色的学术标签，以至于他用之来为其最重要的学术论文集命名。吉尔兹强调“地方性”，实际上是对第二次世界大战后人类学界时兴的追求宏大叙事的文化本质主义的反动，强调人类学者要以“深度描写”和“地方性知识”为武器，以观察、移情、认知、自觉地追随“文化持有者的内部眼界”去阐释，摒弃一般，寻找个别的方式去重构新的知识结构。② 也就是说，在吉尔兹那里，“地方性知识”并非指任何特定的、具有地方特征的知识，而是一种知识观念，这种知识观念涉及在知识的生成与辩护中所形成的特定的情境，以及由特定的情境所决定的立场和视域。③ 吉尔兹“地方性知识”这一概念及其内涵，在本书第四章对地方士绅建构地方文化形象的分析中有很大的启发意义。

最后，田野考察早已不再是人类学的专利，在区域社会史研究中几乎成了无须说明的常识。在本书的研究过程中，也进行了大量田野考察。踏上瑞金的土地，走进瑞金的民众，到田野中寻找文献，在田

---

① ［美］戴维·斯沃茨：《文化与权力：布尔迪厄的社会学》，陶东风译，上海译文出版社 2006 年版，第 87、88、93 页。

② ［美］吉尔兹：《地方性知识：阐释人类学论文集》，王海龙、张家瑄译，中央编译出版社 2000 年版，第 14、15、40、41 页。

③ 盛晓明：《地方性知识的构造》，《哲学研究》2000 年第 12 期。

野中领悟文献，由此触到的历史脉搏，激发的问题意识，往往是坐在图书馆或书斋里的摇椅上所难以想象和体验到的。在田野调查中搜寻到的部分族谱、文集、碑刻等民间文献，已经反映在全文各章内容的脚注之中，兹不赘述。至于在田野中激发的灵感和问题意识，已经化之于无形融入了本书研究和表述的字里行间。

第一章　明清瑞金县志的编纂概况

江西省瑞金县，因其在20世纪二三十年代中国红色革命中的特殊历史地位，而为世人所熟知。瑞金所在的赣南，位于赣江上游，“地大山深，疆域绣错，握闽楚之枢纽，扼百粤之咽喉，汉唐以前，率以荒服视之”①。西汉时期，赣南仅设赣县、雩都、南埜三县。迨至孙吴政权，增设平阳、阳都、南野三县，赣南境内有六县，俱隶庐陵郡。隋开皇九年（589），改南康郡为虔州，统赣县、雩都、虔化、南康四县，其余县皆省之，唐仍之。唐末五代，赣南实际上处于割据状态。唐末黄巢起义爆发，使江西地区脱离唐王朝的控制，中央派遣的观察使和节度使被逐回，而代之以地方势力卢光稠的统治。② 自汉至唐，瑞金或以象湖镇或以瑞金监始终隶属雩都县。南唐保大十一年（953），瑞金监升格为瑞金县，隶属昭信军，是为瑞金建县之始。宋代昭信军改称虔州，瑞金县隶之。元朝隶赣州路。元大德元年（1297），改属赣州路会昌州。明朝洪武改元（1368），赣州路改赣州府，瑞金隶之，清初因之。清乾隆十九年（1754），赣州府属宁都县升格为直隶州，瑞金县与石城县改隶宁都直隶州，直至清末未变。③瑞金为山地丘陵地貌，界邻福建与广东，素称“闽粤之奥区”④。因特殊的地理区位和自然环境，自宋元而明清，闽粤“盗贼常为出

---

① 汤斌：《重刻赣州府志序》，载天启《赣州府志》《汤序》第2页。

② 关于唐末赣南的割据状态，具体可参见黄志繁《“贼”“民”之间：12—18世纪赣南地域社会》，生活·读书·新知三联书店2006年版，第21页。

③ 关于瑞金县的建置沿革，主要参照了以下资料：《赣州府志》卷1《地理·沿革》；道光《宁都直州志》卷2《沿革志》，第7—8页；民国《瑞金县志稿》第一章：沿革。

④ 刘坤一：《刊修江西舆图序》，《江西省舆图》卷首。

入"①，"山寇峒酋极易窃发"②，社会动乱比较频繁，经济文化相对落后，在赣南诸县中，尚称"小邑"和"僻邑"③。

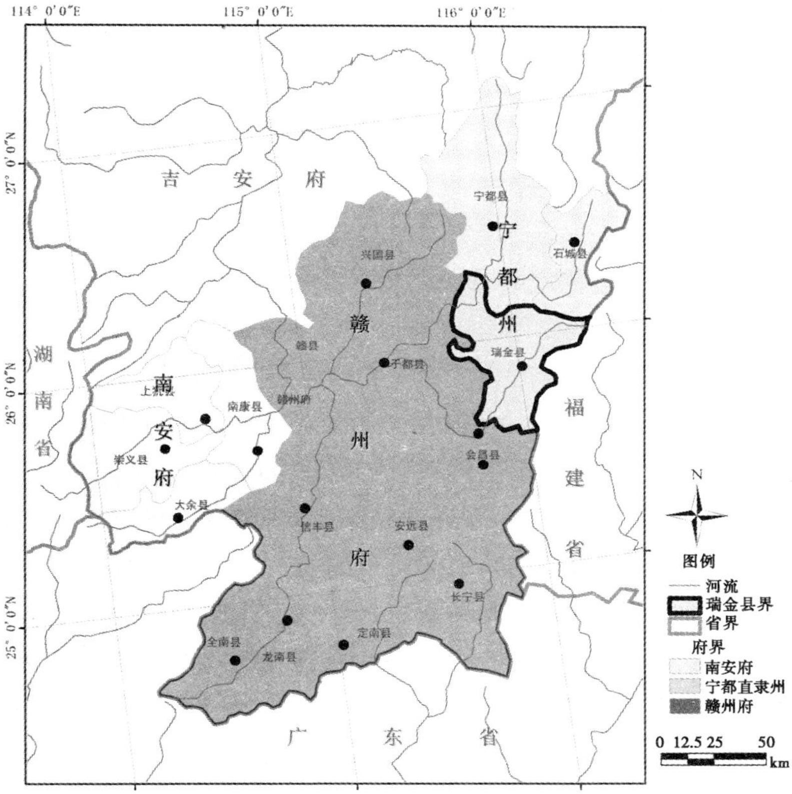

图 1　明清时期瑞金县的行政区划和地理区位

到目前为止，尚未有文献说明瑞金在宋元以前曾修方志。明清时期，瑞金修志凡 10 次，明代与清代各纂修 5 次；有 7 部留存至今，其中明代 2 部，清代 5 部。作为观念形态的历史，明清瑞金县志不仅

---

① 李汝华：《地舆图说》，康熙《瑞金县志》卷 2《地舆志》，第 7—8 页。

② 康熙《瑞金县志》卷 3《建设志·兵防》，第 22 页。

③ 同治《番禺县志》卷 39《列传八》记："瑞金，赣小邑，邻闽汀州，使传旁午，供给繁苦。"朱维高：《瑞金县志序》，载康熙《瑞金县志·序》云："瑞金，乃虔州之僻邑也，虽不乏名山大川，英流畸士，然四方之轮蹄轩盖亦罕有至者。"

为人们提供了重建和解释传统瑞金历史过程的宝贵资料，更为人们展现了县志编纂者们建构和解释瑞金历史过程的意图和努力。而后者正是本书的研究重点，即通过对明清瑞金县志的历时性考察，探讨县志编纂与地方社会过程的逻辑关系。为明乎此，首先有必要对明清瑞金县志的编纂源流作一番梳理，这也是本章试图解决的问题。

第一节 嘉靖壬寅志（1543）以前的方志考略

追溯瑞金县志的编修之源，人们无不指向嘉靖壬寅年（1543）知县赵勋主修的《瑞金县志》［下文简称“嘉靖壬寅志（1543）”］。最早提出这一观点的，可能是明代隆庆《瑞金县志》的主修知县吕若愚，他在重修瑞金县志序言中说道：“瑞金自建邑以来七百年矣，未始有志，志始于先令右坡赵君。”① 自明至清，瑞金县志始修于明嘉靖时期的知县赵勋之说，广为历修瑞金县志的官绅所接受，未曾有人提出质疑。如明万历三十一年（1603）《瑞金县志》的主修知县堵奎临说：“瑞金之有志也，自嘉靖壬寅先令赵公勋始创之。”② 明万历四十六年（1618）《瑞金县志》的主修知县潘舜历也有类似的表述：“瑞之志，始于嘉靖壬寅赵令右坡。”③ 迨至清同治《瑞金县志》，其主修知县张国英也一仍旧说：“瑞金志，昉自前代邑令赵公勋。”④

但是，若仔细翻检嘉靖壬寅志（1543），其中有不少信息则隐约透露出，事实恐怕并非如此。如该县志在“凡例”中有这样的表述：

① 吕若愚：《重修瑞金县志序》，载万历《瑞金县志·序》第3页注：明万历年间，瑞金县先后于万历癸卯（1603）、万历乙丑（1615）、万历戊午（1618）三次修志，如今只存有万历癸卯志（1603），其余两部县志均已亡佚。这里的万历《瑞金县志》是指万历癸卯志。为行文方便，下注同此，不再一一说明。

② 堵奎临：《万历癸卯志后序》，载乾隆《瑞金县志》卷首《原序》，第3页。

③ 潘舜历：《续修瑞金县志序》，载康熙《瑞金县志·序》，第1页。

④ 光绪《瑞金县志·序》，第1页。

> 地舆若星野、山川、城池、疆域，则仍其旧；……祀典，旧载混杂不伦，今特提为一纲，盖国之大事，祀也，所以报功也。①

“则仍其旧”“旧载混杂不伦”等表述均表明，纂修嘉靖壬寅志（1543）时，曾有“旧志”以供参考。事实上，嘉靖壬寅志（1543）中也的确有多处标明了其记事出自“旧志”。如在卷一《地舆类》对瑞金的形胜有以下描述：

> 县治当闽广之冲，在郡东北隅。军门龙山列峙于前，龙雾铜钵叠映于后。隘山闽峤亘其左，螺峰塔石抱其右。贡绵之水循城而西，闽广之路两通于东。旧志……②

又，《地舆类》记瑞金的“茶壶滩”有云：

> 茶壶滩，在县西南十五里，水势如泻，旧志误为蔡石滩。③

又，《地舆类》记瑞金“风俗”有云：

> 阻山带川，地广人稀，民性多悍勇尚气。宋元丰间，有登第显名者，士因之知文学，亦崇尚气节。民务农业，不事商贾，疾病丧葬信巫佛。旧志……④

为彰显县志编纂的权威性，提高其可信度，县志编纂者们往往很乐于援引更高层级的地方志书，诸如府志、通志甚或一统志的记载。那么，其所谓“旧志”有否可能是指《赣州府志》或《江西通志》

① 嘉靖《瑞金县志·凡例》，第1页。
② 嘉靖《瑞金县志》卷1《地舆类·形胜》，第2—3页。
③ 嘉靖《瑞金县志》卷1《地舆类·山川》，第5页。
④ 嘉靖《瑞金县志》卷1《地舆类·风俗》，第6页。

呢？再细阅嘉靖壬寅志（1543），在其资料来源的出处注明中，又有“郡志”“赣州志”“江西通志”之谓，如：

> 天气燥湿，每岁正月阴霾，多阴少晴。三四月郁蒸，冬日亦多阴暗。深山穷谷，有岚气，中之则成疟疾。郡志……①

此之“郡志”，当指修于嘉靖十五年（1536）的《赣州府志》，其对属地气候有类似记载，上引文或引自该府志中的“深山长谷，时有岚气，中之者辄成疟疾”② 之语。

又如，县志名宦中，有以下出处标示：

> 聂子述，字善之，建昌人，……官至侍郎。见赣州志。
>
> 王枢，吉安人，……俱有政声，号东谷。见江西通志。
>
> 孟植，字元立，……卒增少保。见江西通志。③

因此，嘉靖壬寅志（1543）中的“旧志”，显然不是指《赣州府志》或《江西通志》。

那么，其中的“旧志”有否可能指赵勋在此前所编之“草志”呢？因为受聘于赵氏的县志主纂林有年的编纂工作正是基于这份“草志”的。对此，林有年有记：

> 愚乃怿然，卜于阳月壬午，开馆于绵江书院，以俟所录草志，朝夕翻阅。自宋绍兴置邑，历于今五百余年矣，邑之颠末事迹，仅十之一。④

---

① 嘉靖《瑞金县志》卷1《地舆类·气候》，第6页。

② 嘉靖《赣州府志》卷1《气候》，第2页。

③ 嘉靖《瑞金县志》卷2《官制类·名宦》，第14页。

④ 林有年：《瑞金县志序》，载嘉靖《瑞金县志·序》，第2页。

笔者认为，这种可能性也不大，其因有二：第一，将尚未刊刻付梓的“草志”称作“旧志”，显然欠妥；第二，若“旧志”是指称“草志”，那么，林氏在上引“凡例”中对出自赵勋之手的“旧志”之“混杂不伦”的批评，显然很不得体。受聘于赵氏，而且颇具学养的林有年，其言辞应当不致如此冒犯。这只能反证“旧志”并非指称“草志”，而应有他指。

嘉靖壬寅志（1543）中的“旧志”，既非通志、府志，也非“草志”，那么，最大的可能性是指此前所修的县志。也就是说，在嘉靖壬寅志（1543）之前，瑞金曾修有县志。事实上，这一推论，已经可以从《永乐大典》所辑录的方志条目中得到印证。据《永乐大典·方志辑佚》，卷二二六七收有瑞金县的“湖泊”条，其中有记：

> 龙湖，在蓝田村之巅，清澈如鉴。傍有崖石耸峭，林莽茂密，至者虽盛暑，皆慄。中有龙穴，为乡人祷旱地。①

至于《永乐大典》所收瑞金县志是修于明代，还是明代以前，因资料阙如，现已无从考知。② 可以肯定的是，嘉靖壬寅志（1543）并非瑞金县志之始。后世修志者一致认定瑞金县志创自赵氏，其因大概有二：一是赵氏修志时所见之“旧志”，在随后的岁月里已彻底亡佚，不复为后世修志者所见；二是可能与赵氏在县志序言中所讲的一段话有关：

> 瑞金旧为缺典，勋令是邑，初于民情土俗，古今得失，施为先后，与夫山川之条理，区域之井经，户口之消息，漫无所考。乃于广览博采，余汇缀数简，渐次成帙，尚俟君子以损益始

① 马蓉、陈抗等点校：《永乐大典·方志辑佚》（第三册），中华书局2004年版，第2051页。

② 张国淦编：《中国古代方志考》，中华书局1962年版。收录了全国自秦汉至元代的古方志，涉及明清时代赣州府与南安府辖地范围的方志20种，其中亦无瑞金县志的记载。

终之。[①]

关键是其中的“瑞金旧为缺典”，这句话可作两种理解：一是瑞金在此之前从未修过县志；二是瑞金县志已经很久没有续修了。不管赵勋此话的本意到底如何，但在“旧志”或因战乱、或因保存不善、或因人为故意毁灭而彻底亡佚后，后世修志者自然容易作前一种理解，认定嘉靖壬寅志（1543）为瑞金县志之始，而误认为赵勋具有首创县志之功。

第二节　明代瑞金县志的编纂概况

嘉靖壬寅志（1543）是现存最早的瑞金县志，编纂刊刻于明嘉靖二十二年（1543）。此后，瑞金县又分别于隆庆年间重修1次，万历年间或重修、或增补、或续修，凡3次。有明一代，瑞金县可以确知的修志，共计5次。可惜的是，留存至今的明代瑞金县志仅有两种，即嘉靖壬寅志（1543）和万历癸卯志（1603），其余3种均已失传。下面就明代五部瑞金县志的编纂情况简介如下：

一　嘉靖壬寅志（1543）

嘉靖壬寅志（1543）现有1961年上海古籍书店据宁波天一阁藏明嘉靖二十二年（1543）刻本影印本。前有林有年序、凡例、图和目录，分地舆、官制、学校、人物、宫室、祀典、文章、杂志8门，下设44目，10附目。[②] 该志体例完备，写刻一般，保存完好。

嘉靖壬寅志（1543）的主修赵勋，号右坡，籍贯广东番禺，明嘉

① 赵勋：《瑞邑志序》，载嘉靖《瑞金县志·序》，第1页。

② 关于现存七部瑞金县志的体例门目详细信息，可参见本书表1“明清瑞金县志体例门目”，第51页。

靖七年（1528）举人，二十年（1541）任瑞金知县，在任时间约六年。[①] 赵勋在明代瑞金70位知县中，算是较有作为的一位。他除奸猾、均徭役、修城池、建桥梁、节浮用、兴学校，颇为务实；委赈赣州府属龙南、信丰两县，存活甚众；安远黄乡“峒贼”叶金纠众剽掠，奉督抚檄往谕，单骑入“贼营”，推诚慰抚，竟缚倡乱者以献，一方晏然。赵氏政绩突出，后世将之目为“名宦”，不仅入传《瑞金县志》，而且登载于雍正《江西通志》和《嘉靖重修一统志》。[②]

嘉靖壬寅志（1543）的编修是在赵勋到任后的第二年，即嘉靖二十一年（1542），刊刻于次年（1543）。此时的瑞金，地方社会并不安定。就在此前不久的嘉靖十八年（1539），瑞金边境的陈畲村遭到流贼劫掠，落网案犯六十余名；嘉靖十九年（1540），位于瑞金与宁都县交界处的团溪山，又遭到流贼劫掠，落网案犯三十余名。[③] 不过，比起发生在三十七年前即明弘治十八年（1505）的那场“广寇破城”，知县万琛遇害的大乱，[④] 这对于盗贼常为出入的瑞金而言，或许又算不了什么了。或因此故，嘉靖壬寅志（1543）对上述诸乱均未作登载。

前面已提到，赵氏主修嘉靖壬寅志（1543）前，瑞金已“旧为缺典”，邑内似无修志传统，又乏有修志经验的文士。曾官至知府，后赐贵州提刑按察司副使致仕乡居的福建莆田人林有年，此时虽则年

① 明清《瑞金县志·职官志》，只记载了赵勋到任瑞金的时间为嘉靖二十年（1541），并未记其去任时间，而其下一任知县张景星的到任时间则为嘉靖二十九年（1550）。值得注意的是，张氏到任时间却并非赵氏去任时间。其根据有二：一据明末瑞金人钟课《重建云龙桥碑亭记》：“右坡赵公，我朝良大夫也。嘉靖辛丑（1541）宰瑞邑，……历五载而公擢御史。”（载康熙《瑞金县志》卷9《艺文志》）另据同治《番禺县志》卷39《列传八》记曰：“赵勋，字彝伯，……嘉靖七年举人，二十年铨授江西瑞金知县。……二十六年，选授南京四川道监察御史。”两条史料所记赵氏在任时间完全吻合，即在1541—1546年。

② 详见万历《瑞金县志》卷6《官制志·宦迹》，乾隆《瑞金县志》卷4《秩官制·名宦》；雍正《江西通志》卷65《名宦九》；《嘉庆重修一统志》卷333《宁都州》，四部丛刊本，第2340册。

③ 康熙《瑞金县志》卷10《杂志·祥异》，第4页，又载同治《赣州府志》卷32《经政志·武事》，第42页。

④ 嘉靖《瑞金县志》卷2《官制志·名宦》，第15页。

事已高，但在赣闽粤边区仍有比较频繁的社会活动。林氏在受聘嘉靖壬寅志（1543）纂修前夕，就“应督府台南李公征”，是赵勋上司礼请的贵宾。赵氏抓住了林氏“由汀达虔”的机会，“以语久要”；待林氏由虔返汀再次途经瑞金时，则“因以邑志请”，故有是任。[①] 嘉靖壬寅志（1543）的“纂修不阅月而稿成”[②]，费时之短，速度之快，为瑞金诸志之首。这一方面得益于赵氏曾有“草志”基础，另一方面则与林氏有丰富的修志经验有关。[③]

作为草创之志，又成之甚速，嘉靖壬寅志（1543）自会有其缺陷，突出表现在以下两个方面：一是卷目失衡，层次不清。如卷一《地舆类》一门，下设23目（含附目），占整部县志54目（含附目）的40%，从建置、星野到城池、风俗，从土田、户口到贡赋、徭役，从土产、水利到坊表、桥梁，覆盖甚广，博杂紊乱，层次不清。其二，纪事过简，套话过多。如记瑞金风俗，援引“郡志”，仅36字，失之过简；与此相反，却在每卷之首、大多目下，均缀以小序，套话陈词，费篇尤多。这种状况亦见于同出林氏之手的嘉靖《安溪县志》，两志体例相近，卷目序言大同小异，有不少则完全一样。[④] 因此吕若愚对该志有如是批评：“纪载尚多遗阙，而序次先后亦未为的”[⑤]，此评大体不差。嘉靖壬寅志（1543）尽管有诸多不足，但作为现存最早的瑞金县志，无论在瑞金县的整个历史过程中，还是在瑞金县志的编纂史上，都具有其他诸志无法与之相提并论的地位与价值。从这层意义上，吕若愚对主修知县赵勋“遗泽于兹土者甚博，而莫此为大”[⑥] 的评价，亦似不为过。

---

① 赵勋：《瑞邑志序》，载嘉靖《瑞金县志》，第2页。

② 同上。

③ 林氏在嘉靖己丑（1529）、嘉靖壬子（1552）两度编纂《安溪县志》。具体可参见嘉靖壬子《安溪县志·林有年序》，第1—2页。

④ 参见嘉靖壬子《安溪县志》中的《林有年序》及各卷目序言。

⑤ 吕若愚：《重修瑞金县志序》，载万历《瑞金县志》，第3页。

⑥ 同上。

二　隆庆壬申志（1572）

隆庆《瑞金县志》［以下简称“隆庆壬申志（1572）”］，今已失传，唯有吕若愚的和潘伯骧为该志所作的《重修瑞金县志序》和《瑞金县志跋》，被收入在万历三十一年（1603）修《瑞金县志》中而被保存了下来。我们已无从知晓隆庆壬申志（1572）的体例门目和卷篇安排，不过，根据上引吕若愚对嘉靖壬寅志（1543）“序次先后亦未为的”的批评可以推测，该志除补阙和续增之外，应对嘉靖壬寅志（1543）的体例至少是卷目次序做了一定的调整，属重修性质。

隆庆壬申志（1572）付梓刊刻于隆庆壬申（1572），离嘉靖壬寅志（1543）的刊刻恰好30年。主修吕若愚，号望松，浙江新昌人，明嘉靖四十四年（1565）进士，隆庆三年（1569）至万历元年（1573）任瑞金知县。吕氏是明代历任瑞金知县中，为数极少的具有进士学衔的一位。[①] 在吕氏到任的前十余年中，瑞金县并不太平，万历三十六年（1557）12月22日，“广寇”梁能率众三千，由鹅公栋掠壬田寨，经过三坝，地方“受害极惨”；万历四十年（1561），“闽寇”犯境；万历四十三年（1564），“广寇”梁道辉劫壬田寨。不过，就在吕氏到任的那一年，瑞金县却出现了为县志所记的第一次祥兆，在耆民汤抚的田里长出了一株灵芝。[②] 上述史事，载诸康熙《瑞金县志》中的“祥异”目，“祥异”目在瑞金县志中的设置，不晚于万历癸卯志（1603），遗憾的是，万历癸卯志（1603）的“祥异”目文现已残缺，故不知其所载。万历癸卯志（1603）后隆庆壬申志（1572）三十年修，其“祥异”记事当是本自隆庆壬申志（1572）。也就是说，自吕氏到任前至吕氏到任那年，瑞金地方先“异”后“祥”的历程，最早应该是出自隆庆壬申志（1572）的记载。我们不必怀疑所记之事的真实性，但做这样的叙事安排，或又见出吕氏抑或隆庆壬

---

① 据康熙《瑞金县志》卷6《官制志》，在明代70名瑞金知县中，可以确知有进士学衔的仅2名。

② 康熙《瑞金县志》卷10《杂记·祥异》，第4页。

申志（1572）编纂者们的一番深意。吕氏在任期间的施政作为，得到了后世的较高评价并被祀名宦，万历《瑞金县志》（1603）记曰：

> 吕若愚，丰裁独持，废坠必举。如鼎新学宫、恢复书院、重修县志，又辟宣文门以通风气，增建公署、桥梁、祠宇，未可枚举。邑有积盗，公廉其实亟除之，无不称快。时有红莲、白莲之教，左道煽民，公罪厥渠魁不少贷，诸旧染者皆股傈。一时弊绝风清，法纪肃然。①

由此看来，吕若愚应当是一位雷厉风行、敢作敢为而颇具魄力的知县。其中，重修县志也成为吕氏的一宗政绩而被后世县志编纂者们所称说。据吕若愚《重修县志序》和潘伯骧《瑞金县志跋》所透露的信息，对重修县志一事，吕氏本想将历经数月所搜集的资料，委托时任会昌司训而署瑞金学事的潘伯骧担任纂修，但因潘氏被赣州知府召去参加府志的编纂而未果。于是，吕氏亲自担纲，从搜集资料到编纂成书的整个过程，均亲力亲为，贯穿始终。潘氏纪其事曰："望松吕侯，司一县之寄，留神三载，凡其斟酌损益，以录之成书者，皆身亲之。"② 因此可以说，吕氏既是隆庆壬申志（1572）的主修，也是隆庆壬申志（1572）的主纂。这与嘉靖壬寅志（1543）的主修赵勋延请林有年出任主纂，而其自己只是负责"校正"把关有所不同，③ 隆庆壬申志（1572）必定打上了主修知县吕若愚个人意志的深深烙印。

三　万历癸卯志（1603）

万历癸卯《瑞金县志》［以下简称"万历癸卯志（1603）"］，刊刻于明万历三十一年（1603），北京图书馆现存其中1—9卷，残缺

① 万历《瑞金县志》卷6《官制志·宦迹》，第32页。

② 潘伯骧：《瑞金县志跋》，载万历《瑞金县志》，第1页。

③ 嘉靖《瑞金县志》《瑞邑志序》，第1—3页，表明"贵州按察司副使致仕莆田林有年纂修，赣州府瑞金县知县番禺赵勋校正"。

第十卷和第十一卷。1988 年，台湾成文出版社据该本影印发行。万历癸卯志（1603）例取重修，前有序（含旧序）、修志姓氏、目录和图。较之嘉靖壬寅志（1543），多了修志姓氏，却少了凡例。分天文、地舆、食货、建设、祀典、官制、选举、恩典、人物、艺文、杂志等 11 门，下设 44 目，23 附目。

相比嘉靖壬寅志（1543），万历癸卯志（1603）从体例门类到叙事方式，均有较大变化。首先，调整了体例门目，调整的方式有以下三种：一是析分门目，如将嘉靖壬寅志（1543）的“地舆”门析分为“天文”“地舆”“食货”“建设”四门；又将嘉靖壬寅志（1543）的“人物”门析分为“选举”与“人物”两门。二是归并门目，如将嘉靖壬寅志（1543）的“宫室”门归并在“建设”门中。三是增设门目，如增设“恩典”门，下设“封赠”“荫叙”两目。其次，删改卷目序文，万历癸卯志（1603）不仅对每卷首的序言作了全盘修改，更将目下小序全部删除，使得志书叙事更为简洁。当然，这些变化，应当也包含了隆庆壬申志（1572）的编纂者们的意志和曾付出的努力。

相对嘉靖壬寅志（1543），万历癸卯志（1603）的门目层次更为清晰，卷篇结构更趋合理，套话虚言大为缩减，缮写刊刻也更加精美，志乘品质明显提升。因此，后世对该志有较高评价：

> 堵令图南，萃三令之长，自堪不朽。而撷芳于典故，采华于乡绅。且文学羽翼，经师润色，洋洋洒洒，岂非善刀之奏耶。①

“堵令图南”，是指万历癸卯志（1603）的主修堵奎临，号图南，常州宜兴人，由选贡于明万历三十年（1602）任瑞金知县，任至明万历三十五年（1607）。堵氏是深受后世瑞金士民感念的知县，他主持兴建在县城西南五里处的龙珠塔，以及由其堪定方位，后任知县潘舜历主持兴建的文兴塔，被认为在瑞金随后的文运兴起上发挥了重要

① 潘舜历：《续瑞金县志序》，载康熙《瑞金县志》《序・潘序》，第 1 页。

作用。先是，瑞金县久为“科名不振”，据称自二塔建成，“瑞邑文章始甲诸邑”①。为了表达对堵氏的感念之情，瑞金士民“于龙珠寺肖像祀之”②。清代康熙、乾隆期间所修瑞金县志，虽两度更易堵氏宦迹传记，但其中均只言建塔，而未及修志。

万历癸卯志（1603）的编纂，始于堵氏到任当年（1602），时距隆庆壬申志（1572）修又恰好30年。通过阅读旧志，追昔抚今，堵奎临颇感三十年来瑞金民情风俗的沧桑巨变，记曰：

> 昔也殷富今渐窘，昔也愿朴今渐浇。冠盖供张，奔命络绎，流移奸宄，珥笔煞惗，有竭蜗之涎，而凿混沌之窍也耶。古称三十年为一世，由壬寅以至壬申，又由壬申以至壬寅，世再变矣。不敏适承其敝，可徒诿诸运数已哉。此所惴惴焉。③

可见，在堵氏看来，瑞金在过去的三十年来，地方由富变穷，民风由淳朴变浇漓，颇有世风日下之意味。有意思的是，该县志“风俗”一目，却给我们呈现出了一幅教化渐开、民风儒雅的瑞金形象：

> 瑞邑阻山带川，地广人稀，民务耕而不商，士性敏而知学。宋元丰间，有登第显名者。迨国家教化大洽，先后长吏多所陶镕，家有诗书，人多儒雅，序塾相望，弦诵相闻。④

这一颇为矛盾的现象，大体折射出了地方士绅的意志在万历癸卯志（1603）中得到了较充分的表达。事实上，与此前诸志不同，万历癸卯志（1603）的主纂人员是由瑞金本邑人担任。堵奎临在谈起修志缘起时说：“时与国子先生钟君谍、孝廉杨君以杰，语次怃然，

---

① 康熙《瑞金县志》卷6《官制志·宦迹》，第32页。
② 乾隆《瑞金县志》卷4《秩官志·名宦》，第29页。
③ 乾隆《瑞金县志》卷首《原序》，第3页。
④ 万历《瑞金县志》卷2《地舆志·风俗》，第14页。

有文献不足之惧，因以阳秋之笔属之。”[①] 可见，负责万历癸卯志（1603）编纂的主要是钟谟和杨以杰这两位瑞金士绅。钟谟，选贡生，历任九江府训导、永安县教谕、国子学录。杨以杰，明万历十六年（1588）举人，历任湖广安化知县、浙江处州同知、贵州都匀知府。地方上层士绅参修县志，无疑为地方话语掺入县志编纂创造了有利条件。

四　万历乙卯志（1615）

万历项修《瑞金县志》，今已亡佚，关于其信息，在乾隆《瑞金县志》卷首《旧志纂修姓氏》中，列有其姓氏名目：

> 万历乙卯增补，瑞金知县秀水项元濂。[②]

据此，该志编修于明万历乙卯年，即万历四十三年（1615），例取续修，主修为瑞金知县项元濂。项氏，号承湖，浙江秀水人，举人，明万历三十六年（1608）任瑞金知县，县志无传。项氏下一任瑞金知县是潘舜历，明万历四十一年（1613）到任。[③] 也就是说，项氏续修县志的时间，是在其去任后的第二年。去任之后，仍孜孜于续修曾官县域的县志，并非完全没有可能，但这种可能性有多大，值得怀疑。乾隆《瑞金县志》又记载明确，光绪《瑞金县志》也一仍其旧，不知何据。尽管万历项修《瑞金县志》的编修年号尚存疑问，但为了行文的方便，在本书中仍简称“万历乙卯志（1615）”。

关于万历乙卯志（1615）的更早记载，则见诸万历戊午（1618）《瑞金县志》的主修潘舜历所撰之《续修瑞金县志序》，该《序》被收录在康熙《瑞金县志》中，其中对万历项志有如下简短的评价：

---

① 乾隆《瑞金县志》卷首《原序》，第3页。

② 乾隆《瑞金县志》卷首《姓氏·旧志纂修姓氏》，第1页。

③ 康熙《瑞金县志》卷6《官制志·职官》，第5页。

> 又得项令承湖所著《志补》，虽条各立论，语若开端，似有起予之意，未为综核之谋。[①]

由此可见，项氏确曾编纂瑞金县志。只是该“志补”纂于何时，潘氏却并未详言，乾隆《瑞金县志》的“万历乙卯”一说，或非此据。至于万历乙卯志（1615）之体例内容如何，除项氏外，是否有其他人员参与编纂，最终有否付梓刊刻，均已无从知晓。尽管如此，也不管其编纂质量如何，该志毕竟曾为潘舜历所见，为其主修万历戊午《瑞金县志》开启了思路，提供了参考素材，因而在瑞金县志编纂史上，也具有一定的意义。

五 万历戊午志（1618）

万历戊午（1618）《瑞金县志》［以下简称“万历戊午志（1618）”］，距万历癸卯志（1603）的纂修仅15年，离万历乙卯志（1615）的纂修则更短，大概不到5年时间。其主修潘舜历，号怀馨，籍贯福建长乐，举人，明万历四十一年（1613）任瑞金知县，清代县志有传。据说潘氏在任期间，“课士尤勤劳，每月二会。设法以增学田，为诸生会课之费”[②]。有明一代，瑞金仅出举人10名，其中有3名就集中在万历四十六年（1618）至天启四年（1624）之间，[③]这与潘氏在任六年期间对教育工作的重视应当有一定的关系。

万历戊午志（1618）是明代编纂的最后一部县志，遗憾的是，现在也已经亡佚。其体例门类，卷篇结构，编纂质量，因资料阙如，已无从知晓。关于万历戊午志（1618）的信息，仅见于乾隆《瑞金县志》卷首《旧志纂修姓氏》和上文所引潘舜历所撰的《续修瑞金县志序》。首先，从潘序的落款时间中，可以确知该志的编成时间是在“万历戊午年秋七月”。其次，该志例取续修，主要是续接万历癸卯

① 潘舜历：《重修瑞金县志序》，载康熙《瑞金县志·潘序》，第1页。

② 康熙：《瑞金县志》卷6《官制志·宦迹》，第32页。

③ 详见康熙《瑞金县志》卷7《选举志》。

志（1603）以后的历史，即所谓“补缺往秩，使漏无终淹；纪载见闻，使事无遗佚”，而“义惟取续”[①]。最后，据乾隆《旧志纂修姓氏》为我们提供的修志姓氏，该志的主纂是曾编纂过万历癸卯志（1603）的杨以杰。事隔15年后，杨以杰的署名身份已由原来的“举人邑人”变成了“都匀知府邑人”，身份颇隆。

第三节　清代瑞金县志的编纂概况

清代瑞金县修志共计5次。其中，康熙年间修志2次，一次重修，一次续修；此后，又分别于乾隆、道光、同治年间重修县志。清修瑞金县志，均被较好地保存了下来，这为我们的研究工作提供了难得的完整资料。下面就五次瑞金县志的编纂情况，做一简要述论。

一　康熙癸亥志（1683）

康熙癸亥《瑞金县志》［以下正文简称“康熙癸亥志（1683）”，脚注称康熙《瑞金县志》］，凡十卷，笔者所见为书目文献出版社1990年出版的《日本藏中国罕见地方志丛刊》影印本，其卷三、卷六有缺页，卷八有多处用毛笔勾画涂改，少许文字漫漶难辨。据称原刻本仅日本内阁文库见藏，关于其刊刻时间，一说清康熙二十二年（1683），一说清康熙二十三年（1684），原刻本笔者未曾经眼，故不知孰是。[②] 但据县志序言的落款时间，可以确知该志修成于康熙二十二年（1683）。

康熙癸亥志（1683）的主修朱维高，字含英，四川阆中人，举人，清康熙二十二年（1683）任瑞金知县，乾隆《瑞金县志》、康熙五十三年（1714）修《赣州府志》有传。康熙癸亥志（1683）

---

① 潘舜历：《重修瑞金县志序》，载康熙《瑞金县志·潘序》，第2页。

② 中国科学院北京天文台主编《中国地方志联合目录》（中华书局1985年版，第513页）主张康熙二十二年（1683），而金恩辉主编《中国地方志总目提要》（汉美图书有限公司印行，1996年，第14—78页）则说刊刻于康熙二十三年（1684）。

编修于朱氏就任当年。另据修志姓氏，该志主纂两人：杨长世和朱康侯，均为瑞金籍人。杨长世，字延会，号六逸，清顺治十六年（1659）岁贡，康熙十四年（1675）授本省广信府兴安训导，辞不就，著诗文多种，有《影居文钞》一卷传世。朱康侯，字小康，号容庵，清顺治十年（1653）岁贡，十五年（1658）授广信府弋阳县训导，后升巴陵知县致仕，著有《读史商容斋随笔》及《方滐池诗文集》。杨、朱二氏生平事迹，均被入传康熙《续修瑞金县志》。①

康熙癸亥志（1683）的编修，时隔万历戊午志（1618）65 年。这一时段，正处明清鼎革之际，地方社会空前动荡，是瑞金有史以来少有的苦难时期。仅仅从明崇祯四年（1631）至清顺治八年（1651）的二十年间，见载康熙癸亥志（1683）的战乱就达十一次之多，平均不到两年就有一次战乱在瑞金县爆发。每一次战乱，死亡人数均在数百甚至上千人。其中最惨烈的一次，是发生在清顺治四年（1647），清代瑞金县第一任县令徐珩对“八乡田贼”的镇压，“杀戮至五六千人”，以致劳动力严重缺乏，“田贼除而租无所入”②，给地方经济社会造成了巨大的创伤。清朝定鼎不久，瑞金复遭“三藩之乱”的巨大冲击。康熙十五年（1676），福建汀州副总刘应麟受“伪将军印”，统兵踞瑞一年，极其骚扰，米谷尽运汀州。明年（1677），罹遭饥馑，物价飞涨，斗米二钱。康熙十七年（1678），吴三桂部属总兵韩大任从吉安城奔出，驻宁都逃走福建投诚，经过瑞金东北部的湖陂，遇兵交阵，尸满山谷。“佟将军统满兵数万，马匹万余，追赶至汀，回师驻瑞，养马两月，供应浩繁，邑民苦之。”③

康熙癸亥志（1683）编纂之时，正值三藩乱后“林壑荒寒，井

① 康熙《续修瑞金县志》卷 10《人物志》，第 3、10—11 页。

② 康熙《瑞金县志》卷 10《杂记 · 祥异》，第 7 页。

③ 同上书，第 10 页。

里岑寂”[①] 的百业待兴之际。在这样的社会背景下编纂方志，实属不易。以致康熙癸亥志（1683）成，赣州知府李文献不无感慨地评论说：

> 瑞，岩邑也，地邻闽峤，壤接长汀，丙辰（按：康熙十五年，1676）以来，人心风鹤，司牧者将拊循之不暇，安能吮毫濡墨，广搜博访，以求遗事于当年乎？乃三阅月而告成帙矣，猗欤盛哉！[②]

然而，这段瑞金民众的苦难历史，在康熙癸亥志（1683）中却化约为了几则“祥异”目中的战事记载，以及一系列节烈妇女的感人故事。这显然是受到了清代国家意识形态的压制和遮蔽。

康熙癸亥志（1683）例取重修，不过其体例较之万历癸卯志（1603），因袭多于创新，总体变化不大。其前有序、图、目录、修志姓氏，分天文、地舆志、建设、食货、祀典、官制、选举、乡贤、艺文、杂志10门，下设62目，25附目。变化之处主要有三个方面：一是更改和合并门类，将万历癸卯志（1603）的“人物”易名为“乡贤”，并将“恩典”一门归并其中。二是增加目类，门下之目净增20个（含附目），增幅较大。必须指出的是，清康熙癸亥志（1683）较明代县志门下之目大增，并不意味着县志记事范畴的扩大。门下之目的增设，大多是对所记人物或事件分类细化的结果。如嘉靖壬寅志（1543）和万历癸卯志（1603）均设“贞节”一目，而康熙癸亥志（1683）则将之细分为“贞女”“烈女”“慈孝”“节妇”“烈妇”五目，但所记妇女事迹范围，实无增加。又如“乡贤”中增设“行业”“文学”两目，其中所记人物又无不从原有之“贤达”目中析出以益之。其他新增门下之目，大抵类此。三是对门目次序进行了适当调整。如将“食货”门置于“建设”门

① 朱维高：《瑞金县志序》，载康熙《瑞金县志·序》，第3页。

② 李文献：《康熙癸亥志序》，载乾隆《瑞金县志》卷首《原序》，第5页。

之前。

显然，康熙癸亥志（1683）对体例门类的安排，多囿于明代诸志的既定框架和记事范畴，几无创新之处，这也是明清时代制度化修志的一般状况。然而，作为清修第一部县志，它的意义却是重大的。首先，县志编纂实际上也是对地情的一次全面普查和确定，这对于新建王朝而言，意义自然非同一般，正如赣州知府李文献评价该志的意义时所说："凡所为天文之征应，星土之交配，户口之丰盈，田赋之沿革，山川之秀错，人物之瑰伟，忠孝节义之芳踪，高人逸士之雅况，一经披图，洞若观火。"①

另外，作为卷入明清鼎革动荡纷争较深的瑞金县，清初新修县志为我们思考在改朝换代之后，地方士绅如何书写既已灭亡的明朝，又如何重新确定地方社会与大清王朝的关系，如何评说王朝鼎革期间的人与事，又是哪些人在共同书写与建构新的瑞金历史以及如何建构等诸多问题，提供了不可多得的分析素材。因此，康熙癸亥志（1683）在瑞金县志编纂史上具有其他诸志所不具有的重大分析意义。

二 康熙己丑志（1709）

康熙己丑《续修瑞金县志》[以下正文简称"康熙己丑志（1709）"]，凡十一卷，笔者所见为书目文献出版社1990年出版的《日本藏中国罕见地方志丛刊》影印本。该志首为跋、修志姓氏和目录。将跋置于志首，似不合方志常例。据许洪新先生的调查，康熙己丑志（1709）首为新志序文、凡例和目录。② 许先生的调查与笔者所见康熙己丑志（1709）的版本有两个不同：一是许先生所见版本有新志序文和凡例，而笔者所见则无；二是笔者所见版本有跋和修志姓氏，而许先生则未提及。第二个不同，或许是许先生的疏忽所致。而第一个不同，则值得讨论。据乾隆癸酉志（1753）提供的信息，康

① 李文献：《康熙癸亥志序》，载乾隆《瑞金县志》卷首《原序》，第5页。

② 金恩辉主编：《中国地方志总目提要》，汉美图书有限公司1996年版，第14—78页。

熙己丑志（1709）当无凡例，曰：

> 书之有凡例，所以先定其规模而后从事，乃振裘挈领之意也。旧志无之，今于旧志既多厘正，不得不标举眉目于前，使阅者开卷而见作者苦心，非好更张前法也。①

由此看来，许先生的调查恐怕有误。至于志首有新志序文，无碍于情理。另据许先生说康熙癸亥志（1683）“仅日本内阁文库见藏……，上海图书馆存有胶卷”的表述，其依据或出此二者之一。笔者曾前往上海图书馆，但没有看到该志胶卷，日本内阁文库之收藏本，亦未曾经眼。故康熙癸亥志（1683）前是否有新序，尚不明究竟，暂存疑待考。

康熙己丑志（1709）例取续修，主要记康熙癸亥志（1683）以降的二十七年间事，其卷目门类大体仿照康熙癸亥志（1683）而略有增删，设天文、地舆、营建、食货、祠祀、职官、选举、纪言（2卷）、人物、方外，共计10门，63目，13附目，篇幅较小，仅百余页。康熙己丑志（1709）卷目的变化，首先在更改名称，如将“建设”“祀典”“官制”“乡贤”“艺文”分别更名为“营建”“祠祀”“职官”“人物”“纪言”。其次取消了“杂志”门，将其门下之“古迹”“第宅”“丘墓”三目，归入“地舆”门；将“寺庙”目归入“祠祀”门；将“仙释”目归入新增的“方外”门，并更名为“释”；又将“祥异”归入“天文”门。康熙己丑志（1709）的此番调整，使其门目层次较之康熙癸亥志（1683）更加清晰合理。为明续修之义，康熙己丑志（1709）在无新增内容的目下，注明“载旧志”，并在文中目下进一步标明“无可续增”字样。

康熙己丑志（1709）始修于清康熙四十六年（1707），成于清康熙四十八年（1709），历时三载。就在康熙己丑志（1709）启动编修前的康熙四十五年（1706），瑞金县遭受了百年一遇的洪水灾害，导

① 乾隆《瑞金县志》卷首《凡例》，第5—6页。

致“坏城郭桥梁，漂没田庐、官廨、男女无算”[1]。康熙己丑志（1709）“纪言”中的大量描述提示我们，这场特大洪灾给县域社会造成的巨大破坏，曾给瑞金士民留下了许多深刻的创伤性记忆。[2] 不过，在过去的27年中，虽偶有极端天气和地震等破坏程度不一的天灾，却无明清之际那样釜底抽薪的战乱人祸，瑞金县域社会总体上是平静的。[3]

康熙癸亥志（1683）的主修郭一豪，字象岩，福建永春人，举人，清康熙四十三年（1704）就任，在任7年，《瑞金县志》无传。在该志的编修过程中，郭氏所做的主要是人员调配的组织工作。杨以兼在《续修县志跋》中说：“邑令郭公敬其事，延明经朱云映、谢重拔纂修，……至于斟酌总核，以兼不敏，亦与其成焉。”[4] 可见，郭氏并未实质性地参与到县志的编纂之中，县志编纂的总负责人正是“斟酌总核”的杨以兼，具体“纂修”则是朱云映和谢重拔。杨以兼，字惟才，顺治十七年（1660）乡荐，官至河南涉县知县，曾参修康熙癸亥志（1683）。朱云映，字奕瞻，清康熙三十二年（1693）副贡榜，著有《闲虚室诗文集》，据说他在该志中“论著尤多”。谢重拔，字柳渡，清康熙三十七年（1698）拔贡，曾任东乡县教谕，著有《鸿雪吟》《秋水集》《持世书》等；后应张尚瑗聘请，参与编修康熙《赣州府志》。以上三人，均被入传乾隆《瑞金县志》中的《人物志》。[5]

三 乾隆癸酉志（1753）

乾隆癸酉《瑞金县志》［以下正文简称“乾隆癸酉志

---

① 康熙《续修瑞金县志》卷1《地舆志·祥异》，第3页。

② 参见杨以兼《洪水纪事》，朱云映《丙戌洪水纪事》；载康熙《续瑞金县志》卷8《纪言志》，第22—23、27—28页；卷9《纪言志》，第22—25页，又载杨以兼、谢重拔同名诗《暴涨纪实》两首。

③ 在康熙《续修瑞金县志》卷1《地舆志·祥异》第2—3页，记载了发生在过去27年中的洪灾、旱灾、虎灾、地震、火灾等共计7次，无战事记录。

④ 杨以兼：《续修邑志跋》，载康熙《续修瑞金县志》，第1页。

⑤ 乾隆《瑞金县志》卷6《人物志》，第41、43页。

(1753)"]，八卷首一卷，中国科学院图书馆、故宫博物院图书馆、上海图书馆、浙江省图书馆等多家单位有藏刻本，[①] 在故宫博物院编、海南出版社出版的《故宫珍本丛刊》中，2001 年有影印本出版发行。乾隆癸酉志（1753）是明清现存 7 部县志中写刻最为精美的一部，全篇整齐漂亮的蝇头小楷，彰显着其时的写刻水平之高。卷首长达近三千字的《凡例》，反映了编纂者们对该志义例的认真斟酌与思考。

乾隆癸酉志（1753）义取重修，故对康熙癸亥志（1683）的体例门目有较大调整。其卷首一卷，设序、原序、凡例、目录、姓氏、绘图。分舆地（2 卷）、营建、秩官、选举、人物、艺文（2 卷）6 门，下设 68 目，16 附目。较之康熙两志，乾隆癸酉志（1753）的体例门类的变化，主要体现在以下两个方面：首先，压缩门类。它将康熙两志的 10 门，压缩到了 6 门。必须指出的是，门类的压缩同样并未导致纪事范围的缩小，因为乾隆癸酉志（1753）将削减的相关门目并入了压缩后的 6 门之中。比如，取消"天文志"和"食货志"，将门下之目并入"舆地志"中；取消"祠祀志"，将门下之目并入"营建志"中。其次，调整目类。乾隆癸酉志（1753）对门下之目作了进一步调整，或细化，或合并。如将原有之"祥异"目析分为"祥异"与"兵寇"两目；将"贞女""烈女""慈孝""节妇""烈妇"等目，又并而为一，统之以"节妇"目。经过这番压缩调整，反映出县志编纂者对县志体例精益求精的努力追求。乾隆癸酉志（1753）的篇幅较前大增，几近康熙两部县志累加的两倍，长达四百五十余页。其中，艺文志与人物志是增幅最大的两个门类。

乾隆癸酉志（1753）的编纂，始于乾隆十六年（1751），迄于乾隆十八年（1753），距离康熙己丑志（1709）修成 44 年。检阅乾隆

① 《中国地方志联合目录》与《中国地方志总目提要》均言乾隆《瑞金县志》刊刻于乾隆十八年（1753），但该志纪事至乾隆十九年（1754）止，如其卷 4《秩官志・知县》记："刘大年，字乔松，陕西兴平县，丙午举人，乾隆十九年任。"可见，该志的刊刻时间要么在乾隆十九年之后，要么刘大年的信息是在县志刊刻后被补刻上去的。笔者认为，后一种可能性更大。

癸酉志（1753）的“祥异”和“兵寇”目，期间既无大的自然灾害，更无战事发生，这是瑞金入清以后难得的安定祥和时期。该志主修郭灿，号荷亭，举人，山东潍县人，乾隆十五年（1750）至十九年（1754）任瑞金知县。在乾隆癸酉志（1753）“秩官”“郭灿”条下，注有“详宦迹志”[①]字样。但是，乾隆癸酉志（1753）却并未设“宦迹”门目，稽诸《秩官志·名宦》，也未见有传。道光《瑞金县志》也未见有传，迨至光绪《瑞金县志》，郭氏才入传“名宦”。由此推论，郭灿的施政作为，历乾、嘉、道、同诸朝，在瑞金县士民中可能是有争议的。据光绪乙亥志（1875）的披露，郭氏在任期间，政府严厉禁止种植烟草。但因瑞金田少山多，老百姓又多仰赖种烟为活。于是，他为民请命，“申详再四，禁稍驰”，地方经济因此大苏，即便“偶有偏灾，民无饥色”[②]。可见，郭氏在瑞金烟草种植合法化的过程中起到了重要的推动作用。实际上，清初瑞金烟草种植的阻力主要不是来自官方的禁令，而是来自地方士绅的反对。笔者曾经研究认为，清初赣南士绅力主禁烟，根本上带有排斥闽粤移民的情结，其时在赣南从事烟草种植与加工的人员大多是来自福建与广东的移民或流民。[③]郭氏驰烟禁的努力，势必将自己置于仍未放弃禁烟主张的地方士绅的对立面，这或许正是郭氏迟至光绪乙亥志（1875）才得以入传“名宦”的重要原因。

郭灿先聘请黄天策担纲主纂，但志未竣而黄氏告逝，后又延请杨于位续成其功，故乾隆癸酉志（1753）历经了两位主纂。[④]黄天策，赣州府信丰县人，清乾隆元年（1736）被举为博学鸿词，乾隆五年

---

① 乾隆《瑞金县志》卷4《秩官志·知县》，第7页。

② 道光《瑞金县志》卷4《秩官志·名宦》，第44页。

③ 李晓方：《禁烟之议与清代赣南客家地区的社会生态变迁》，《农业考古》2009年第4期。

④ 《重修瑞金县志序》，乾隆《瑞金县志》卷首《序》，第1页。

(1741) 拔贡，曾参修乾隆《信丰县志》，有一定的修志经验。[①] 杨于位，字及中，清康熙六十年（1721）进士，《瑞金县志》无传。作为清代瑞金县仅有的3位文进士之一，其仕途很不顺利。清雍正二年(1724)，出任广东平远知县。[②] 雍正三年（1725），调任广东始兴知县，历任二载而“诖累参革”，从此不复再仕，始兴“邑人士咸思之”，入传乾隆《始兴县志》名宦。[③] 罢官去任后，杨于位开始了教职生涯，历任潮州韩山书院、江西豫章书院、赣州濂溪书院山长。[④]

四　道光壬午志（1822）

道光壬午《瑞金县志》[以下正文简称“道光壬午志（1822）”]十六卷首一卷，有清道光二年（1822）刻本，全国多家单位藏有原本，江苏古籍出版社的《中国地方志集成》中有影印版（1996），保存完好，写刻尚可。[⑤]

道光壬午志（1822）例取重修，前有序、目录。卷首一卷，设凡例、纂修姓氏、旧志序文、旧志纂修姓氏、舆图。分舆地、田赋、营建、秩官、选举、人物、艺文、杂志，共8门，下设50目，27附目。较之乾隆癸酉志（1753），道光壬午志（1822）的变化主要在门类与卷篇的增加。道光壬午志（1822）增设了2个门类，即田赋志和杂记，分2卷，以记乾隆癸酉志（1753）中舆地、艺文门下的相关条目内容。此外，将乾隆癸酉志（1753）中的舆地志由2卷减为1卷，营建志由1卷增为2卷，人物志由1卷增至3卷，艺文志由2卷增至6卷。道光壬午志（1822）篇幅增加不多，所增篇幅仍然集中在艺文

① 详见乾隆《信丰县志·修志姓氏》及卷8《选举志·贡士》，第15页。另，杭世骏《词科掌录》卷首《举目》（清乾隆道古堂刻本，四库未收本，1辑19—453页）有记：“江西巡抚都察院右副都御史常安举六人：雍正乙卯举人黄永年，江西广昌人；廪生廖理，江西南城人；生员张锦，江西临川人；生员李灏，江西南丰人。□□黄天策□□□□”。□处为墨所涂，无法辨识，或可据信丰县补阙。

② 嘉庆《平远县志》卷2《职官》，第60页。

③ 乾隆《始兴县志》卷11《名宦列传》，第4页。

④ 乾隆《瑞金县志》卷5《选举志·进士》，第4页。

⑤ 《中国地方志总目提要》遗漏未收，特此注明。

志与人物志。

道光壬午志（1822）始修于道光元年（1821）仲春，阅十月而于次年初春告竣，时距乾隆癸酉志（1753）修成约七十年。这一时段，瑞金基本保持了和平稳定的社会环境。值得注意的是，自嘉庆以降，天地会等秘密结社在赣南各地滋生漫延。道光壬午志（1822）也详细记载了清嘉庆八年（1803）发生在宁都、石城、广昌三县交界处的那场曾引起大清王朝顶层关注的"教匪"案。瑞金县虽受其波及，但影响不大，仅有10人卷入此案，其中4名"首犯"斩决枭示，另6名"余犯"被处发遣，代理知县事的汤煦因"办理镇静，优叙升用"[①]。尽管此后直至道光壬午志（1822）的编修期间，赣南的天地会问题一再引起王朝顶层的关注，但似与瑞金无涉，道光壬午志（1822）均未作进一步的记载。[②]

道光壬午志（1822）的纂修蒋方增，字淥初，江苏武进人，附监生，清嘉庆二十年（1815）至道光六年（1827）任瑞金知县，在任时间长，兴建也多，如文庙、考棚、社坛、城隍庙等，"凡十数处，整齐辉焕，规模一新"，光绪《瑞金县志》入传名宦。[③] 与此前知县多虚挂"主修"职名不同，蒋氏则亲任主纂，自谓"一字一编，必经手订"[④]。光绪《瑞金县志》主修张国英在评价蒋氏时说："政无不行，事无不举；而殚其心力者，莫如邑志。"[⑤] 这些言说，虽不无夸大之嫌，但蒋氏对该志的介入之深，当无疑问。时任江西学政的王宗成为之作序，评价极尽溢美之词，谓其"体例谨严，笔墨渊雅"，"条分缕析，纲举目张"，"纤悉备载，毋滥毋遗"[⑥]。修志姓氏中署职"协修"的瑞金教谕廖驹龙，为志跋后，应是该志编纂中的另一重要

---

① 道光《瑞金县志》卷16《杂志·兵寇》，第6页。

② 参见李晓方《清中叶赣南的会匪问题与政府控制——以〈清实录〉为考察中心》，《史林》2008年第4期。

③ 光绪《瑞金县志》卷5《秩官制·名宦》，第17页。

④ 道光《瑞金县志·蒋方增序》，第6页。

⑤ 光绪《瑞金县志·张国英序》，第6页。

⑥ 道光《瑞金县志·王宗诚序》，第5页。

角色。廖氏，江西奉新县人，举人，嘉庆六年任瑞金教谕，时至道光壬午志（1822）修，已在任二十年。

五　光绪乙亥志（1875）

光绪乙亥《瑞金县志》［以下正文简称“光绪乙亥志（1875）”］十六卷首一卷，现中国国家图书馆等全国多家单位有藏。中国国家图书馆收藏本（简称“国图本”），其封面刻有“光绪元年开雕”字样，《中国地方志联合目录》《中国地方志总目提要》一致认定光绪《瑞金县志》刊刻于清光绪元年（1875）。1979年，中国台北江西瑞金同乡会据台湾“中央研究院”傅斯年图书馆收藏的影印本（简称“台湾本”），其与“国图本”几乎一样，唯一的不同是对瑞金知县记载的截止人物与时间。“国图本”截止张国英，“同治十二年九月廿六日署任”；“台湾本”则截止曹承志，“光绪二年五月十四日获理”。这似乎表明，光绪乙亥志（1875）有两个刻本：一版刻于光绪元年，一版则刻于光绪二年之后。当然，更合理的解释可能是，瑞金知县曹承志在其上任后，将自己的姓名与署任时间补刻在了光绪元年开雕的县志之中，而其他内容则原样未变。目前所见，除了以上两种版本，后又有1959年江西省图书馆手抄油印本，该本记瑞金知县止于张国英，应该是据“国图本”所抄，现为数十家单位收藏。①

光绪乙亥志（1875）例取重修，前有序、目录。卷首设凡例、纂修姓氏、旧志序文、旧志纂修姓氏、舆图。分舆地、田赋、营建、秩官、选举、人物、艺文、杂志，共8门，下设52目，31附目。较之道光壬午志（1822），它的体例门类变化极小，篇幅略有增加，其中又主要集中在艺文志和人物志。

光绪乙亥志（1875）始修于同治八年（1869），瑞金知县孙长庆

---

① 新近，巴兆祥先生据日本东洋文库的收藏认为，光绪乙亥志（1875）刊刻于同治十三年（1874）。（参见巴兆祥《中国地方志流播日本研究》，上海人民出版社2008年版，第498页）此说亦不无道理，据主修知县张国英在县志《凡例》中透露的信息，该志编纂告竣于同治十三年仲冬（1874），不过，该县志最终刊刻应该要晚至光绪元年（1875）。

开局修志，但事未竣却因孙离任而中辍。清同治十二年（1873），知县张国英继其事重理前稿，同治十三年（1874）冬成书。[①] 光绪乙亥志（1875）的编纂，距离道光壬午志（1822）修成约半个世纪，这是有清一代瑞金编纂的最后一部县志。光绪乙亥志（1875）修成于太平天国运动之后，该志在“兵寇”目中有从清咸丰三年（1853）至同治三年（1864），甚至具体到月日的有关于“发逆”侵境的密集记载，以及在“忠烈”目中开列的数以千计的死难者名单。这无不提示着，在太平天国运动期间，瑞金县亦被毒甚惨。十年后，当张国英主修光绪乙亥志（1875）时，瑞金的元气尚未恢复，城乡萧条，物力维艰，“民物大非昔比”[②]。光绪乙亥志（1875）的主修张国英，江苏武进县人，清同治十二年（1873）九月任瑞金知县。光绪乙亥志（1875）的主纂3人，他们是陈芳、杨本初和钟庚，均为瑞金人。陈芳，字斗元，号花尉，道光二十三年（1843）举人。杨本初，字伯元，号韵卿，贡生。钟庚，字静存，号莲仙，廪贡，任建昌府南城县儒学训导。[③]

继清光绪乙亥志（1875）六十多年后的民国三十年（1941），瑞金县再次重修县志，是为民国《瑞金县志稿》。较之明清县志，该志稿无疑是一个不同的知识和价值观念体系。在特定的社会政治背景下，那些一贯为传统方志聚焦的人与事，大多已经难以进入志稿编纂者的视域。例如，志稿不再将历任瑞金的官宦作为县志必书的内容，也不再将笔墨着意于所谓的名宦与乡贤。我们不仅无法从中找到有关光绪乙亥志（1875）的编纂者们的任何信息，甚至无法找到明清瑞金县志共同为我们所塑造的那个瑞金形象。明清官修方志，作为观念形态的瑞金历史从此断裂而变得陌生和难辨。

---

① 张国英：《序》，载光绪《瑞金县志》，第6页。

② 同上。

③ 光绪《瑞金县志》卷6《选举志》，第4、10页。

表 1　明清瑞金县志体例门目

县志	门	目（附目）
嘉靖壬寅志（1543）共8门，43目，18附目		序、凡例、图、目录
	地舆类	建置、星野、形胜、山川（山岭、岩峰、溪、潭、滩、石、水、江、湖、冈、障、池、井）、疆域、城池（教场附）、乡里、土田（屯田附）、户口、贡赋、徭役、土产、水利、坊表（巷附）、市镇（街巷附）、关隘、桥梁、津渡
	官制类	秩官、名宦
	学校类	庙学、庙制、学制、乡校（学田附）
	人物类	进士、乡举、岁贡、荐辟、忠义、贞节、孝友、宦业、恩例、年劳、乡惠
	宫室类	上司公署（布政二司府馆）、县治公署（阴阳、医学、僧会司、道会司、巡检司、仓廒、铺舍、养济院、惠民局、古迹、亭榭、坟墓、漏泽园附）
	祀典类	坛壝（山川、社稷、邑厉、乡厉、里社）、庙祠（城隍、名宦、乡贤祠并应祀之神）
	文章类	序记、题咏
	杂志类	寺观、仙释
万历癸卯志（1603）共11门，45目，23附目		序、旧志序（跋）、修志姓氏、目录、图
	天文志	星野（气候附）
	地舆志	沿革（疆域附）、山川、陂泽、形胜、风俗
	食货志	户口、物产、里甲、贡赋（土田、屯田、额办、课程附）、徭役
	建设志	城池、公署、学校（庙制、学制、祭器、书籍、学田、社学附）、兵防（教场附）、市镇（井附）、关隘（寨附）、桥梁、津渡、台塔、枋表
	祀典志	庙祠、坛壝
	官制志	秩官（巡历、委署附）、宦迹（侨寓附）
	选举志	荐辟、进士、举人、岁贡、例贡、儒士、椽仕
	恩典志	封赠、荫叙
	人物志	贤达、忠烈、孝友（耆德附、义举附）、贞节
	杂文志	序记、题咏（祭文附）
	杂志	古迹、丘墓（漏泽园、义冢附）、祥异、寺观、仙释
康熙癸亥志（1683）共10门，57目，25附目		序、旧志序、图、目录、修志姓氏
	天文志	星野（气候附）
	地舆志	沿革（疆域附）、山川（泉附）、陂泽、形胜、街市、乡村（井附）、风俗

续表

县志	门	目（附目）
康熙癸亥志（1683）共10门，57目，25附目	建设志	城池、公署（仓廒、铺亭附）、学校（庙制、学制、祭器、书籍、学田、社学、书院附）、兵防（教场附）、关隘（塞附）、桥梁、津渡、台塔、枋表
	食货志	户口、田赋（徭役、食盐、屯田附）、课程、物产、里甲
	祀典志	祠宇、坛壝（阵亡附）
	官制志	职官（巡历、委署附）、宦迹
	选举志	荐辟、进士、乡举、岁贡、例贡、儒官、儒士、武进士、武举、武职、椽仕、荫叙
	乡贤志	忠烈、孝友、隐逸、文学、义行（神童、乡饮附）、义烈、贞女、烈女、慈孝、节妇、烈妇
	艺文志	序记、祭文、箴辞、诗赋
	杂志	古迹、第宅、丘墓（漏泽园、义冢附）、祥异
康熙己丑志（1709）共10门，67目，5附目		续修志跋、修志姓氏、目录
	天文志	星野（祥异附）、气候（载旧志）
	地舆志	沿革（载旧志）、缰域附、山川、泉（载旧志）、陂泽（载旧志）、形胜（载旧志）、街市（载旧志）、乡村、井（载旧志）、古迹（载旧志）、第宅（丘墓附、载旧志）、风俗
	营建志	城池、公署、官亭（载旧志）、学校（庙制、学制附，附学俱载旧志）、乡校、兵防、教场（载旧志）、关隘（载旧志）、桥梁、津渡、台塔、枋表
	食货志	户口、田赋（徭役、食盐、屯田附）、课程、物产、里甲
	祠祀志	祠宇（载旧志）、坛壝（寺观附、载旧志）
	职官志	宦迹、巡历
	选举志	荐辟（载旧志）、进士（载旧志）、举人、恩贡、拔贡、副榜贡、岁贡、例贡、儒官（载旧志）、儒士（载旧志）、武进士（载旧志）、武举、武职、椽仕、封赠（载旧志）、荫叙（载旧志）
	纪言志	记、引、序、议 诗
	人物志	忠烈、行业、文学、孝友、义行、烈妇、节妇
	方外志	释
乾隆癸酉志（1753）共6门，68目，19附目	卷首	序、凡例、目、纂修姓氏、前志序、前志纂修姓氏、图
	舆地志（上）	沿革、星野、气候、祥异、兵寇、疆域（里甲、乡村、市镇附）、山川（丘墓附）、形胜、陂塘
	舆地志（下）	赋役（屯田、盐课附）、风俗、物产
	营建志	城池、学校（社学、书院、学田、坊表附）、公署、营制（铺递、教场附）、祠庙、坛壝、仓储（药局、育婴堂、养济院、漏泽园附）、桥渡（茶亭附）、楼台（第宅、园亭附）、寺观

续表

县志	门	目（附目）
乾隆癸酉志（1753）共6门，68目，19附目	秩官志	知县、县丞、主簿、县尉、典史、教谕、训导、巡检、守备、把总、名宦、巡历、寓贤
	选举志	荐辟、进士、举人、武科、武甲、恩拔副岁例贡、职监、儒官、儒士、掾士、武职、封赠、荫叙、乡饮
	人物志	乡贤、忠烈、孝友、事功、文苑、义行、隐逸、耆寿、方术、方外、节妇
	艺文志上	元明文、国朝文
	艺文志中	国朝文、明文补遗
	艺文志下	宋元明诗、国朝诗赋、书目、杂记
道光壬午志（1822）共8门，50目，28附目	卷首	凡例、纂修姓氏、旧志序文、旧志纂修姓氏、舆图
	地舆志	星野（气候附）、沿革、疆域（里甲、乡村、墟镇附）、山川（泉、潭、丘墓附）形胜、风俗
	田赋志	赋役（屯田、盐课附）、陂塘、物产
	营建志上	城池、学校（学田、书院、社学、坊表附）、公署、营制（铺递、教场附）
	营建志下	祠庙坛壝（药局、育婴堂、普同塔、养济院附）、仓储、桥渡（茶亭附）、园亭、寺观
	秩官志	职官、名宦、巡历（寓贤附）
	选举志	科目（钦赐附）、荐辟、贡监、儒掾、武科目、武职、封赠、恩荫、乡饮
	人物志上	乡贤、忠烈、孝友、事功
	人物志中	文苑、义行
	人物志下	隐逸、耆寿、节孝（贞女、烈妇附）、方伎（方外附）
	艺文志	元明文 国朝文
	艺文志	国朝文
	艺文志	宋元明、国朝诗 （新增）文 （新增）诗赋（词附）
光绪乙亥志（1875）共8门，52目，31附目	卷首	凡例、纂修姓氏、旧志序文、旧志纂修姓氏、舆图
	地舆志	星野（气候附）、疆域、沿革（里甲、乡村、墟镇附）、山川（泉、潭、丘墓附）形胜、风俗
	田赋志	赋役（屯田、盐课附）、陂塘、物产
	营建志上	城池、学校（学田、书院、社学、坊表附）、公署、营制（铺递、教场附）

续表

县志	门	目（附目）
光绪乙亥志（1875）共8门，50目，30附目	营建志下	祠庙坛壝（药局、育婴堂、普同塔、养济院附）、仓储、桥渡（茶亭附）、园亭、寺观
	秩官志	职官、名宦、巡历（寓贤附）
	选举志	科目（钦赐附）、荐辟、贡监、儒掾、武科目、武职、封赠（奖叙附）、恩荫（世袭附）、乡饮
	人物志上	乡贤、忠烈、孝友、事功
	人物志中	文苑、义行
	人物志下	隐逸、耆寿、节孝（贞女、烈妇附）、方伎（方外附）
	艺文志	元明文
	艺文志	国朝文
	艺文志	国朝文
	艺文志	宋元明、国朝诗
	艺文志	新增文
	艺文志	新增诗赋词附
	杂志	祥异、兵寇、记闻（旧新告谕、书目附）

第四节　明清瑞金县志的编纂特点

首先，从瑞金县修志的时间分布来看，明代主要集中在中后期，尤其集中在万历年间；而清代则散布于康熙、乾隆、道光、同治年间，时跨清初至清末，分布相对均衡，这与同期整个赣南乃至全国的修志趋势大体吻合。

据笔者对明清赣南（赣州府与南安府、宁都直隶州的辖地范围）府、州、县志编修情况的统计（详见文后附录2：《明清时期赣南各府州县修志情况一览表》），自洪武以后，洪熙、永乐、正统、景泰、成化、宏治、正德，历朝续有纂作，但数量不多，均在3部以下；时至嘉靖，纂作陡然增加，共有11部；隆庆1部，至万历而达到高潮，多至15部；天启、崇祯两朝，复又大减，分别为1部。因此，明代赣南修志主要集中在嘉靖与万历两朝。据张英聘对全国经济文化最发达的明代南直隶地方志的研究，该地修志就其规模和影响而言，以万历朝居首，嘉靖朝次之。[①] 另据张新民对贵州地方志的研究，其情形也大抵相类，明代修志高峰出现在万历朝。[②] 入清以后，赣南修志分布在顺治（3 部）、康熙（33 部）、乾隆（22 部）、道光（16 部）、咸丰（3 部）、同治（14 部）、光绪（10 部）等 7 朝。但主要集中在康熙、乾隆、道光、同治和光绪 5 朝。因此，明清瑞金十次修志的时间分布，可以说是整个赣南乃至全国修志情形的一个缩影。

其次，明清瑞金县志的编修，均不同程度地受到《赣州府志》或《宁都直隶州志》编修的直接推动。

为彰显大一统理念，建构政治文化秩序，强化对地方社会的控制，明清王朝均多次编纂一统志。在修一统志的过程中，或派员深入地方采辑事迹，或檄地方呈报旧有志乘图经，或要求地方绘图纂志以献，以备修志采择。于是，由省而府，由府而州县，自上而下，层层檄修方志。[③] 明清瑞金县十次修志，均与赣州府或宁都直隶州的修志活动有关。如嘉靖壬寅志（1543），修成于嘉靖《赣州府志》五年之后；隆庆壬申志（1572）则"始于督院未命之先，有符乎诸大夫欲为之意，成于府志未就之日"[④]；万历年间，瑞金三修县志；值得注意的是，同期赣州府也先后三次欲修府志，天启《赣州府志》的主纂，曾为万历癸卯志（1603）作序的谢诏在《重刻赣州府志小序》中说：

> 万历间，郡大夫有议及此者，曾两开局，未睹其成。丙辰之岁，兰阳李公以司榷别驾摄郡篆，重有意焉，而谬属予以笔札之役。[⑤]

---

① 张英聘：《明代南直隶方志研究》，社会科学文献出版社 2005 年版，第 67 页。

② 张新民：《地方性知识的文本世界——贵州地方志修纂源流考论》，《贵州民族研究》2007 年第 2 期。

③ 关于明清《一统志》的编修对地方志的推动，具体可参见张英聘《论〈大明一统志〉的编修》，《史学史研究》2004 年第 4 期；巴兆祥《论〈大清一统志〉的编修对清代地方志的影响》，《宁夏社会科学》2004 年第 5 期。

④ 潘伯骧：《瑞金县志跋》，载万历《瑞金县志·后序》，第 1 页。

⑤ 谢诏：《重刊赣州府志小叙》，天启《赣州府志·序》，第 1 页。

这种对应关系提示我们，瑞金在万历年间的三次修志，当与赣州府的三次开局编修《赣州府志》存在一定关联。

清代瑞金五修县志，都直接受到编修《赣州府志》或《宁都直隶州志》的推动。清代《赣州府志》，分别修于康熙二十二年（1683）、康熙五十二年（1713）、乾隆四十三年（1778）、道光二十八年（1848）和同治十二年（1873）。[①] 此外，道光四年（1824）宁都直隶州修有《宁都直隶州志》。受上述府（州）志编修的推动，清修瑞金县志在序、跋中都有清楚的说明。康熙癸亥志（1683）的主修朱维高在县志序言中说："迄今天子诏修志以昭一统，郡县咸奉命趋事。"[②] 康熙己丑志（1709）的主纂杨以兼说："岁丙戌，太守朱公议修郡志，请之抚藩二宪，俱报可。乃檄行赣属十二邑，俾各修志以采择，于是邑令郭公敬其事。"[③] 乾隆癸酉志（1753）的主修郭灿说："前制府黄公檄下各郡县，令依时举行。"[④] 道光壬午志（1822）的主修蒋方增说："今奉州宪倡修州志谕，将瑞、石二邑志，采入附刊，询为盛举。"[⑤] 光绪乙亥志（1875）的主修张国英在交代修志缘由时也说："余适奉大宪檄催新志。"[⑥]

可见，明清瑞金县志的编修均不同程度地受到府志、州志编修的推动，尤其是清代五次修志，无一不是因编修府志、州志之需而奉命行事。

再次，明清瑞金县志的体例门类，每次编修均有所变化，总体趋势是，门类变化不大，门下之目越增越多，卷数篇幅也越编越大。

就县志门类来看，嘉靖壬寅志（1543）8门，万历癸卯志（1603）增至11门。康熙癸亥志（1683）与康熙己丑志（1709）均

① 参见李晓方《崇文向学与尚武好斗：明清历修〈赣州府志〉对赣南民风的表达》，《社会科学》2010年第4期。

② 朱维高：《瑞金县志序》，载康熙《瑞金县志·序》，第4页。

③ 杨以兼：《续修邑志跋》，载康熙《续修瑞金县志》，第1页。

④ 郭灿：《重修瑞金县志序》，乾隆《瑞金县志·序》，第1页。

⑤ 蒋方增：《议修邑志示》，载道光《瑞金县志》卷16《杂志·告谕附》，第47页。

⑥ 张国英：《序》，载光绪《瑞金县志》，第1页。

为10门，门类名称大多亦相同；乾隆癸酉志（1753）则缩减至6门，道光壬午志（1822）又增加至8门，光绪乙亥志（1875）因之。值得注意的是，所增之门均由先前县志门下之目析出增设。如增设的“天文志”，则从嘉靖壬寅志（1543）的“地舆志”中析出“星野”一目以附。有同此理，乾隆癸酉志（1753）较康熙癸亥志（1683）减少了4门，其处理办法是将所减门下之目，相宜归并在其他门类之下。因此，对县志门类的增减，反映的是县志编修者对门目秩序和层次的合理化安排，并非对记事范围的调整。

更值得注意的是门下之目的变化。嘉靖壬寅志（1543）54目，万历癸卯志（1603）67目；至清康熙癸亥志（1683），更增至87目。此后的清修县志均在80目上下浮动。门目的增加，大致有两种情况：一是将原有的相关类目加以细分而增加，二是为扩大记事范围而从无到有的增设。前者如康熙癸亥志（1683）将万历癸卯志（1603）的“贞节”一目，细分为“贞女”“烈女”“节妇”“烈妇”四目；后者如康熙癸亥志（1683）较之万历癸卯志（1603）增设了“街市”“乡村”“文学”等目。两厢比较，因前一种情况而增设的类目为多。因此，类目的增加，一定程度上反映了县志记事范围的扩大。

明清瑞金县志的篇幅越修越大。从县志卷数来看，自嘉靖壬寅志（1543）的8卷增至光绪乙亥志（1875）的16卷，翻了一倍。从县志篇幅来看，嘉靖壬寅志（1543）仅200多页，光绪乙亥志（1875）则增至1100多页，翻了近六倍。在所增篇幅中，人物与艺文又占据了绝大部分。嘉靖壬寅志（1543）的人物与艺文约占整部县志篇幅的36%，而光绪乙亥志（1875）则增至72%，所占比例翻了一倍。

明清瑞金县志的门目变化，一方面是县志编纂史的内在理路使然，反映的是历任县志编纂者们对更趋合理的县志体例的努力追求。另一方面也受到上级修志檄令的规范与制约。如光绪乙亥志（1875）之修，实奉清同治九年（1870）檄修江西通志之命。江西通志局不仅为这一轮县志的编修框定了采访条规，还特别颁示了“十志五十有四目”[1]。对来自上级行政单位的条例规范，地方县域未必都能遵照执行，但对其体例门目的影响自然是不能忽视的。

最后，明清瑞金县志的纂修人员，经过了一个由“他修”到“我修”的历程。作为官修方志，明清瑞金十修县志的主修，都是作为地方长官的知县。然而，地方志的具体编纂事宜，主要是由县志主纂负责。很显然，县志主纂从县志的发凡起例、资料搜集与整理，到县志编辑书写的整个过程中，都发挥着至关重要的作用。在一定程度上县志主纂掌握着选择书写内容以及如何书写的话语权。要理解地方志何以如此书写和呈现，弄清县志主纂的身份是十分有必要的。

嘉靖壬寅志（1543）的纂修是福建莆田人林有年，作为富有修志经验的致仕官员，他受瑞金知县赵勋礼聘，全权负责该志的编修工作。隆庆壬申志（1572）的纂修，上文已指出，实际上是瑞金知县吕若愚，他亲自操刀，在旧志的基础上，斟酌损益。林、吕两氏，均非瑞金籍人，因此可以说，嘉靖壬寅志（1543）与隆庆壬申志（1572），主要是由这两位“他者”书写而成，实为“他修”。迨至编修万历癸卯志（1603），瑞金绅士钟谍与杨以杰得以出任县志纂修，瑞金县志从此由“他修”实现了到“我修”的转变。此后，杨以杰又继而担任了万历戊午志（1618）纂修之职。有清一代，瑞金凡五修县志，除道光壬午志（1822）由知县蒋方增亲自主纂外，其余四志的主纂均由瑞金籍人担任。可以说，自万历癸卯志（1603）以后，书写瑞金历史、塑造瑞金形象的话语权，开始牢牢地掌握在瑞金士绅自己的手中，直至清末而未变。瑞金县志由“他修”到“我修”的转变，既折射出明清时期瑞金文教的进步，也契合了明中后期以降瑞金士绅构建地方文化形象的普遍追求。对此，本书第四章中将有详论。

---

① 黄德溥：《续修赣县志序》，载同治《赣县志·序》，第2页。

第二章　瑞金县志的编纂组织与经费来源

为了加强对地方的有效统治和维护大统一局面，明清王朝分别多次编纂《一统志》，并督促地方编纂方志。明永乐年间，朝廷还两次颁布修志凡例，统一各地志书体例；清雍正皇帝即位后，则规定了方志60年一修的制度。[①] 本章试图从社会史的角度，考察在明清时期各级行政机构的方志纂修活动合法化、经常化和制度化的背景下，瑞金县志编纂人员的构成、县志的编纂过程和修志经费的来源等问题，进而探讨县志作为一种文本的形成过程，以及地方政治、经济和文化等因素渗入这一过程的路径、机制与限度。

第一节　编纂组织

修志姓氏与县志序跋，为我们还原修志人员的构成提供极大的便利。为了分析的方便，现将明清瑞金县志编纂人员的构成整理制作成表2。先作三点说明：第一，嘉靖壬寅志（1543）没有开列修志姓氏，其修志人员的构成是依据林有年所撰《瑞金县志序》提供的信息；第二，因隆庆壬申志（1572）、万历乙亥志（1615）、万历戊午志（1618）现已亡佚，这三部县志的修志人员构成，依照乾隆癸酉志（1753）登载的《旧志纂修姓氏》录入。第三，万历癸卯志（1603）和清代五部县志的修志人员，均出自本志所列修志姓氏。

---

① 关于明清《一统志》的编修和明清时期的修志规定，参见张英聘《论〈大明一统志〉的编修》，《史学史研究》2004年第4期；巴兆祥《论〈大清一统志〉的编修对清代地方志的影响》，《宁夏社会科学》2004年第3期。

表 2　　明清瑞金县志编纂人员

<table>
<tr><th>序号</th><th>志书名称、修志人数</th><th>分工名称、人数</th><th>参与者身份</th><th>姓名、籍贯</th></tr>
<tr><td rowspan="6">1</td><td rowspan="6">嘉靖壬寅志（1543）共6人</td><td>校正1人</td><td>知县</td><td>赵勋，广东番禺</td></tr>
<tr><td>纂修1人</td><td>致仕官员、修志专家</td><td>林有年，福建莆田</td></tr>
<tr><td rowspan="4">未署职掌4人</td><td>教谕</td><td>李天祥，湖广武陵</td></tr>
<tr><td>训导</td><td>魏文谟，福建龙溪</td></tr>
<tr><td>生员</td><td>钟训，邑人</td></tr>
<tr><td>生员</td><td>刘芳，邑人</td></tr>
<tr><td rowspan="2">2</td><td rowspan="2">隆庆壬申志（1572）共5人</td><td>署职不详</td><td>知县</td><td>吕若愚，浙江新昌</td></tr>
<tr><td>编辑4人</td><td>生员</td><td>朱紫、许宗庆、杨永昌、汤训，均为邑人</td></tr>
<tr><td rowspan="9">3</td><td rowspan="9">万历癸卯志（1603）共14人</td><td>主修1人</td><td>知县</td><td>堵奎临，常州宜兴</td></tr>
<tr><td rowspan="2">未署职掌4人</td><td>教谕</td><td>钱明，江西九江；刘逢吉，湖广邵阳</td></tr>
<tr><td>训导</td><td>莫汝侔，广西永淳；鲁尚质，江西广昌</td></tr>
<tr><td rowspan="2">参阅2人</td><td>国子监学录</td><td>钟譔，邑人</td></tr>
<tr><td>归化县知县</td><td>赖聘，邑人</td></tr>
<tr><td>校正1人</td><td>举人</td><td>杨以杰，邑人</td></tr>
<tr><td>纂集4人</td><td>邑庠生</td><td>杨可依、谢元赏、许继濂、杨正文，均为邑人</td></tr>
<tr><td>督刊1人</td><td>典史</td><td>江丘然，福建晋江</td></tr>
<tr><td>誊写1人</td><td>不详</td><td>周大衍，不详</td></tr>
<tr><td>4</td><td>万历乙亥志（1615）</td><td>主修1人</td><td>知县</td><td>项元濂，浙江秀水</td></tr>
<tr><td rowspan="6">5</td><td rowspan="6">万历戊午志（1618）共10人</td><td>主修1人</td><td>知县</td><td>潘舜历，福建长乐</td></tr>
<tr><td rowspan="5">署职不详者9人</td><td>知府</td><td>杨以杰，邑人</td></tr>
<tr><td>知县</td><td>杨永安、谢长达，均为邑人</td></tr>
<tr><td>举人</td><td>杨以任，邑人</td></tr>
<tr><td>监生</td><td>杨正学，邑人</td></tr>
<tr><td>生员</td><td>许继濂、杨以位、危能权、胡来章，均为邑人</td></tr>
<tr><td rowspan="5">6</td><td rowspan="5">康熙癸亥志（1683）共21人</td><td>总裁1人</td><td>知县</td><td>朱维高，四川阆中</td></tr>
<tr><td rowspan="2">协理2人</td><td>教谕</td><td>罗光复，江西新建</td></tr>
<tr><td>训导</td><td>朱应星，江西宜昌</td></tr>
<tr><td rowspan="2">纂修2人</td><td>曲安训导</td><td>杨长世，邑人</td></tr>
<tr><td>弋阳训导</td><td>朱康侯，邑人</td></tr>
</table>

续表

<table>
<tr><th>序号</th><th>志书名称、修志人数</th><th>分工名称、人数</th><th>参与者身份</th><th>姓名、籍贯</th></tr>
<tr><td rowspan="11">6</td><td rowspan="11">康熙癸亥志（1683）共21人</td><td rowspan="3">校阅5人</td><td>候选知县</td><td>朱世官、杨以兼、谢聘，均为邑人</td></tr>
<tr><td>上饶县训导</td><td>杨兆凤，邑人</td></tr>
<tr><td>廪生</td><td>杨枝高，邑人</td></tr>
<tr><td rowspan="4">参订6人</td><td>候选贡生</td><td>胡来贺、谢惟璧、杨文明，均为邑人</td></tr>
<tr><td>广昌教谕举人</td><td>胡朝极，邑人</td></tr>
<tr><td>举人</td><td>杨方英，邑人</td></tr>
<tr><td>琼州经历</td><td>陈让，邑人</td></tr>
<tr><td>编辑2人</td><td>廪生</td><td>朱大仁、胡裕昆，均为邑人</td></tr>
<tr><td rowspan="2">督修3人</td><td>典史</td><td>冯兆文，非邑人</td></tr>
<tr><td>巡检</td><td>方振、俞永基，均非邑人</td></tr>
<tr><td rowspan="11">7</td><td rowspan="11">康熙己丑志（1709）共13人</td><td>鉴定1人</td><td>知县</td><td>郭一豪，福建晋江</td></tr>
<tr><td>协理1人</td><td>教谕</td><td>张秀麟，江西新城</td></tr>
<tr><td>总裁1人</td><td>举人原河南涉县知县</td><td>杨以兼，邑人</td></tr>
<tr><td rowspan="2">纂修2人</td><td>副榜贡生候选教谕</td><td>朱云映，邑人</td></tr>
<tr><td>拔贡生候选教谕</td><td>谢重拔，邑人</td></tr>
<tr><td rowspan="4">校阅5人</td><td>举人</td><td>谢重扬，邑人</td></tr>
<tr><td>副榜贡生，候选教谕</td><td>钟定曬，邑人</td></tr>
<tr><td>岁贡生，候选训导</td><td>谢重挥，邑人</td></tr>
<tr><td>廪生</td><td>朱大仁、胡裕昆，均为邑人</td></tr>
<tr><td rowspan="2">督修3人</td><td>典史</td><td>郑自元，非邑人</td></tr>
<tr><td>巡检</td><td>陈加冕、吕植，均非邑人</td></tr>
<tr><td rowspan="10">8</td><td rowspan="10">乾隆癸酉志（1753）共23人</td><td>总裁2人</td><td>知县</td><td>郭灿，山东潍县；刘太年，陕西兴平</td></tr>
<tr><td rowspan="2">与修2人</td><td>教谕</td><td>赖蟠，江西九江</td></tr>
<tr><td>训导</td><td>裘玉予，江西新建</td></tr>
<tr><td rowspan="2">纂修2人</td><td>拔贡生</td><td>黄天策，江西信丰</td></tr>
<tr><td>进士，致仕知县</td><td>杨于位，邑人</td></tr>
<tr><td rowspan="2">董修2人</td><td>贡生</td><td>赖定倖，邑人</td></tr>
<tr><td>监生</td><td>刘份，邑人</td></tr>
<tr><td>校阅5人</td><td>生员</td><td>杨兆辑、谢柏峤、杨元直、杨长缙、朱芾，均为邑人</td></tr>
<tr><td rowspan="2">参订10人</td><td>举人，拣选知县</td><td>杨于渊，邑人</td></tr>
<tr><td>贡生，州判</td><td>赖定瑶，邑人</td></tr>
</table>

续表

序号	志书名称、修志人数	分工名称、人数	参与者身份	姓名、籍贯
8	乾隆癸亥志（1753）共23人	参订10人	副贡生	杨于庄，邑人
			拔贡生	汤诰，邑人
			监生	邓曰驭，邑人
			生员	赖定遇、胡文秀、杨安国、廖攀桂，均为邑人
			贡生	李日炳，邑人
9	道光壬午志（1822）共13人	总纂1人	知县	蒋方增，江苏武进
		协修2人	教谕	廖驹龙，江西奉新
			训导	张金镕，江西贵溪
		分校6人	举人	钟奕德，邑人
			贡生	陈起鮠、钟章桂、杨于节，均为邑人
			廪生	刘安莲，邑人
			生员	危肇祥，邑人
		校录4人	生员	杨其濂、曾科韩，均为邑人
			廪生	危言、杨国芸，均为邑人
10	光绪乙亥志（1875）共14人	董修3人	知县	张国英，江苏武进
			教谕	欧阳铭，江西吉安
			训导	彭荣，江西高安
		总纂3人	举人	陈芳，邑人
			岁贡生	杨本初，邑人
			南城县训导	钟庚，邑人
		协修4人	岁贡生	危传中、邹仁荦、陈膺森，均为邑人
			副贡生	杨道仑，邑人
		分校4人	生员	杨家寿、谢翎翔、刘秀忠、刘德全，均为邑人

据表2可知，明清10部瑞金县志的编纂人员，主要由地方官员、邑外人士和地方士绅三类人员组成。

一　成员构成

据表2，署名修志的地方官员，除知县外，还有教谕、训导、典史和巡检等几乎涵盖了明清时期瑞金县的所有职官。①

1. 地方官员

知县。作为地方长官的知县，他们是当然的县志主修，位居每部县志姓氏之首。在制度化修志的明清时代，县域修志大多是应编纂通志或府州志的采史之需而奉命行事。其中虽然不乏拖延应付之辈，但大多知县都能积极落实。② 瑞金十次编修县志的知县，当属后者。编修县志一方面是完成上司布置的政治任务；另一方面，又往往是地方知县实现个人目的的良机。首先，又快又好地完成修志任务，有可能博得上司官员的好感和信任。如康熙癸亥志（1683）的主修朱维高，奉命修志之时，正值瑞金惨遭“三藩之乱”后的百业待兴之际。然而，他却力克时艰，高效率地完成了修志任务，因此得到赣州知府李文献的高度赞赏，颇令后世修志者羡慕。③ 当然，具有较高政治敏锐性的知县，也会揣摩和迎合上司官员的意念，甚至修志于未令之先，明万历癸卯志（1603）就属此例。④

其次，县志编纂为主修知县提供了搭建人际关系网络的平台。地方

① 明代瑞金职官，设知县 1 人，正七品，月俸七石五斗；因事简省，佐贰官不设县丞；设主簿 1 人，正九品，月俸五石五斗，隆庆二年（1568）“例省”而止；首领官典史 1 人，不入流，月俸三石；儒学教谕与训导各 1 人，均不入流，月俸均为三石；巡检 2 人，从九品，月俸二石，实支一石五斗。清朝瑞金县职官设置，一仍明制，设知县、典史、教谕、训导和巡检等职。具体可参见嘉靖《瑞金县志》卷 2《官制类・秩官》、万历《瑞金县志》卷 6《官制志・秩官》、康熙《瑞金县志》卷 6《官制志・职官》和光绪《瑞金县志》卷 5《秩官志・职官》中的相关记载。

② 如康熙后期，赣州府上承通志之修而拟修府志，因檄令各县修志，以便采择。赣州知府对此次修志高度重视，催督甚紧，大多县域在府志修成之前（康熙五十二年）完成了县志新修。然而，府属信丰县却表现得很不积极，以致赣州知府黄汝铨在为拖延了近十年方告竣工的县志作序时，还不忘严厉地批评道：“余尝汲汲董邑令修葺，率皆因循其事，终付之无可如何。”事载康熙五十九年（1720）修《信丰县志・黄序》，第 3 页。

③ 李文献在《康熙癸亥志序》中说：“宂瑞岩邑也，地邻闽峤，攘接长汀，丙辰以来，人心风鹤，司牧者将拊循之不暇，安能吮毫濡墨，广搜博访以求遗事于当年乎？乃三阅月而告成帙矣，猗欤盛哉。”序载乾隆《瑞金县志》卷首《原序》，第 5 页。乾隆《瑞金县志》卷首《凡例》，第 6 页，不无羡慕口吻地提到：“癸亥旧志，三月竣工，郡伯嘉之。”

④ 详见潘伯骧《瑞金县志跋》，载万历《瑞金县志・后序》，第 1—2 页。

知县自然清楚，良好的人际关系网络对其仕途发展的重要意义。[①] 翻检明清时代的县志序言，不难发现，其作者除主修官员外，也常见地方缙绅、上级官员或文士名流等地域社会中的要害人物。明清瑞金县志，概莫能外。如万历癸卯志（1603），谢诏为之作序。谢诏，字彦实，号凤渚，瑞金邻邑赣县人，明万历二年（1574）进士，历任颍州知州、刑部员外郎，湖广、四川按察使等职，编著有《玉房山集》《虔台志》，主纂天启《赣州府志》等，是明后期赣南地域社会最具影响力的缙绅之一。[②] 上文已指出，康熙癸亥志（1683）有赣州知府李文献为之作序，并获得了高度评价。道光壬午志（1822）的主修，则请时任江西学政的王宗成为之作序。延请这些地域社会中的要害人物为县志作序，自然不只是为了装饰门面，抬升志乘的地位，也是知县攀附达官显贵的一种微妙交际方式。地方士绅是知县必须重视的又一人脉资源。作为地方精英，他们不仅是知县展布政教的有力抓手和依托，更关键的问题是，他们形成的舆论在一定程度上关涉自己的政绩考核与职务升黜，以及去任后能否被祀名宦祠等诸多关节。[③] 将地方士绅精英纳入县志编修的队伍，在长达数月甚至更长时间的修志过程中，吟诗作赋，相互唱和，共同分享县志书写的文化权力，实在是知县笼络和交好地方士绅的极佳方式。[④]

再次，县志编修为主修知县提供了自书政绩和载入史册的契机。在明清地方志的编修规范中，对修志记事的时间下限并无明确规定。从具体的修志实践来看，编修者几乎无一例外地将之断在方志修竣的年份。

---

① 关于人际关系体系的结构及变迁，对于社会个体及地方宗族发展走势的深刻影响，林耀华先生有精深的论述。可参见林耀华《金翼》，第二十一章《把种子埋在土里》，生活·读书·新知三联书店 1999 年版，第 207—214 页。

② 同治《赣县志》卷 32《人物志·名臣》，第 3—4 页。

③ 陈宝良注意到，明代地方知县为了自己的政治前途，甚至要主动讨好儒学生员。参见陈宝良《明代儒学生员与地方社会》，中国社会科学出版社 2005 年版，第 371—372 页。

④ 如在道光《瑞金县志》卷 15《艺文》中，就收录了主修知县蒋方增《赠志局诸君》《修志述怀六十韵兼示邑士》等诗文多篇；此外，还收录了志局成员彭玉雯、胡国耀、陈起□、刘安蕙、钟奕德、杨其濂等人以《志局分校奉和蒋渌初先生原韵》为题的唱和诗，生动地反映了知县与地方士绅在修志过程中的密切互动。

地方知县自然不会轻易放过这一实现立德、立功、立言的难得契机，将自己在任期间的营建兴创、诗赋文章一一载入县志，以传不朽。现存的明清瑞金县志，没有一部县志的主修知县没有在营建志中写下自己的兴建创造，也没有一部县志的主修知县没有在艺文志中留下自己的诗赋文章。道光壬午志（1822）与光绪乙亥志（1875）的主修知县蒋方增与张国英，更是将自己的籍贯姓名刊刻在了县志的每卷首左。对于主修知县自书政绩、自载诗文于县志的行为，进士出身的隆庆壬申志（1572）主修知县吕若愚，有如下一番颇有意思的表述：

> 若愚蹙然曰：赵，贤令也；林，先达也。余取其所纂述者，尽更张之，将不嫌于僭乎？且自余下车以来，诸所创造及文诗，悉纪录之弗遗，将不嫌乎夸乎？夸且僭，余罪则安辞？诸士民曰：赵侯犹侯志也，侯补其阙略以成一代之令典，谓有功于赵侯可也。后之视今犹今之视昔，侯遗后世以实录，使无遗亡无考索之劳，谓有功于后世可也。古之君子序人之绩，而亦不嫌于自序其绩，惟其公且信耳，何罪之云？呜呼，信斯言也，罪则免矣，功安敢当哉。后之君子或因是而谅若愚之苦心，荣多矣！①

隆庆壬申志（1572）现已失传，但据上文可以推断，吕氏也将自己在任期间的诸所兴建及诗赋文章，进行了全面的登录记载。在不到800字的县志序文中，吕氏用了将近250字作上述表白。其目的非常明显，是试图消解后人将他视为僭越与自夸之辈的可能性。吕氏不愧为科举时代的知识精英，他的这番以退为进的自我批评式的圆融表述，使人真不忍心用欲盖弥彰来指责他。不过，这显示出明清县志可“自序其绩”的惯例，实为主修知县在县志中自画其像提供了极大的自由度，这无疑为知县修志增添了不可低估的动力。

入载县志对于知县的吸引力，更夸张地体现在这样的事实中：有些没有机会主修县志的知县，却想方设法为自己在已修县志中谋取一

① 吕若愚：《重修瑞金县志序》，载万历《瑞金县志·序》，第4—5页。

席之地。如乾隆癸酉志（1753）告竣刊刻于乾隆十八年（1743），次年到任的知县刘太年，却毫不客气地将自己的籍贯姓名“兴平县刘太年”六字，补刻在卷首修志姓氏的“总裁”目下，与前任知县实际之“总裁”郭灿并列。① 光绪乙亥志（1875）告竣刊刻于光绪元年（1875），次年到任的知县曹承志，亦对县志原版稍作修改，将自己的姓名籍贯与到任时间补刻在《秩官志》之中。②

学官。儒学教谕与训导是每修县志的当然成员。据表2，在明清瑞金10部县志中，有7部列有其职名。在未列教谕与训导的另外3部县志中，除万历乙卯志（1615）出自知县项元濂一人之手的可能性较大外，其余的隆庆壬申志（1572）与万历戊午志（1618），儒学教谕与训导在原修志姓氏中完全可能亦有职名。因为隆庆壬申志（1572）与万历戊午志（1618）均已失传，表2中两志的修志姓氏系出乾隆癸酉志（1753）之《旧志纂修姓氏》。该《姓氏》收录了瑞金此前所修7部县志的所有姓氏名单，但对照现存的嘉靖壬寅志（1543）、万历癸卯志（1603）、康熙癸亥志（1683）和康熙己丑志（1709）的修志姓氏或县志序言提供的信息，笔者发现，该《姓氏》并未完全照录原姓氏，而是删除了除知县以外的其余所有参修县志的地方官员的姓名。这或透露出，至少在乾隆癸酉志（1753）的作者们看来，作为来自邑外的儒学官员在县志编修中的实际作用并不大。

明清时代，县志编修是一项机会难得的地方社会文化活动，负有兴学教化之职的学官成为参修县志的当然成员，实乃合乎情理之事。更何况学校多被认为是公论所出之地，学官参修县志，不仅有组织儒学生员参与修志之便，而且可彰显县志记事评判之公，所谓“朝廷之公论出太学，郡邑之公论出学校”③。林有年将嘉靖壬寅志（1543）

① 乾隆《瑞金县志》卷首《姓氏》，第1页，故宫珍本丛刊本。

② 光绪《瑞金县志》卷5《秩官志》，第5页，台湾“中央研究院”傅斯年图书馆藏清光绪元年（1875）刻本。

③ 刘节：《梅国前集》卷24《贺邑令四山莫侯旌贤序》，北京图书馆明刻本，《四库全书存目丛书》集部第57册，齐鲁书社1997年版，第500页。

稿“于学校而质之”①，吕若愚亦将隆庆壬申志（1572）稿“质之学校之生儒”②，正是为了彰显县志记事乃出自公论之意。尽管学官在县志的具体编纂（尤其是在清代）中影响未必很大，但其在修志姓氏中的排名却前于县志主纂，仅居知县之后，这大概是由于他们具有官方身份的优势。

典史与巡检。相比儒学官员，典史与巡检似乎不是县志编修的当然成员。典史参修县志，始见于明万历癸卯志（1603），复见于清康熙癸亥志（1683）和康熙己丑志（1709）。巡检参修县志只见于清康熙癸亥志（1683）和康熙己丑志（1709）。与以塑建和引领地方文化为己任的学官不同，主要负责钱粮刑名的首领官典史和主要负责地方治安的巡检，他们对县志的编修未必会感兴趣。从修志人员的排名来看，均列最后，地位不高。

2. 邑外人士

延请邑外具有修志经验的人士纂修方志，其做法由来已久，尤盛于清代。章学诚、戴震、方苞、钱大昕、洪亮吉等著名方志学家，都曾受聘主纂过他邑方志。有方志名家担纲纂修，自可提高志乘质量，这或许是主修方志者的主要考量。当然，其中亦不乏暗藏着攀附名流或均衡地方势力的动机。

明清瑞金十修县志，有两次外聘了修志人士，即明嘉靖壬寅志（1543）之聘请福建莆田人林有年，清乾隆癸酉志（1753）之聘请江西信丰人黄天策。嘉靖壬寅志（1543）纂修之前，瑞金已“旧为缺典”，邑内既无修志传统，又乏有修志经验的文士。曾官至知府，后赐贵州提刑按察司副使致仕乡居并且富有修志经验的福建莆田人林有年，此时虽则年事已高，但在赣闽粤边区仍有比较频繁的社会活动。林氏在受聘嘉靖壬寅志（1543）纂修前夕，就“应督府台南李公徵”，是赵勋上司礼请的贵宾。赵氏抓住了林氏“由汀达虔”的机会，“以语久要”；待林氏由虔返汀再次途经瑞金时，则“因以邑志

① 林有年：《瑞金县志序》，载嘉靖《瑞金县志》，第3页。

② 吕若愚：《重修瑞金县志序》，载万历《瑞金县志》，第2页。

请”，故有是任。①

编修乾隆癸酉志（1753）时，瑞金此前已经七次修志，文教亦大盛于前明嘉靖时期，业已形成修志传统，理当不乏修志文士。受聘修志的信丰县人黄天策，虽为“博学鸿词”，却未曾实授官职；虽曾参修乾隆《信丰县志》，但在其中并未担任要职。② 因此，无论就其社会地位和影响力，还是编修方志的经验，均不可与林有年相提并论。根据现有的资料，已很难还原黄氏受聘的缘由了。不过，或许可以从体现主修知县郭灿意志的县志凡例中提供的信息，作一些可能的推论，其中说道：

> 但以浅见少闻，贻讥固陋则有之。若附会穿凿，不详不慎，徇人情之私，违舆论之公则自知可免，人亦可共信也。③

这番言说，虽不无冠冕自夸之嫌，但又确实透露出这样一个矛盾的事实：一方面在清代地方士绅高度重视县志编修的背景下，要做到不徇人情之私，不违舆论之公，编修出一部具有较高公信力的地方志，殊非易事。另一方面，在诸多名流积极参修方志的乾隆、嘉庆时期，编纂出一部像《吴郡志》《武功县志》的名志以垂不朽，恰恰又是部分注重文化形象的方志主修者们的理想追求。乾隆癸酉志（1753）主修郭灿，亦流露出了同样的心迹：“吴郡、松江、武功、会稽、宁化诸志，卓卓在耳目者，心窃慨之。”④ 县志编修做到客观公允，是达至这一目标的基本前提，唯有信今，方可传后。要做到客观公允，信今传后，借诸邑外“他者”之笔，尽可能减少地方士绅的利益纠葛对方志编修的渗透，显然不失为一个好策略。黄天策之受聘主纂乾隆癸酉志（1753），或反映出知县郭灿的

① 赵勋：《瑞邑志序》，载嘉靖《瑞金县志·后序》，第1页。

② 黄天策在县志编修人员的22名“参辑”中，排名第14位。参见乾隆《信丰县志·纂修姓氏》，第2页。

③ 乾隆《瑞金县志》卷首《凡例》，第6页。

④ 郭灿：《重修瑞金县志序》，乾隆《瑞金县志·序》，第2页。

如是考虑。可惜黄氏未待县志修竣即逝世，这对郭灿而言，无疑是莫大的遗憾。

聘请邑外专业修志人员主纂县志，不管是出于什么考虑，都从一个侧面反映了主修知县对县志编纂的高度重视。

3. 地方士绅

谙熟地方性知识，掌握着地方社会话语权的地方士绅自然是地方官员编修县志的主要依靠力量。[①] 据表2，参修明清《瑞金县志》的地方士绅共计84人，占整个修志人数118人的70%；在10部县志中，地方士绅担任县志主纂的有6部，占60%，分别是明万历癸卯志（1603）、万历戊午志（1618）和清康熙癸亥志（1683）、康熙己丑志（1709）、乾隆癸酉志（1753）、光绪乙亥志（1875）。因此，无论从参修县志的人数，还是从县志编修的职责分工来看，地方士绅毫无疑问是明清瑞金县志的书写主体。

在参修县志的地方士绅中，既有贡、监、廪等各类儒学生员，也有更高层级的举人和进士；既有尚未入流的教谕、训导，也有官品入流的知县和知府；既有尚待出仕的候选官员，也有致仕或因故乡居的缙绅。但绝无武举和武职。截至同治十二年（1873），明清瑞金县共出武进士2人，武举人41人，载诸县志的武职57人，他们的名字均未见于修志姓氏。[②] 当然，在修志姓氏中，更没有平民百姓，他们均被排斥在直接参加县志编修的行列之外。

必须注意的是，不同时期参修县志地方士绅的社会层次并不均衡，如嘉靖壬寅志（1543）与隆庆壬申志（1572），仅有儒学生员，均为下层士绅；自万历癸卯志（1603）后，续有举人、进士以及知县、知府等品级官员参与其事。参修县志的地方士绅社会层次的升降变化，一方面与县志编修期间地方社会的科举仕宦状况有关，如修嘉靖壬寅志（1543）时，瑞金科名不振，儒学生员是其时地方社会的

---

① 这里的“地方士绅”是一个较为广义的概念，包括儒学生员在内的拥有各级学衔的读书人，以及在任的官员与致仕乡居的缙绅。

② 详见光绪《瑞金县志》卷6《选举志》。

最高知识群体。① 至编修万历癸卯志（1603）时，恰逢有健在的举人，编修乾隆癸酉志（1753）时又恰逢有健在的进士。另一方面，参修县志地方士绅社会层次的升降变化，又反映出地方士绅对县志编修重视程度的变化。编修嘉靖壬寅志（1543）和隆庆壬申志（1572）时，虽则科举不振，却不乏成功出仕的官员，如编修嘉靖壬寅志（1543）时，岁贡出身的汤拱已官至直隶仓州同知，梁栋也时任广东四会知县；另外还有县丞、教谕、训导多人。② 修隆庆壬申志（1572）时，瑞金士绅中也至少有知县 3 人，县丞、主簿、训导多人。③ 然而，他们均未出现在修志名单中。相反，在自万历癸卯志（1603）后的各志编修人员中，我们均看到了具有官方身份的更高层次的地方士绅的名字，如万历癸卯志（1603）中的国子学录钟谍、归化县知县赖聘，万历戊午志（1618）中的贵州都匀知府杨以杰，康熙己丑志（1709）中的河南涉县知县杨以兼，乾隆癸酉志（1753）中的广东始兴知县杨于位等，他们都是其时瑞金县域官阶最高的地方士绅。由此可见，嘉靖壬寅志（1543）和隆庆壬申志（1572）两部县志的编修，或因初创阶段，似未引起地方士绅的足够重视，而自万历癸卯志（1603）后，地方士绅对县志编修这一地方社会文化活动的意义开始有了新的认识，重视程度较前大为提高。

二　编辑分工

地方官绅凭借自己的体制背景和文化权力，理所当然地成为县志编修的主导和主体。他们的编纂工作，一方面受制于明清方志编纂的

---

① 明代前期，瑞金科举乏人，晚至明朝建立 103 年后的成化七年（1471），方才有人中举。截至编修嘉靖壬寅志（1543），瑞金出举人仅 3 位，其中 1 位后来中了进士。不过，当编修嘉靖壬寅志（1543）时，距第一位举人的中举时间（1471）已有 68 年，离第三位举人的中举时间（1507）也有 36 年之久，这些举人尚在人世的可能性不大。有明一代，瑞金出文举人仅 10 位，4 位集中在万历朝后期，2 位在天启朝。因此，在大多数时间里，儒学生员构成了明代瑞金地域社会的最高知识群体。关于明清时期瑞金的进士、举人情况，具体可参见文后附录 3《明清时期瑞金县的进士、举人统计表》，第 268—269 页。

② 嘉靖《瑞金县志》卷 4《人物类 · 岁贡》。

③ 万历《瑞金县志》卷 7《选举志 · 岁贡》。

制度框架，在相应的县志门类中，必须做着无异于填空性质的规定动作；另一方面又无不在制度框架内努力寻求表达自身意志的空间，最终将方志文本建构成既符国家意志又合官绅权益的话语体系和象征符号，这也是地方官绅积极奉令修的重要原动力。以县志形成过程为主线，考察官绅展开县志书写的资料基础和修志人员的分工状况，将有利于我们深化对上述诸问题的认识。

1. 主修

主修总体负责县志编修，均由瑞金知县担任。从表 2 署名情况来看，有校正、主修、总裁、鉴定、总纂和董修之谓。主修的具体职责，从明清瑞金县志的编修实践来看，主要有以下三个方面：

第一，修志经费的募集与筹措。县志编修，用度甚广，“在在需费”①。而明清地方财政并无修志专项资金，方志编修遭遇费缺而中辍延滞的现象并不罕见。光绪乙亥志（1875）之修就有此经历，其主修知县张国英在回顾县志编修历程时说：“乃知前令孙于己巳招绅开局，曾具稿呈省，事未竣而孙去，自是费缺淹滞者两年。”② 为了确保修志经费，设法筹资实际上是明清主修知县无法回避的任务之一。

第二，编修人员的选拔与配备。修志人员尤其是县志主纂人选的物色与任用，对于县志编修至关重要。或延请邑外专业修志人士，或延请邑内德高望重的地方缙绅，也有个别知县亲自担纲，出任县志主纂。

第三，县志编纂的监控与把关。确保国家意志和主流意识形态在县志编修中的统领地位，自然是每位主修知县必须具备的政治觉悟。大凡县志的义例拟定、是非评判、旧志删改以及微妙人事等重大关节问题的编写，主修知县自当亲与讨论并加以定夺。如嘉靖壬寅志（1543）的主纂林有年说：“统紊昭晦，剔陋缀遗而综理技歉，俟实

① 蒋方增：《议修邑志示》，载道光《瑞金县志》卷 16《杂志·告谕附》，第 49 页。

② 张国英：《序》，载光绪《瑞金县志》，第 1 页。

主之。”[①] 乾隆癸酉志（1753）主修知县郭灿也说：“其间订伪舛，辨是非，定义例，酌去留，余亦职有微劳焉。”[②] 光绪乙亥志（1875）的主修知县张国英也自称：“余虽谫陋，昕夕商榷厘订，不敢惮劳。”[③]

此外，为县志作序或延请达官显贵作序，也是主修知县的职责所在。必须说明的是，不同的主修知县，其实际参与修志事务的情况又因人而异。有的涉事较多，细至一字一编，必经手订，如道光壬午志（1822）的主修知县蒋方增；有的则涉事较少，委事主纂，重在把关，如嘉靖壬寅志（1543）的主修知县赵勋。以上开列诸端，则是每位主修知县必须履行的共同职责。

2. 主纂

乾隆癸酉志（1753）的主修知县郭灿在县志序言中说道：“顾余以簿书繁冗，未暇专志编纂，乃延请信丰黄君天策，总理其事，复佐以邑诸生杨君于位，续成其功。”[④] 郭氏在此道出了明清瑞金县志主纂的主要职责：负责县志的具体编纂事宜。

主纂在修志姓氏中有纂修、参阅、校正、总裁和总纂之谓。担任明清瑞金县志的主纂，有邑外修志专家，如嘉靖壬寅志（1543）的林有年，乾隆癸酉志（1753）的黄天策；也有瑞金知县，如隆庆壬申志（1572）的吕若愚，道光壬午志（1822）的蒋方增；更多的是致仕乡居的地方缙绅，其中既有知府、知县，又有尚待出仕的举人、贡生。

明清瑞金县志的主纂人数，从1—3人不等。除去可能出自一人之手的万历乙卯志（1615），以及署职不明的万历戊午志（1618），在其余的8部县志中，主纂设1人的有3部，分别是嘉靖壬寅志（1543）、隆庆壬申志（1572）、道光壬午志（1822）；设2人的有4部，分别是万历癸卯志（1603）、康熙癸亥志（1683）、康熙己丑志（1709）和乾

① 林有年：《瑞金县志序》，载嘉靖《瑞金县志》，第2—3页。

② 郭灿：《重修瑞金县志序》，乾隆《瑞金县志·序》，第1页。

③ 张国英：《序》，载光绪《瑞金县志》，第1页。

④ 郭灿：《重修瑞金县志序》，乾隆《瑞金县志·序》，第1页。

隆癸酉志（1753），其中乾隆癸酉志（1753）的两位主纂并非同时所设，乃为前后继替；光绪乙亥志（1875）则设有3位主纂，为诸志最多。

主纂的具体职责大致包括拟定门类、撰次编写和斟酌总核等。发凡起例、拟定门类、制订编纂原则，实乃纂志纲领。即如乾隆癸酉志（1753）主纂杨于位所言："书之有凡例，所以先定其规模而后从事，乃振裘挈领之意也。"① 这项工作，一般由主纂会同主修知县共同商定。在明清10部瑞金县志中，现有县志凡例4篇，分布在嘉靖壬寅志（1543）、乾隆癸酉志（1753）、道光壬午志（1822）与光绪乙亥志（1875）中。乾隆癸酉志（1753）与道光壬午志（1822）的凡例分别署名杨于位和蒋方增，杨、蒋二人均为县志主纂，后者也是县志主修。光绪乙亥志（1875）的凡例则署名主修知县张国英。不过，这份凡例几乎是对道光壬午志（1822）凡例的全盘照抄。此外，嘉靖壬寅志（1543）的凡例未署明作者，但从嘉靖壬寅志（1543）的卷目门类与主纂林有年此前所修嘉靖《安溪县志》完全相同的情形来看，该凡例应是出自林氏之手。有的县志尽管没有制订修志凡例[可以确知未设凡例的县志有万历癸卯志（1603）和康熙己丑志（1709）]，但是，在县志编纂之前，拟定门类也是必然之事。考订和取舍资料，编次撰写，是县志编纂的核心工作，多由县志主纂操管。如万历癸卯志（1603）的主修知县堵奎临说："时与国子先生钟君谟、孝廉杨君以杰，语次怃然，有文献不足之惧，因以阳秋之笔属之。"② 康熙癸亥志（1683）的主纂杨长世，其时虽年逾八十，"犹闭户校雠，目览手抄，日无宁晷"③。乾隆癸酉志（1753）记康熙己丑志（1709）主纂之一的朱云映曰："己丑续修县志，云映之论著尤多。"④ 当然，也并非所有县志文稿均由主纂编写，有的编辑也参与县志

---

① 乾隆《瑞金县志》卷首《凡例》，第1页。

② 堵奎临：《万历癸卯志后序》，载乾隆《瑞金县志》卷首《原序》，第3页。

③ 康熙《续修瑞金县志》卷10《人物志·文学》，第11页。

④ 乾隆《瑞金县志》卷6《人物志·文苑》，第43页。

初稿的撰写，但最终都得由主纂斟酌总核，修改润色，全盘统稿。

3．其他修志人员的分工

编辑。这里将主要参与史料采辑，初步考校，分类整理，汇集成编，以供主纂采择撰写的修志人员统称为编辑。在明清瑞金县志的修志姓氏中，大致对应编辑、纂集、较阅、参订、分校、协修之谓的人员，其中既有致仕乡居的缙绅，也有尚待出仕的举人；既有儒学教谕与训导，更多的则是儒学生员。实际上，相对主修和主纂，这是一个较难确切框定的群体，其边界显得模糊不清。其因有二：一是实难从县志记载中明确判断所有修志人员所做的具体工作；二是除主修和主纂外，其他修志人员的分工本身恐怕也未必那么泾渭分明，实际情况应该是既有分工，又有合作。比如，其他修志人员甚至是主修、主纂也偶或进行史料搜集与整理，而县志编辑人员也可能参与县志的编次与撰写。因此，这里所列之编辑，与其将之理解为具体的分工职掌，倒不如将之视作县志编纂过程中极其重要的一个环节。在这一环节中，史料采集自然又是重中之重。

参审。县志初稿完成后，在付梓刊刻前，往往还有一个向地方士绅征求意见的环节，即所谓“询之耆旧，定以儒绅”[①]，“质之乡缙绅士”[②]。这些并未直接参与县志具体编纂事宜而被征求意见的地方士绅的名字，很可能也被安排在了修志姓氏中，我们将这类人员称为参审。他们主要是由在任官员或因年事过高而无法过多与事而又在地方社会中颇具影响力的士绅组成。前者如万历戊午志（1618）中的杨以杰，县志编修时担任都匀知府而尚未致仕。[③] 又如康熙癸亥志（1683）的“校阅”杨兆凤，署官名为“上饶县训导”。杨氏具有较

① 潘舜历：《续瑞金县志序》，载康熙《瑞金县志》《序·潘序》，第2页。

② 吕若愚：《重修瑞金县志序》，载万历《瑞金县志》，第4页。

③ 万历戊午志（1618）的主修知县潘舜历，在县志刊刻前一年曾主持修缮湖陂渠，杨以杰为此作有《潘侯治湖陂渠碑记》。记曰：“肇工于丁巳年春，告竣于年秋。……于是上仓杨正仁布状请余碑之以纪成，余奉命典守牧，便还省梓，亲炙令公。……都匀行促，无庸详述，殊勋就令，治水一劳，勉纪成绩，以垂尸祝云。”由此可见，杨以杰作该记时，尚在都匀知府任上。参见康熙《瑞金县志》卷9《艺文志·序记》，第70页。

高的文学素养，“江西宋大中丞以江右诗派课十三郡，拔凤第一”，被称誉为“东南大儒”，有《寓鸿亭诗文》行世。据康熙己丑志（1709）对杨兆凤的传记透露，杨氏“年七十，卒于官”①，可见编修康熙癸亥志（1683）时应为在任官员。同样的情形也出现在康熙癸亥志（1683）的“参订”胡朝极那里。县志署其官职为“广昌县教谕”，但这并非胡氏的最终任职，其后胡氏复任靖安县教谕。② 可见修康熙癸亥志（1683）时，胡氏也是在任官员。这些在任官员，不太可能像乡居缙绅一样，全程参与县志编纂的具体事宜，最可能的参与方式是审读县志初稿。后者则可以从乾隆《安远县志》提供的一份修志姓氏中得到旁证，该修志姓氏列有“校阅”8人，其中署名“原任霍邱县知县”的钟文奎为该志作有县志序。据其县志序言可知，钟氏时年已八十有四，自谓“衰耄乡居，无能为役第，志成披阅，仰见盛事，为且憾且喜。”③ 与瑞金县相邻的安远县的例证，或可说明瑞金县志也存在同样的情形。即在明清瑞金县志的修志名单中，也同样包含有多少不一的参审人员。而这一现象应当更甚于县志编修引起了地方士绅高度重视的明万历癸卯志（1603）以后的县志编纂。因为资料的局限，我们无法一一还原每部县志的参阅者名单，但可以确知的是，这其实是明清地方士绅参与县志编纂的一种方式。这种方式，不仅有利于确保县志编纂的准确程度，提升其质量；而且也有利于扩大县志编纂的士绅基础，为那些因故无法直接参与其事的分量级地方士绅，提供共同建构地方历史文化过程的机会。

誊录与督刊。县志定稿后，必须校对誊录。誊录人员，修志名单或署职名，如万历癸卯志（1603）的“誊写”，又如乾隆癸酉志（1753）的“校录”，但大多县志并未署职名。县志编修的经费掌管，由地方官员负责。在修志名单中，署职“督刊”或“督修”的典史与巡检，或司其职。这些人员所司之职，虽不像主修、主纂与编辑那

① 康熙《续修瑞金县志》卷10《人物志·文学》，第12页。

② 康熙《续修瑞金县志》卷10《人物志·行业》，第6页。

③ 钟文奎：《重修安远县志序》，载乾隆《安远县志》，第3页。

样直接操持着县志的书写，但作为参修县志人员的组成部分，他们实际上也具备了在县志文本中实现自己目的意图的身份优势。

第二节 编纂过程

方志编辑是展现其作为一种话语的陈述、整理、加工、升华过程的重要环节，也是我们解析其作为一种话语得以形成与表达的逻辑起点。在这一节中，笔者将探讨明清瑞金县志的编纂过程，厘清明清瑞金县志借以编纂的文献基础及其组合方式。

一 取材范围

根据县志序、跋、凡例和正文出处标识等提供的信息，我们可以把明清瑞金县志借以编纂的取材范围大致概括为旧志、其他方志、各类典籍、民间文献四种类型。

1. 旧志

所谓“旧志”，是指县志编纂所续接的县志。毫无疑问，旧志是新修县志最重要的文献基础。江晓敏女士按照方志在递纂过程中的不同方式，将县志编纂分为“续修”和“重修”两类。所谓“续修”，是指主要参照旧志体例续接旧志的编纂方式；所谓“重修”，是指在变通体例的情况下重新整理、编排、增删和续接旧志的编纂方式。①在10部明清瑞金县志中，除了万历乙卯志（1615）、万历戊午志（1618）和康熙己丑志（1709）这3部县志外属于“续修”外，其余7部县志均为“重修”性质。在现存的7部瑞金县志中，除了康熙己丑志（1709）外，其余6部县志则均为“重修”性质。

稍事检阅现存的6部“重修”县志，不难发现，它们虽然有变化的一面，例如，调整了县志体例以及相应的序列和组合方式，芟除繁冗，增补阙遗，续接前志等，但是，因为重修县志的重点在于对旧志重行整理编辑，因此它在很大程度上是对旧志成果的全面整理和继

① 江晓敏：《浅谈地方志续修与重修之异同》，《津图学刊》1999年第1期。

承。作为续修县志的康熙己丑志（1709），它的重点是按康熙癸亥志（1683）的体例门目接续事例，当然，其中也不乏对旧志的修订。

总之，无论是重修县志还是续修县志，在明清瑞金县志编纂史上，旧志都构成了新修县志最重要的文献基础。因此，形成于特定历史时期并反映其时县志编纂者对县域历史认知和判断的县志，实际上穿越了时间，实现了跨代际的传递，从而在很大程度上规定着后世县志的编纂。

2. 其他方志

除了旧志，其他各类方志也构成了明清瑞金县志的重要文献来源。其中，主要包括瑞金县所隶属的《赣州府志》《江西通志》和《一统志》等。当然，也有一些是与瑞金县没有统属关系的府志和通志。县志编纂者们从这些方志中寻找有关本县的历史记录，然后将之转抄或经过修改后转抄到县志中来。例如，被后世公认为《瑞金县志》之始的嘉靖壬寅志（1543），其中有不少内容正是来自其他方志的记载，如志中《官制类》的内容基本上是从《赣州府志》中转抄而来的。[①] 此外，在“名宦”目中，宋代瑞金知县王枢、孟植的传记，都是转抄自《江西通志》；县承郭孝友的传记，则是转抄自《吉安府志》。[②] 在多达 17 目，涵盖了星野、山川、城池、建置、形胜、疆域、土田、户口、贡赋、徭役、土产、水利、坊表、市镇、关隘、桥梁、津渡等内容的《地舆类》，其中大多数内容也是通过“考之典籍，询之父老，参之府志”[③] 编纂出来的。又如，康熙癸亥志（1683）中的“忠烈”之士刘鹏、刘举夔父子的传记，被注明是参考了“《一统志》及《江西人物考》”中的记载。[④] 乾隆癸酉志（1753）

① 嘉靖《瑞金县志·凡例》，第 1 页，记：“历代职官，漫无可考，今特参之郡志，询之学校，次第编年，微示惩劝。”

② 嘉靖《瑞金县志》卷 2《官制类·名宦》，第 14—15 页。

③ 嘉靖《瑞金县志·凡例》，第 1 页。

④ 康熙《瑞金县志》卷 8《乡贤志·忠烈》，第 2 页。

则根据《赣州府志》，对旧志遗缺的关隘和墟市进行了增补。①

可以说，明清瑞金县志中的每个门类，几乎都安插了从其他方志尤其是《赣州府志》中转抄和增补进来的内容。换言之，其他方志尤其是瑞金县所隶属的《赣州府志》成为了明清瑞金县志编纂的又一重要文献基础。

3. 各类典籍

从理论上讲，但凡关涉本县的典籍，无论是正史、典章制度、政书、文人文集和档案资料等，都可能成为县志编纂的参考文献。正如道光壬午志（1822）的主修知县蒋方增所说："志局应备查阅之书甚多，几经史子集，近年名家著述"②，可谓无所不包。然而，对县志编纂真正有参考和利用价值的典籍也并非没有边界。事实上，任何一个县域的历史人文，能被典籍所记录以及这些记录又适合编入县志的内容总是有限的。自建县直至明清时期，瑞金没有诞生过一位被入传正史的人物。因此，正史对于明清《瑞金县志》编纂的参考和利用价值就十分有限，我们也就很少看到明清《瑞金县志》对正史的征引。

不过，明清《瑞金县志》的编纂者，还是设法从各类典籍中努力搜寻有关瑞金的历史，并将之转载到县志之中。例如，乾隆癸酉志（1753）中的赋役、土田、丁口等数据，"皆以新颁《赋役全书》与乾隆十七年《奏销册》为据"③。乾隆癸酉志（1753）又根据马端临《文献通考·经籍志》的记载，在旧志《刘鹏传》的基础上增补了刘鹏的著作情况，并附识曰："旧志亦无著述，今从《文献通考》所载补录。"④ 然后，县志编纂者又将刘鹏的著作信息（撰《县务纲目》二十卷）载入县志《艺文志·书目》，以补旧志所阙。⑤

---

① 乾隆《瑞金县志》卷首《凡例》，第1页，记："乡隘比前几培一倍，墟市旧阙，今照府志增补。"

② 蒋方增：《议修邑志示》，载道光《瑞金县志》卷16《杂志·告谕附》。

③ 乾隆《瑞金县志》卷首《凡例》，第1—2页。

④ 乾隆《瑞金县志》卷6《人物志·乡贤》，第2页。

⑤ 乾隆《瑞金县志》卷8《艺文志下·书目》，第1页。

名士文集也常常是明清瑞金县志编纂者参阅和征引的文献。他们从中寻找系关地方的诗文佳作登载于艺文志，其目的是“为兹地生色”①。当然，县志编纂者搜寻和征引名士的诗文，有时也会有更直接的功利目的。例如，乾隆癸酉志（1573）在《人物志》“事功”目中增补了一位生活在元末明初名叫“杨本立”的传记。据县志编纂者称，杨氏之所以被增补入传，是因为他们在明初名士练高（练子宁的父亲）的文集中发现了练氏为杨本立所作的墓志铭。据说该墓志铭对杨本立在元末至正年间的收复县城之功，及其忠于故元不事二主的气节进行了表彰。在杨本立的传记后面，县志编纂者加按语对此进行了说明。

> 按：新淦练通判高所作墓志，载本立父子事行甚悉，不惟杀贼有功，御寇有功于郡邑者甚大。且被执八年，矢志坚贞，不诬伪命，则固元室之忠臣也。故与练通判臭味相投。方公以直言忤旨谪临汀，通判过赣，与本立相见，宿于其家，纵酒达旦，临别执手，悲不能已。……盖县志始作于明嘉靖年，故元以前事，率多遗漏舛误。尚幸墓志存练公集中，故今特采之以补其缺，正其谬。由是推之，则吾邑人物，以前无志乘而淹没不传者多矣！②

类似的情形复见于康熙己丑志（1709），该志增补了一位曾经追随南明郭维经参加抗清斗争，并在顺治三年（1642）的赣州保卫战中牺牲的钟良则。大概是为了坐实钟良则的忠烈形象，该志在其《艺文志》中特别收录了两位名士昭武傅鼎铨和宁都魏禧对他的悼念诗。③

4. 民间文献

这里所讲的民间文献，是指上述方志、典籍之外的形成于县域社

① 乾隆《瑞金县志》卷首《凡例》，第5页。

② 乾隆《瑞金县志》卷6《人物志·事功》，第20页。

③ 康熙《续修瑞金县志》卷9《诗》，第1—3页；卷10《人物志·忠烈》，第1—3页。

会的各种书写的或口头传承的文献。如族谱、邑人文集、碑刻、传说等。这些民间文献是明清瑞金县志编纂的又一重要文献基础，也是历修瑞金县志在展开编纂之前必须重点征集的对象。正如隆庆壬申志（1572）所记："询之于邑中之耆旧，各乡里之长，诸大姓之家乘，先达之遗文。"① 为了征集这些民间文献，道光壬午志（1822）的主修知县蒋方增还专门给县域民众发了一份告示。

> 修志条例，头绪繁多。今开局后，城乡各姓将应行采入事实，如孝友、事功、义行、文艺、节烈、耆寿之类，或家谱、或记载、或诗文集各项。……城乡祠庙桥渡各处碑碣，不拘新旧，如有文义渊雅，事迹可采者，应令人摹拓，以备采录。②

毫无疑问，族谱、文集、碑刻等民间文献，不仅是道光壬午志（1822），也是历修瑞金县志补充、新增人物传记和诗文题记的重要文献源。以乾隆癸酉志（1753）为例，其《人物志》对"乡贤"目中的《刘十六郎传记》进行了补充，补充的依据是"其裔孙刘汉迁所作家传"③；在"孝友"目中新增了一些人物传记，其中《杨方申传》《杨方和传》，是"节录家谱本传"；《杨兆渭传》是"节录墓志"；《胡璠传》是"节录何编修其睿所作家传"④。类似的例子，不胜枚举。此外，《艺文志》中新增的诗文，大部分也正是转自那些被县志编纂者认为是重要的祠庙桥渡的碑刻，或者是邑人的文集。其中，邑人杨以俨的《强恕斋集》、杨兆嶦的《人钝斋集》、赖圣偿的《人拾斋集》、陈尚恬的《远尘堂集》、杨长缙的《凝虚堂集》、杨方立的《默堂集》、杨兆年的《栩栩园集》、杨于佩的《皎庐集》等，成为乾隆癸酉志（1753）增补诗文的重要文献来源。⑤

① 吕若愚：《重修瑞金县志序》，载万历《瑞金县志》，第 2 页。

② 蒋方增：《议修邑志示》，载道光《瑞金县志》卷 16《杂志 · 告谕附》，第 48 页。

③ 乾隆《瑞金县志》卷 6《人物志 · 乡贤》，第 3 页。

④ 同上书，第 13—14、17 页。

⑤ 乾隆《瑞金县志》卷 7《艺文志》。

二　取材途径

上述几类文献，是明清瑞金县志借以编纂的主要文献基础。在这些文献中，方志与典籍，在官府和儒学中一般都有收藏，县志编纂者应该不难找到。在编纂县志之前，最需要征集的显然是民间文献。这也是县志编纂区别于府志、通志的重要方面，府志、通志需要征集的下层文献主要是在其管辖范围内的县志和府志。那么，县志编纂者又是如何征集民间文献的呢？

对于这一问题，现存的七部明清瑞金县志大多只是在县志序、跋中稍事提及，因其泛泛而谈而往往语焉不详。如嘉靖壬寅志（1543）的主纂林有年在县志序中说："留神摘采于故老而询之，备详也。"①然而，至于如何"留神摘采"，我们却不得而知。又如康熙癸亥志（1683）的主修知县朱维高在县志序中也说："因是从七十载以来，广为搜辑，与邑之乡绅杨长世、朱康侯，生员杨枝高、胡裕昆、朱大仁博采传闻，载稽编简，沿旧缀新，黜浮补漏，汇成一书。"② 但是，至于如何"搜辑""博采"，我们也同样无从知晓。

值得庆幸的是，道光壬午志（1822）却为我们探究这一问题提供了一份弥足珍贵的资料。在道光壬午志（1822）的《艺文志》中，保存了一份由该志主修知县蒋方增曾经颁发的告示，即《议修邑志示》。③这份长达千余文的《议修邑志示》颁布于道光元年（1821），即道光壬午志（1822）启动编纂之初。告示的主要目的有两个：一是征集民间文献；二是筹措修志经费。对第二个目的，笔者将在第三节中从修志经费筹措办法的角度再作详细讨论，兹不赘述。这里首先要探讨的是，主修知县蒋方增将民间文献的征集与修志经费的筹措是如何关联起来的，以及建立这种关联对民间文献的征集可能造成的后果。

① 林有年：《瑞金县志序》，载嘉靖《瑞金县志》，第 2 页。

② 朱维高：《瑞金县志序》，载康熙《瑞金县志·序》，第 5—6 页。

③ 蒋方增：《议修邑志示》，载道光《瑞金县志》卷 16《杂志·告谕附》，第 47—49 页。注：下文未注明出处的引文，均出自该告谕。

征集民间文献的范围，即如上文征引所示，主要包括族谱、文集、碑刻等。那么，志局又是如何将这些民间文献征集起来的呢？是否由县志编纂者深入城乡各地进行搜寻呢？答案是否定的。这份告示在指明征集民间文献的范围后，还特别告知县域士民上缴捐款（“乐助”）和呈送族谱等文献的具体办法，曰：

（各姓）举出老成绅士一二人，无绅士者，即举一二耆老，将乐助踊跃交局。由本县给发收票，粘贴该姓祠堂，使众咸知。一面将该族应送本县核取事实，即行呈送核明，发局纂入。

可见，蒋方增希望各姓宗族代表在呈送族谱等宗族文献的同时，能把他们为修志捐出的“乐助”一并上缴。蒋氏此举无异在暗示县域士民，为修志捐款出资是各姓公堂或个人呈交族谱、文集、碑刻等民间文献的前提条件；当然，也是其宗族人物事迹为县志取裁的前提条件。蒋方增还规定，各姓供县志取裁的文献，必须“先行呈县，取确实有据者，由县发局，分类采录，以便排纂成编。如有私自交局，不先呈县查核者，一概不准”。这一规定虽然有利于防范营私舞弊，但同时也意味着将捐款资助县志编纂与民间文献征集相捆绑的举措可能得到了有效的贯彻执行。如果真是这样的话，那么其结果可能是：族谱、文集、碑刻等各类民间文献对其宗族人与事的历史记述，最终能否被县志采择以及被县志采择的多少，在很大程度上将取决于这些宗族或相关个人有否为编修县志捐款以及捐款的多少。

从道光壬午志（1822）刊布的一份“劝输城内外”名单来看，这次募捐工作得到了县域1乡18隘的积极响应。有记曰：

瑞邑士民，素知尚义。现修邑志，城乡各姓，踊跃乐输。除将捐输细数勒石以昭义举外，所有首先垫资及劝输乐助各姓名，特为开载。①

① 道光《瑞金县志》卷8《义行》，第25页。

这份由63人组成的“劝输城内外”名单，涉及杨、钟、刘、谢、朱、张、罗、赖、陈、郭、邹、吕、袁、管、李、邓、罗、卢等18个姓氏，约占瑞金姓氏总数的20%。这些姓氏，大多是瑞金著姓。① 可以推论，这些因捐款资助县志编修而载入县志的姓氏宗族，也正是那些最有可能将其家族中的人与事推向新修县志的姓氏宗族。反过来，对于绝大多数没有为县志编纂捐款出资的姓氏宗族而言，记述他们家族历史的相关民间文献，就完全可能因此被排斥在县志编纂文献采集的范围之外。

当然，在明清瑞金县志编纂史上，道光壬午志（1822）的文献征集模式或许并不具有普遍意义。例如，为了使符合县志刊载标准的“节妇贞女”不至于被遗漏，乾隆癸酉志（1753）志局特制订了如下稽史原则：

> 今旧志外，凡已经建坊者，无俟复呈请，即为作传增入。其余未邀题请而呈词确实，年例无欺者，悉与登载。其有年远，旧志偶遗，或子孙式微，无为之具呈者，亦遍加搜采，无使淹没无传。惟闻见不及者，则付之无可如何耳。②

但是，道光壬午志（1822）的文献征集模式所体现出来的对文献的选择性却是普遍的。这种选择也许主要是基于文献所反映的历史事实的意义，也许是基于对某种现实利益的考量（如是否为编修县志捐款）而与文献所反映的历史事实本身所具有的意义关系不大。事实上，与大多数县域宗族与个人难以置喙县志相比，直接参与县志编纂的人们却往往有着“近水楼台”之便。如万历癸卯志（1603）的主

---

① 据1985年调查资料表明，瑞金县居民共有213姓。其中10000人以上的著姓有11个，分别是刘、钟、杨、陈、谢、朱、曾、赖、李、黄、邹。5000人以上的较著姓有9个，分别是张、王、罗、梁、郭、胡、邓、宋、袁。3000人以上的次著姓有5个，分别是廖、周、丁、许、邱。参见据新修《瑞金县志》卷3《人口》，第三节“民族姓氏构成”，中央文献出版社1993年版，第150页。

② 乾隆《瑞金县志》卷首《凡例》，第4页。

修知县堵奎临就说："又延学博钱君明、莫君汝侔、旧归化尹赖君聘及博士弟子杨可依、谢元赏、许继濂、杨正文相与咨询参考，补所见闻。"[①] 可见，在万历癸卯志（1603）那里，县志编纂增补什么内容主要是掌握在这些直接参与县志编纂的地方士绅手中。不难想见，县志编纂者的社会关系网络覆盖范围之中的人与事，以及反映这些人与事的各类文献，它们被县志采择的概率就要高得多。相反，就可能要小得多。本书第三章中对县志新增内容与县志编纂主体之间逻辑关系的讨论，很好地说明了这一点。

福柯曾经指出："就一个社会而言，历史是众多的文献获得地位和确立的方法，这种方法是和文献不能分离的。"[②]作为历史书写的明清瑞金县志，其编纂过程实际上也是众多文献获得地位和确立的过程。那么，哪些文献在明清瑞金县志中获得了地位和确立，它们又凭什么获得地位和确立？笔者相信，上文的探讨在一定程度上已经回答了这个问题。简而言之，在明清瑞金县志中，获得地位和确立的文献尤其是民间文献，不仅是因为它们所反映的历史事实具有的意义，也是因为它们所体现的现实中的个体或群体在社会权力结构中拥有的地位。

三　编写方式

明清瑞金县志的编写，大致有转抄、修改、调整、续补、删削等五种方式。

1. 转抄

所谓转抄，是指对方志尤其是旧志内容不做任何修改而全盘照抄的编写方式。转抄的内容，在每一部明清瑞金县志尤其是重修县志中都占有相当大的比例，几乎覆盖了县志的每个门类。其中人物志和艺文志，是被转抄篇幅最大的门类。转抄旧志既是新一轮县志编纂者继

---

① 堵奎临：《万历癸卯志后序》，载乾隆《瑞金县志》卷首《原序》，第 3 页。

② ［法］米歇尔·福柯：《知识考古学》，谢强、马月译，生活·读书·新知三联书店 2007 年版，第 6 页。

承旧志成果的最主要方式，也是方志编纂的规则和惯习使然。尤其是重修县志，如果不转抄，在某种程度上就意味着“翻案”；而翻案，正如章学诚所言，乃方志编修之大忌。历修瑞金县志的编纂者自然知晓其中的利害关系。因此，明清瑞金县志的转抄内容，不仅包含了县志编纂者对旧志书写的认可，也包含了县志编纂者对旧志书写的不认可。例如，道光壬午志（1822）在《凡例》中就说：“旧志于文苑、义行二册，审择未当，荃艾杂收。但既经采录，不便削去，识者自能辨之。”又曰：“旧志……选举中姓氏下，每添入赞美词句，因五言，或十数言，不知何仿，为省郡县志所无，今旧志所有仍悉其旧，新增各人不敢沿袭率以称扬。志以传信，好恶须出于公，未可以臆见妄加称许也。”[①] 可见，道光壬午志（1822）的编纂者对旧志人物志和选举志的书写方式并不认可，但是，鉴于方志编纂的规则与惯习，也只能一仍其旧。只能做到在续增内容中，不再沿袭旧志的编写方式，以便使新修县志更趋向优质方志的要求。从这层意义上，县志正是在历修编纂者们遵循着县志编修的规则与惯习，在认可与不认可旧志书写的辩证过程中，并不断调整新增内容的编写方式而层累建构起来的文本。

在明清瑞金县志对人物传记的转抄中，还有一个现象值得关注，那就是：如果一个人物传记最初被登载于县志，后来又被更高层级的府志或通志所转载，那么，新修县志的编纂者一般会转抄更高层级方志的记载，而非作为文献源的旧志的记载。例如，曾经官至贵州都匀知府、担任过万历戊午志（1618）主纂的杨以杰，最早被入传康熙癸亥志（1683）。[②] 此后，康熙癸亥志（1683）中的《杨以杰传》又被康熙《赣州府志》（1713）所采录。为示出处，康熙《赣州府志》（1713）在其传记末尾还特别用小号字标明了“瑞金志”字样。[③] 然而，在乾隆癸酉志（1753）的编纂者重新编写《杨以杰传》时，他

① 道光《瑞金县志》卷首《凡例》，第1—4页。

② 康熙《瑞金县志》卷8《乡贤志·行业》，第4页。

③ 康熙《赣州府志》卷39《乡贤下》。

们转抄的并非作为文献源的康熙癸亥志（1683）的记载，而是后来转载它的康熙《赣州府志》（1713）的记载，而且在传记末了还特别注明“府志”字样，以示出处。[①] 类似的情形还有很多，如乾隆癸酉志（1753）中的《谢乾道传》《钟谍传》《朱善卿传》《谢聘传》《谢适传》《杨以俨传》等，尽管这些传记最早都是被登载于不同时期的瑞金县志，但是，乾隆癸酉志（1753）的编纂者在重新编写这些传记时，又无不一一转抄康熙《赣州府志》（1713）的记载，并特别标明出处。[②]

明清瑞金县志的这一转抄方式，反映了不同层级的方志被人们赋予了不同的等级、价值和权威。因此，通过转抄更高层级方志的记载，不仅有利于增强县志记载的公信力，也有利于抬升传主的地位。很显然，明清瑞金县志的这一转抄方式，很容易造成县志阅读者对该人物传记文献源的误识。不过，这大概也是县志编纂者所希望的结果。因为只有这样，县志编纂者转抄府志而非作为文献源的旧志记载的目的才能最终实现。

2. 修改

所谓修改，是指对旧志的内容经过修改后再转入县志的编写方式。这种编写方式在明清瑞金县志中也很常见。对旧志记载的修改，有的主要是出于技术层面的考虑，为了使文句更加符合方志的表述规范，例如道光壬午志（1822）就对旧志中的“俗字”进行了规范化的校改。[③] 有的主要是出于意义层面的考虑，如为了使县志叙事更接近历史事实，或者为了使县志叙事更符合国家意识形态或某种功利目的的需要等。当然，对旧志的修改编写，更多的是既包含有技术层面又包含有意义层面的考虑。下面，笔者将通过对康熙己丑志（1709）、乾隆癸酉志（1753）和道光壬午志（1822）对同一历史人物“钟良则”的传述比对，来分析对旧志经过修改再转入县志的编

① 乾隆《瑞金县志》卷6《人物志·乡贤》，第3—4页。

② 乾隆《瑞金县志》卷6《人物志》，第22—23、25、35页。

③ 道光《瑞金县志》卷首《凡例》，第1页。

写方式及其背后可能暗含的意义。钟良则最早被入传康熙己丑志（1709），其记如下：

钟良则，号谷城，承乡三里人也。俶傥明大计，遇事勇决敢为，为诸生十余年。崇祯甲申，由征辟起为明经。是年，闯贼破燕都，时烈皇帝死社稷。良则闻变，为位拜哭，思一雪愤厕未有尺寸之柄，深以为恨。会益藩下檄大征兵，招天下豪杰足计事者。闻良则名，造庐请参帷幄，以疾不果行。丙戌，清鼎已定，唐藩偏安于闽，大兵徇地。赣州总督万元吉率兵民死守，吏部郭维经、御史姚奇允统御营师进援，道过瑞金，辟良则置幕府中，奏擢司李监军事。即日慷慨就道，与维经、奇允兼程抵赣。时清师围赣五月，钲鼓声闻数十里，水陆道绝，良则帅敢死士□营突进，援兵鼓噪从之，清师遂屯移水南，赣之饷道始通。良则复谓诸帅曰：赣城三面临水，独水南、天竺二处地平衍易攻；又，望江楼下龟角尾者有隙地，宜防冲击，愿与御史当此一面。清师果来，良则屡击却之。郭维经复欲遣良则督饷于楚，良则辞曰：某草莽贱士，蒙二公知遇恩，自受事以来，誓与城俱存亡，死不离此尺寸地也。是时，城中食将尽，人无斗志，客兵各鸟兽散。良则乃募人从间道上封事，欲出奇兵分三道潜抵吉水、龙泉、张家渡以攻清师，为围魏救赵之策。疏入，不报。良则叹曰：死吾分耳，如国事何？乃作《从征行》以见志，遗书与家人，诀语多激烈。未几，闽甸失守，谋至，人心益惶惴，守陴者困惫。十月初三，清师自南门登城，遂陷。良则率数十人巷战以死。同时太史崔晓为之传，昭武傅鼎诠，宁都丘维屏、魏禧兄弟皆有诗吊之。①

乾隆癸酉志（1753）则上述传记改纂如下：

钟良则，字谷城，承乡二里人。明崇正间，为邑诸生，傥明

① 康熙《续修瑞金县志》卷10《人物志·忠烈》，第1—3页。

> 大计，遇事勇决敢为。甲申，由征辟准岁贡，寻闻燕京破，庄烈帝殉社稷，抚膺恸哭，日夜不绝声，思一死以报国而未获其所。丙戌，大清兵临赣，时有万元吉督兵守赣，良则以吏部郭维经举荐，举赣州推官监军事。及城中食将尽，人无固志，良则知事不可为，愿以死殉。十月三日，城陷死之。崔太史晓为作《忠烈传》。①

乾隆癸酉志（1753）在康熙己丑志（1709）的基础上，对《钟良则传》作了很大篇幅的缩减，删除了原传中有关明清鼎革的历史背景以及有关传主言论的描写，并对传主参加赣州保卫战而牺牲的事迹进行了高度概括，将原传的五百多字缩减为不到二百字。尽管压缩篇幅很大，但基本符合旧志本意，没有出现有意地篡改。然而，迨至道光壬午志（1822），其编纂者则在乾隆癸酉志（1753）的基础上，重新扩大了《钟良则传》的篇幅，而且对旧志进行了有悖原意的篡改。其篡改后的传记如下：

> 钟良则，号谷成，承乡三里人也。明崇祯间，邑诸生，倜傥明大计，遇事勇决敢为。甲申，由征辟准岁贡。寻闻燕京破，庄烈殉社稷，抚膺恸哭，日夜不绝声，思一死以报国而未获其所。丙戌，大清兵围赣，唐藩自闽遣吏部郭维经、御史姚奇允赴援。道过瑞金，闻良则名，就见与语，大奇之。奏授推官，监军事，与同入赣。是时，大军屯城外五月，钲鼓声闻数十里，水陆路绝。良则率敢死士冲营突进，援兵鼓噪从之。大军移驻水南，赣之饷道始通。总督万元吉大喜，因就谋制水南策。良则曰：赣城三面阻水，独东南教场及天竺山二处地势平衍；又，望江楼下龟角尾隙地，宜防冲击，愿与姚公当此一面。良则分守望江楼，大兵屡来攻击，良则捍御弥力。兵稍却，维经欲遣良则督饷于楚，良则见势危急，誓与城存亡，不肯尺寸离去。既城中食将尽，人

① 乾隆《瑞金县志》卷6《人物志·忠烈》，第5页。

> 无斗志。良则乃募人从间道上封事于唐藩，分三道潜抵吉水、龙泉、张家渡，以挠大兵，欲出奇兵为围魏救赵之策。疏入，不报。良则叹曰：事至此，不可为矣，惟一死以遂吾志耳！乃赋《从征行》以见志，遗书与家人诀，惟嘱其子葬母，余无所及。十月三日，大兵自南门登城，遂陷。良则率数十人巷战以死。崔太史晓为作忠烈传，进贤傅鼎铨、宁都邱邦士、魏叔子皆有诗吊之。①

很显然，道光壬午志（1822）是在乾隆癸酉志（1753）传记基础上的扩充，同时也参照了康熙己丑志（1709）的记载。不可否认，道光壬午志（1822）对《钟良则传》的改写，大多也遵循了旧志作者的本意；但是，在钟良则的遗书问题上，道光壬午志（1822）是明显有意篡改康熙己丑志（1709）的书写。关于钟良则的遗书问题，康熙己丑志称："乃作从征行以见志，遗书与家人，诀语多激烈。"其中"诀语多激烈"一句，似欲有所指却不便明言，给人留下了想象的空间。然而，道光壬午志（1822）却将此句改写成"惟嘱其子葬母，余无所及"。这显然与旧志本意相抵牾，因为嘱子葬母的遗言，自然不应该用"激烈"来形容；也就是说，"激烈"的诀语，当有他指。然而，道光壬午志（1822）则代之以"余无所及"，明确否认了这一指向，颇有欲盖弥彰的意味。

综上可见，三部方志对旧志《钟良则传》的修改编写，其中既反映了县志编纂者对县志叙事精益求精的追求，也反映了县志编纂者使县志叙事更加符合国家意识形态所做的努力。总之，对旧志的内容经过修改后再转入县志的编写方式，其原因和动机是复杂的，必须具体问题具体分析。

3. 调整

所谓调整，是指对旧志内容重新进行分类、排列和组合的编写形式。县志编写过程中对旧志序列的调整，有的是由于新编县志体例的

① 道光《瑞金县志》卷7《人物志上·忠烈》，第7页。

变化；有的是由于县志编纂者的认识变化；而有的则是由于社会权力结构的变化。

首先，方志体例的变化与旧志书写序列的调整。作为初创县志的嘉靖壬寅志（1543），其体例“大略仿《大明一统志》和《赣州府志》”①。此后的明清瑞金县志，除了三部续修县志基本上是承袭前志体例之外，其余七部重修县志都在旧志的基础上进行了调整。第一章已经指出，明清瑞金县志体例变化的总体趋势是，门类变化不大，但门下之目却越编越多。当然，如果作进一步考察，我们还将发现更多的细节。比如，在大量增加的门下之目中，有的目是从原有的目中析分出来的，而有的目则是“无中生有”。但是，不管是哪种情况，体例门目的变化，都必然导致县志书写序列的变化，因为新修县志得把旧志中的内容按照新的体例门目进行重新排列和组合。

例如，万历癸卯志（1603）对妇女开放的传记只设“贞女”1目，其中收录了20位妇女的贞节事故。② 但是，到了康熙癸亥志（1683）那里，向妇女开放的传记由旧志的“贞女”1目增加至5目，分别是“贞女”“烈女”“慈孝”“节妇”和“烈妇”。由于体例门目的变化，旧志中的20位贞节妇女，她们在旧志中的序列全被打乱，分别散插在新增的5个门目之中。③ 也就是说，原来具有同质性的20名妇女，由于重修县志体例门目的调整而被严格地区分开来。然而，到了乾隆癸酉志（1753），所有的妇女传记又被归并为1目，曰“节妇”。这样一来，康熙癸亥志（1683）中那些曾经被类分的妇女，和同县志新增的妇女一道，又全都成了具有同质性的“节妇”④。也就是说，在明清瑞金县志向妇女开放的门目的变化，旧志所载的那些妇女和故事也随之一再被重新分类、排列或组合。

可见，体例门目的变化，可以造成新编县志对旧志所载人物的重

① 嘉靖《瑞金县志·凡例》，第1页。

② 万历《瑞金县志》卷9《人物志·贞节》。

③ 康熙《瑞金县志》卷8《乡贤志》。

④ 乾隆《瑞金县志》卷6《人物志·节妇》。

新区分、排列和归并。当然，这些区分、排列和归并的变化，或者说此类县志编写的变化，并非因其所指向的历史事实本身发生了变化，而是县志编纂者的思想观念和价值取向相对旧志编纂者发生了变化。

其次，县志编纂者认识的变化与旧志书写序列的调整。方志所呈现的内容及其序列，在某种程度上是方志编纂者对地方历史及方志本身的认识和理解的体现。不同时代的县志编纂者，对其地方历史和由其所编纂的方志也自然会有不同的认识和理解，并进而表现在对旧志书写的重新排列上来。例如，道光壬午志（1822）对旧志的部分书写序列进行了调整，并在凡例中作了说明，兹引如下：

> 艺文旧志……杨兆年《上督府田赋始末》一篇，应录入“兵寇”；归太仆书《郭义官事》一篇，朱云映、杨以兼《丙戌大水纪事》二篇，应归入“纪闻”，余悉仍之。①

上面提到的四篇文章，在先前的乾隆癸酉志（1753）中都是被放在《艺文志》中。道光壬午志（1822）的编纂者则分别改放在“兵寇”和“纪闻”目下。表明他们对旧志所载艺文的内容、性质及其应归放的门目等问题，做了较之前旧编纂者更为深入细致的考虑。再如，乾隆癸酉志（1753）对旧志中的学校、公署、兵寇等内容的秩序作了重新排列，并作了如下说明：

> 营建志，首城池，次学校，次公署，例也。但旧志以营房列入公署，公署之后更列兵防，而兵寇系焉，则与建设无干。今割兵寇入舆地志祥异之后，兵防改称营制，凡汛舍墩台，皆见于此，而教场铺递附之，次祠庙坛壝，崇祀典也。②

乾隆癸酉志（1753）的编纂者对上述旧志内容序列的调整，主要

① 道光《瑞金县志》卷首《凡例》，第4页。

② 同上书，第2页。

是出于他们对某种方志书写规范的认同，表明了他们试图编纂一部较之旧志更加符合方志书写规范的县志的努力。

最后，社会权力结构的变化与旧志书写序列的调整。县志不仅是对地方历史的书写，在某种程度上也是对地方现实权力结构的投影。地方权力不仅会影响新修县志对书写内容的采择，也会影响县志编纂者对旧志内容的重新编写。在第三章中，笔者将会谈到，自万历癸卯志（1603）以降，瑞金西门杨氏因其在科举和仕宦上的成功，逐渐掌握了瑞金县志编纂的话语权。入清以后，西门杨氏在地方社会的权势和在县志编纂中的地位得到了进一步巩固。这里要指出的是，在这个过程中，西门杨氏的九世祖杨景华在县志序列中的地位也随之被不断调整和提高。

杨景华最早被万历癸卯志（1603）所记载。作为最初进入县志文本的杨景华，并非以传记的形式出现，而是在《食货志》“里甲”目中被提及，记曰：

> 洪武年间，本县膏腴田业被军占为七十二屯而不载粮，以致虚粮重累。浮乡一里民杨景华，因充粮长经解，奋然漆头奏闻，命未下而归卒于采石。其子仕隆、仕忠复题结正，钦差官临县踏勘，遂将虚粮派入军屯，以纳子粒，因并图作五乡八里，民始得苏。①

康熙癸亥志（1683）的《食货志》“里甲”目，转载了这一记载。除此之外，还为杨景华单独立传，载入《乡贤志》“义行”目中。其记如下：

> 杨景华，瑞金人，邑原有四乡十七里，膏腴之田尽为军人所占而不载粮，以致虚粮重累。景华充粮长，奋然漆头奏闻，命未下而归卒于采石。其子仕忠、仕隆复题结正，钦差将军张可大临

① 万历《瑞金县志》卷3《食货志·里甲》，第7页。

县踏勘，遂将虚粮派入军屯以纳子粒，因并图分作五乡八里，民始得苏。①

康熙癸亥志（1683）是第一部为杨景华立传的瑞金县志。很显然，杨景华在瑞金县志中的地位，较前大为提升。然而，杨景华在瑞金县志中的地位上升并没有到此为止。迨至乾隆癸酉志（1753），杨景华的传记被重新编写，充实了许多内容，改纂后的《杨景华传》如下所示：

杨景华，浮乡一里人，素慷慨，负大略。明洪武初，岁大饥，民多随寇作乱。郡守申请调将军张可大征之，杀邑民几尽，留军屯守，遂尽占民膏腴之田，为七十二屯而不载粮。粮悉摊于民田，民不堪累。时景华充粮长，解粮至京，奋然漆头抱疏击登闻鼓上之。命未下，卒于采石舟中。时其子仕隆、侄仕忠皆从，扶榇归葬毕，复同往请于朝。太祖捡原奏览之，敕户部郎中某往勘得实，乃将虚粮派入军屯，以纳子粒。因并图分作五乡八里，民始得苏。先是，景华卒，时邑人走迎榇，哭声震路，至是仕隆又卒，邑人哭益哀，各画其像祀之。仕忠归以孝弟睦姻，化其乡里，乡人咸敬慕之，年八十卒。②

杨景华在乾隆癸酉志（1753）中地位的再次上升，不只是体现在传记的重新编写和补充上，更体现在杨景华在《人物志》中的身份和序列的变化上，他的身份性质由原来的“义行”变成了“事功”；在乾隆癸酉志（1753）的人物序列中，“事功”要比“义行”更加靠前。③

① 康熙《瑞金县志》卷8《乡贤志·义行》，第29页。

② 乾隆《瑞金县志》卷6《人物志·事功》，第21页。

③ 乾隆癸酉志（1753）中的人物共分11类，其序列依次是乡贤、忠烈、孝友、事功、文苑、义行、隐逸、耆寿、方术、方外、节妇。参见乾隆《瑞金县志》卷首《目录》。

4. 续补

所谓续补，是指续接和增补旧志的编写方式。这里面其实有两个问题：一是用什么续补，二是如何续补。续补县志的素材，包括上文所列除了旧志以外的其他方志、典籍、文集、族谱、碑刻等各类文献，也包括县志编纂者专门为县志编纂而创作的各类文献，如县志序、跋、凡例、按语以及对一些历史事实的直接记录等。上文已经提到，每位主修知县无不把自己在位期间的各种兴建创造以及诗文题记一一载入县志，下文也将详论，直接与间接参与县志编纂的地方士绅也总是想方设法在县志中安插有关自己宗族的历史。毫无疑问，正是由这些直接或间接参与县志编纂的人们所提供的，或者由他们专门为县志编纂而创作的各类文献，构成了明清瑞金县志续补旧志的主要素材。

用来续补县志的文献，一般都要经过县志编纂者的加工。对续补文献的加工，有的是为了追求更加优美的文采，如道光壬午志（1822）载："文艺未优者，本县另请文行兼优之士，讨论润色，总期斟酌尽善，大雅无惭，再缮正本以付剞。"① 有的是为了使续补文献符合县志的书写规范。县志对族谱人物传记的征引，就是其中的典型。族谱中的人物传记与县志中的人物传记，在体例结构、叙事模式和繁简程度等各方面，都存在很大的差异。因此，将族谱中的人物传记续补到县志中，事先必定要进行加工。比如，在乾隆癸酉志（1753）的"孝友"目中，有一位名叫谢松暄的传记，其传记全文如下：

> 谢松暄，字灿州，湖口训导重捷之长孙。生二岁而孤，稍长，问之父早终，泣涕不止。事母赖氏，备极孝养。家贫甚，欲请旌而力不能，常用自疚。值岳父司训广昌，松暄往省。忽闻母病，兼程遄返。日夜调治汤药，衣不解带者四十余日，母病果

① 蒋方增：《议修邑志示》，载道光《瑞金县志》卷16《杂志·告谕附》，第48页。

愈。松暄以过劳得咯血疾，年未四十而歿，士论惜之。[①]

乾隆癸酉志（1753）新增的这篇人物传记，其编写基础是乾隆癸酉志（1753）的主修知县郭灿应传主之子暨其“友生”谢柏峤之请所作的一篇《谢孝子传》。据下引此传透露的信息，郭氏作传时间是在编纂乾隆癸酉志（1753）期间。此时，离传主去世的雍正十一年（1733）已经有二十多年。[②] 很显然，作为参修乾隆癸酉志（1753）成员之一的生员谢松暄，在县志编纂之际请主修知县为其先父作传，其用意是不言而喻的，正是想为其先父入传县志张本。那么，乾隆癸酉志（1753）借以续补的郭灿所作《谢孝子传》的本来面貌又是怎样的呢？为方便比对，兹引如下：

> 孝子姓谢氏，讳松暄，字灿州，湖口学博钝公先生之文孙也。生二岁而孤，母氏赖矢志柏舟，竭力抚养。稍长，痛父早逝，号泣呼天。其至性恳挚，固非常儿所能及。事母承欢，罔懈出告反面，凡事必禀命而行。一时不依，膝下忽忽，若有所失。母氏归宁外家，相距权里许，孝子必朝夕往视。母哀其勤劬止之，答曰，儿一时不见母，寸心如割，殆乐此，不为疲也。奉养必视母所嗜，虽箪瓢屡空，而饔飧甘旨，未尝少阙。初杨及孚翁之司铎广昌也，孝子为其子婿，常造署而问起居焉。忽一夕，梦中有人排关直入，疾呼其名曰：起，起，尔母将病，当速归。孝子惊寤，骇汗流涕，不知所措。于是披星戴月，步行千里至家，而母病果笃。延医调治，躬侍汤药，衣不解带者月有半。中夜焚香膝行，请祷愿以身代，翌日而母病乃痊。自是，劬劳过甚，得咯血疾。孝子努力加餐，强作欢笑，恐贻母氏忧疾。亟其妻对之而泣，孝子曰：尔有子四，人可无深虑，我恨不获终事我母，死

① 乾隆《瑞金县志》卷6《人物志·孝友》，第18页。

② 据《叶坪谢氏九修族谱》第2册《乾道太世系》（1994年，第129页）中的记载，谢松暄生于康熙三十五年（1696），殁于雍正十一年（1733），享年37岁。

当不衾不襚，以哀麻裹尸而已。舅氏赖君小苏来视疾，孝子□□欲起拜，气喘吁不能得偃息有项张目而盱曰：舅氏请从此辞矣，甥业儒不能，既不克力请建枋显扬母志，而又鬘积厥躬，不能相养以生相守，以死不孝之罪，上通于天矣；舅氏苟念甥以及吾母，甥当死骨不腐。临终惟呼尔等善事我母者，三绝口不言儿女事。时年三十有八。孝廉莘园先生，其曾祖也，夏祭缺于供醵谷数石，独力权其子母，累金百余，购田赡祭，至今赖之。季嗣君柏峤与予有友生之雅，适承乏绵江，檄修邑志，既廉君之孝行，乘诸金石，复为立传，俾梓诸家乘，以为宗族矜式云。

赞曰：记有之，小孝用力，中孝用劳，大孝不匮。谢君灿州，固不敢拟诸锡类之仁，而迹其左右，就养千里，神驰祈天，代母不可谓非竭力事亲者矣。虽不永其天年，而克昌厥后，天之报施善人，未为不厚也。①

很显然，乾隆癸酉志（1753）的作者对郭灿《谢孝子传》几乎进行了全盘改写。上述这个案例，县志作者对族谱传记虽然作了大幅度的精简，但是没有篡改原传记中的基本事实。然而实际上，县志作者对其借以续补县志文献的加工，也不乏对原文献所记基本事实的篡改。接下来，笔者再以县志作者对族谱人物传记的加工为例，以说明这点。在乾隆癸酉志（1753）中，谢柏峤祖母的贞节事迹也同样被续补入传。传曰：

赖氏，谢衍渭妻。年十九，衍渭卒。水浆不入口者三日，母强之乃起。抚孤，家贫。姑卧病十年，扶持不离左右。子松暄既长，备极孝养，寻夭。因哀过而卒，年六十。孙，柏峤，郡庠生。②

① 郭灿：《谢孝子传》，载民国《叶坪谢氏八修族谱》第4册《艺文纪》，1922年，第132—133页。

② 乾隆《瑞金县志》卷6《人物志·节妇》，第92页。

这则传记的编写基础，是在叶坪谢氏族谱中署名为江西学政金德瑛在乾隆十一年（1746）所作的《谢节妇传》。该传长达近千字，为避免繁冗，下面主要征引其中与县志共同涉及的基本事实部分，其余则用省略号省去。

> 谢节妇者，瑞金生员赖圣锐女也。年十六适儒士谢衍渭，为元配。成礼三载，渭以读书劳伤而卒。病草语节妇云，舅妇老子，甫晬以养，以教惟尔赖，吾何求哉，死瞑目矣。节妇泣受命，哭踊痛绝，勺水不入口者五日。……为之连日不食，节妇始强起。……孤既长，经营拮据，为之婚配，……后孤因过劳得咯血疾，……未几，孤果卒。节妇呼天抢地，不间昼夜，哀伤成疾，遂相继而终，时年五十有六。……岁乙丑，予复视学西江，其孙生员谢柏峤纪其王母苦节，乞余立传。谢生，余年拔前茅士也。……①

除了叙事模式的变化（比如在对传主的称谓上，族谱的表述是“谢节妇者，瑞金生员赖圣锐女也”，是以夫姓冠名相称；而县志的表述是“赖氏，谢衍渭妻”，是以父姓冠名相称等），县志作者对族谱传记中的事实也进行了加工和篡改，主要有两个地方：一是在谈到节妇在丧夫之痛时，族谱称其“勺水不入口者五日”；而县志将之修改为“水浆不入口者三日”，减少了两日；二是有关节妇的寿年，族谱谓“年五十有六”，而县志则说“年六十”，增加了四岁。减少水浆不入口的时间天数，适当压缩夸张成分，将更符合生活常识；增加传主寿年，使其年至花甲，则更符合人们对寿年期待的审美标准。

也就是说，上述县志作者对族谱的加工，不是为了使传记更接近事实，而是为了使其更符合县志的叙事模式以及更符合人们的生活常识和审美标准。

① 金德瑛：《谢节妇传》，载民国《叶坪谢氏八修族谱》第4册《艺文纪》，1922年，第143—145页。

5. 删削

删削旧志的内容，这在明清瑞金县志的编写中并不多见。尤其是被登载在旧志中的人物传记，有被修改的，却未见有被删削的。正如上文所指出的，即便县志编纂者认识到了旧志人物志中有“荃艾杂收”和“率以称扬”的现象，但是对那些被“荃艾杂收”的传记和“率以称扬”的言辞，一般都会照单全收地转抄。

被明清瑞金县志编纂者删削的内容，有县志卷目前的小序。例如，在嘉靖壬寅志（1543）的各卷类门目的开头都有一段小序；而万历癸卯志（1603）的各卷类门就不再有小序。也就是说，在从嘉靖壬寅志（1543）到万历癸卯志（1603）的递纂过程中，嘉靖壬寅志（1543）中那些连篇累牍的小序全被删除了。现存其他几部瑞金县志的情况亦复如此。这些内容之所以能被删削出局，甚至可以在不作任何说明的情况下被删削（事实上，也未见任何瑞金县志的编纂者对此做出说明），究其原因，笔者认为主要是因为这些小序原本就是一些无关具体人与事的空话套话。如嘉靖壬寅志（1543）在《人物类》前的小序是这样写的：

> 天生贤士，所以为国也。我朝设科取士，始则举孝廉、贤良、方正、经明、行修。及后，专用艺试，乃命董学之臣崇正学、崇正道，其意犹古也。科之制，有曰进士、乡举、岁贡、荐辟。期间有忠义、孝行、贞节、宦业、恩例者焉，附以年劳，考而书之，为人物类第四。①

删削诸如此类放置明代所有县志都似无不可的序言，显然不会触及和损害任何地方人士的名利。或因如此，卷目小序也是明清瑞金县志最容易遭到删削和刷新的内容。

有的诗文也会成为县志编纂者删削的对象。例如，明嘉靖壬寅志（1543）中登载了当时参与县志编纂的教谕李天祥、训导魏文谟、陈

---

① 嘉靖《瑞金县志》卷4《人物类》，第1页。

锦和典史顾惠四人唱和林有年《陈石山》韵的四篇诗文。① 然而，在康熙癸亥志（1683）的《艺文志》中，已经不见这些诗文了。这表明，在从嘉靖壬寅志（1543）到康熙癸亥志（1683）的递纂过程中，这些诗文在其中的某一环节被删削了。笔者在第四章中将要进一步讨论，这其实是明清瑞金县志由“他修”向“我修”转变，县志编纂的话语权逐渐为地方士绅所掌握的外在表现之一。在这个转变过程中，地方士绅表现出了这样的冲动：他们试图努力淡化“他者”尤其是那些并不能为本邑增色的“他者”在县志文本中留下的印迹。于是我们也看到，在乾隆癸酉志（1753）中整理的一份历修县志的姓氏名单中，唯独不见了同样参与县志编纂的教谕、训导、典史、巡检等下层地方官吏的名字。很显然，这些人的名字是被乾隆癸酉志（1753）的编纂者们有意删削了。

删削诗文等县志内容的原因是多种多样的，有的删削也体现了县志编纂者对县志乃“天下公器”的认识。例如，道光壬午志（1822）就删削了乾隆癸酉志（1753）中的三篇寿文谱序，并在《凡例》中作了说明。②

第三节　修志经费

明清县志编修虽属官方行为，但其修志经费却并未列入财政预算而缺乏制度保障。那么，明清瑞金县志的修志经费又由何而来呢？下面就此问题进行考察。

一　经费规模

在笔者的视野所及，记载修志经费支销情况的地方志并不多见。现存的7部明清瑞金县志，均未提及修志经费的具体支销数额。因

① 嘉靖《瑞金县志》卷7《文章类·题咏》，第22—23页。

② 道光《瑞金县志》卷首《凡例》，第4页，记：“艺文旧志所载只削去寿文谱序三篇”。

此，开列这一小目，并非要准确推算出明清瑞金县志的修志经费所需，而是旨在对修志经费做一大概的估算，以便更好地了解当局筹措修志经费的难易程度。由于明清瑞金县志本身缺乏修志经费的记载，因此，笔者只有通过其他县域地方志提供的相关信息，对明清修志所需经费做一粗略的估算。

在与赣南地缘经济较为接近的福建永安县，于明万历二十二年（1594）修有县志，其主修知县苏民望在县志序言中谈到了修志经费问题：

> 又检阅库中得所自理赎镣几九十缗，以付邑主簿夏秉彝、典史陈策经纪其费，众美咸萃，群力具举，凡三越月，为万历甲午孟夏而抵其成。①

由此可知，其修志经费大概是90缗。“缗”是明清时期民间对货币单位的俗称之一，1“缗”为1千文，即1贯；90缗，即90贯，折银约为90两。大概是由于所需经费不大，这笔费用是直接从留存县级财政的赃赎银中支出的。

再来看看经济发达的江南地区，崇祯《吴县志》卷首记载了梓刻所需费用：

> 纂修经始于崇祯辛巳孟春之朔，脱稿缮本于壬午仲春之望，周一岁逾四十有五日，寒暑昼夜无间。编摩摹写各图，则自辛巳孟夏。月朔初郭，绕境涉湖，舺吮墨返，再扃户，凡两阅月，五易楮始成。布衣徐霖竭心目之力多焉。鸠工雕版则昉于壬午季春之朔，竣于八月既望，计版叶二千二百有奇，糜金三百七十两。②

---

① 苏民望：《永安县志序》，载万历《永安县志》，第2页。

② 嘉靖《吴江县志·徐师增序》，转引自张英聘《明代南直隶方志研究》，社会科学文献出版社2005年版，第160页。

这里所说370两白银，可能只限于板刻用费。若考虑人工食用、纸张笔墨等开销，共需费用当大于此数。可见，与万历《永安县志》相比，崇祯《吴县志》所用经费大出许多。究其原因，其中可能有不同时期不同地域经济发展水平的差异，更主要的应是与县志的篇幅规模有关。万历《永安县志》，篇幅较小，刻板210多页，仅为篇幅长达2200多页的崇祯《吴县志》的十分之一。

修成于清道光五年（1825）的江西《丰城县志》，也记载了其修志经费：

> 十月募刊工兴事，十一月旧稿毕。乃续应续者，而邑中以记载投牍县庭积盈尺，俣饬发局诸同志，次第核之，继参以众论，终则惟宪裁是断，越月续稿毕。今年二月刊工毕，夏四月书成，费钱贰千缗有奇。①

道光《丰城县志》的修志费用共计2000多缗，即2000多贯。考虑清中后期钱贱银贵的状况，钱2000贯折银亦在1000两左右。该志共计刻板2300多页，所费之大，当与此有关。

在现存的7部明清瑞金县志中，篇幅刻板由大到小依次是：光绪乙亥志（1875），1200多页；道光壬午志（1822），970多页；乾隆癸酉志（1753），910多页；万历癸卯志（1603），残卷尚存360多页，实际刻板当远超此数；康熙癸亥志（1683），370多页；嘉靖壬寅志（1543），220多页；康熙己丑志（1709），仅100多页。也就是说，篇幅最大的光绪乙亥志（1875），其刻板总数也只有道光《丰城县志》与崇祯《吴县志》的一半左右。假定修志费用与篇幅刻板大致成正比，并且不考虑地区差别的话，那么，篇幅规模与万历《永安县志》相当的嘉靖壬寅志（1543）和康熙两志，其需费用应当在白银100两左右；而篇幅规模较大的光绪乙亥志（1875）、道光壬午志（1822）、乾隆癸酉志（1753）和万历癸卯志（1603），其所需费用则

① 毛辉凤：《丰城县志序》，载道光《丰城县志》，第2页。

用白银500两左右。在清代瑞金县的财政收支中，县志所载留存本县开支的额银共计1300多两。[①] 因此，从中挤出100两的额银编修县志，不会给其财政运作带来太大的困难；但是，若要从中挤出500两的白银来编修县志，却有相当的难度，尽管地方官员实际可支配的经费要大于县志所载。正是由于修志经费所需不少，因此，资金缺乏也是许多地方县志修而未果的重要原因。上述光绪乙亥志（1875）之修的时日迁延，即缘于此。

县志编修经费虽然不少，但是与筑城墙、建桥梁、修学宫、置学田等县域公共工程相比起来，却又显得不多了。以瑞金城南那座屡修屡垮的云龙桥为例，明嘉靖年间，知县王钦一度兴修，耗银1400余两，粮食1600多石；半年多后，桥旋圮。继任知县赵勋主事重修，规制略大于前，耗费当不在前修之下。[②] 隆庆年间，吕若愚复又重修，费银“八百余两有寄，为工一万零八十有寄”[③]。由邑人朱巘独资兴建，后为隆庆壬申志（1572）主修知县吕若愚以其字号命名为“壬溪桥”，亦耗银900余两。[④] 万历癸卯志（1603）的主修知县堵奎临倡建的那座旨在培育科举人文的风水宝塔龙珠塔，更是耗银1800多两。[⑤] 此外，乾隆癸酉志（1753）的主修知县郭灿、道光壬午志（1822）主修知县蒋方增均主持过学宫的修理，均言“费数千金”[⑥]。如此巨大的工程经费尚可通过募捐加以解决，比这少得多的修志经费理当不难落实。[⑦]

---

① 光绪《瑞金县志》卷2《田赋制》，第2页。

② 欧阳铎：《鼎建云龙桥记》，载康熙《瑞金县志》卷9《艺文志》，第43页。

③ 金立爱：《重修云龙桥记》，载康熙《瑞金县志》卷9《艺文志》，第46页。

④ 卢逵：《鼎建壬溪桥记》，载康熙《瑞金县志》卷9《艺文志》，第56页。

⑤ 谢诏：《鼎建龙珠塔记》，载康熙《瑞金县志》卷9《艺文志》，第60页。

⑥ 光绪《瑞金县志》卷3《营建志上·学校》，第2页。

⑦ 本书初稿完成后，注意到美国学者戴思哲新近对明代方志编修的成本种类和经费数额，做了定性与定量相结合的深入考察，指出明代中后期方志的每页成本从0.091两到0.437缗不等，与本书的估算大致相仿。参见［美］戴思哲《明代方志出版中的财务问题》，《浙江大学学报》2011年第1期。

二　经费来源

1. 官员捐俸

这是编修县志以及兴建其他县域公共工程时，地方官员常用的一种方式。如万历戊午志（1618）的主修知县潘舜历，就曾言及自己“捐赀而锓”[①]。地方知县捐俸修志，其意义自然不在于捐俸的多少，而在于摆出一种姿态，表明对修志事宜的高度重视，捐俸垂范，发出倡导，希望地方士民能积极捐款襄助，以成其事。知县带头捐俸，至少县属其他官员以及儒学生员乃至所有的地方士绅或许均愿意依例行事，适当捐资，以符知县旨意。倘若志乘篇幅不大，所需资金不多，通过地方长官的捐俸倡导，加之地方士绅的积极响应，并适当动用留存县支的额银，或许就可以解决修志的经费所需了。

2. 劝募“乐助”

劝募捐款是县志编修筹措经费的常用方式，各地方志均有大量的相关记载。现以江西省的属县为例，如乾隆《分宜县志》，知县林邦珖说：

> 珖自领檄承乏是邦，六载之间，簿书碌碌，惟修志一事，幸赖众力勖勷，久肃瞻仰，兹邑人士，复以志百年阙典，议请修辑，余窃喜众志之交孚而赀用之不患于无所出，亟为据呈，转详报可，诹吉开局。[②]

又如光绪《广昌县志》，其主修知县说：

> 适奉上宪以续修通志，颁示条款。因并仿照体裁增修其志，即首先捐廉为阖邑倡，商之绅士，靡不乐从。不旬日间，集有成

① 潘舜历：《续瑞金县志序》，载康熙《瑞金县志·潘序》，第2页。

② 同治《分宜县志》卷首《原序》，第1页。

数，遂命各绅董立局。①

为兴建公共工程或公益事业而劝募捐款的义举行为，在赣南俗称“写乐助”。“写乐助”不仅是官方创建公共工程，也是民间兴建公益事业筹募资金的惯常方式。在赣南地区，民间兴办诸如修桥筑路等公益事业，往往会成立以“乡村精英”为首的募资组织，并委派组织成员分赴可能受益于这一公益事业的地域范围，进行资金劝募，愿意出资者则在劝捐人员带来的“乐助簿”上，写下自己计划捐出的钱额及兑现时间。概因如此，故有“写乐助”的俗称。而所捐之款则俗称“乐助”。时至今日，“写乐助”仍然是赣南民间社会解决公益事业所需资金常常采用的方式。② 在传统社会，劝募“乐助”更是官方兴办公共工程，吸取民间资金的有效方式。如上述瑞金县多次耗资数千金的学宫修建，其所用经费亦无不通过“合邑各输乐助”募集而来。③

事实上，明清瑞金修志经费的筹措，也采用了同样的方式。如道光壬午志（1822）和光绪乙亥志（1875），就明确记载了修志时的劝募“乐助”举措。上文已提到，为征收民间文献，更为了募集修志资金，道光壬午志（1822）主修蒋方增印发了一份《议修邑志示》，遍谕城乡各地。关于劝募“乐助”事宜，其中说道：

> 修志非兴修别项工程可比，若仍请在城绅士纷纷下乡，既须多费夫力，且亦旷日迟久。本县素悉捐输乐助，出自公堂居多，虽各姓贫富不一，乐助多寡不同，此次修志，各姓公堂议出乐助若干，不必观望他姓。并即举出老成绅士一二人，无绅士者，即举一二耆老，将乐助踊跃交局。由本县给发收票，粘贴该姓祠

① 刘荣：《广昌县志序》，载光绪《广昌县志》，第3页。

② 参见李晓方《村落、建筑与记忆：赣南下村的历史叙事》，《历史教学问题》2010年第3期。

③ 光绪《瑞金县志》卷3《营建志上·学校》，第2页。

> 堂，使众咸知，一面将该族应送本县核取事实，即行呈送核明，发局纂入。如有自出己赀，不在公堂捐写者，更见嘉惠桑梓，尚义急公，不拘多寡，即自行送局。现在本县设立修志乐输总簿，开局后，各绅士人等，有愿就近赴考棚书写者，可省城乡往返之烦，亦听其便。

这则告示对劝捐“乐助”的对象，上缴“乐助”的方式等事项进行了详细说明。从中可见，告示虽倡导以个人名誉捐出己赀，但主要是希望城乡各姓氏宗族能以公堂为单位，从族产中“议出乐助若干”。与此相应的上缴“乐助”的方式是，希望各姓公堂推举老成绅士或耆老一二人，将“乐助”钱款上缴至局。显然，这一做法很有利于调动各姓宗族上层人士的积极性，得到他们的响应和支持。事实也证明了这一点，道光壬午志（1822）在“义行”目末，有记曰：

> 瑞邑士民，素知尚义。现修邑志，城乡各姓，踊跃乐输，除将捐输细数勒石以昭义举外，所有首先垫资及劝输乐助各姓名，特为开载。垫资则廖群苏、钟梧冈、杨辉野、杨腾岳、钟和卿、杨玉泉、廖若慵、钟蔚章，劝输城内外，则廖牧园、张范堂……①

在省略号部分，不包括前列先行“垫资”者8人，该条目又依次刊载了“劝输城内外”来自1乡18隘的共计者63人。② 不难想见，这63位劝输城内外者，大概是来自各乡隘各姓公堂的士绅或耆老代表，抑或相关宗族先祖或房支先祖的名字。

光绪乙亥志（1875）效仿道光壬午志（1822）故事，组织“邑

① 道光《瑞金县志》卷8《人物志·义行》，第94页。

② 关于瑞金“隘”之称谓，为道光壬午志（1822）作序的江西学政王宗诚有这样的解释：“瑞金处万山中，为宁都属邑，交错于闽粤间。顺治初年，土贼陈其纶等分据铜钵山、罗汉岩，啸聚匪党。前令嘉兴钱君剪除之。乡民守要以御敌，至今各乡咸以隘称。”可见，瑞金“隘”之称谓，具有浓厚的军事色彩，映射出了明清之际地方社会那段动荡不安的战乱史。详见王宗诚《道光壬午志序》，第1—2页，载道光《瑞金县志》。

绅相与筹费”[①]，并在同样在县志“义行”目中有选择性地登载了部分捐资筹款者的名单：

> 邑绅习前贤遗风，多急公尚义之辈。前县令于同治辛未，奉省檄修县志，开局设规，延文士纂修。至壬申，两次呈稿省局，尚未成全书。孙卸任后停局。同治甲戌，署县事张，裁定事宜，择绅经理。复于秋月开局，延前之操翰者，更增数人续修，并召梓工开雕。至次年夏间，全书刊成。秋初，装辑蒇事，其间任经理者杨世芬、刘德蕙、钟章玗、钟观治、刘德裕、赖光伟、谢画三、杨其悌、杨元应，营办局务，殚厥心力，克底于成，录其姓名，以垂于后。[②]

显然，上述9人绝非捐输“乐助”的全部人员。与道光壬午志（1822）一样，大多捐输“乐助”的一般“散户”都被屏蔽在了县志文本之外。县志《选举志》表明，其中杨世芬、钟章玗、刘德蕙、刘德裕四人都是监生，在前两人名下，均署有“由州同奖给同知衔”字样；在刘德蕙名下署有“由县丞选用县丞加提督衔”字样；在刘德裕名下则署有“由吏员加捐照磨”字样。此外，钟观治则为贡生，其名下署有“就训导职”字样。可见，这些人不仅是县域有限学额资源的拥有者，而且颇饶家资，拥有较高的经济地位，是不难想见的在县域范围内颇具影响力的地方士绅。

除道光壬午志（1822）和光绪乙亥志（1875）外，其他各志均未言修志经费的来源。不难推论，至少在乾隆癸酉志（1753）、万历癸卯志（1603）等几部篇幅较大、费资相应较多的县志编修时，应同样采取了劝募“乐助”的集资举措。

3. 征收“刻赀”

在康熙己丑志（1709）中，登载了一则令人感动的烈妇故事。为了让读者更好地领略这则故事的感人情节，现照录如下：

---

① 张国英：《序》，载光绪《瑞金县志》，第1页。

② 光绪《瑞金县志》卷8《人物志·义行》，第24页。

> 廖氏，名红姑，毛冠易妻。冠易，常乡一里人，业儒苦贫，抱疾三年。一日，谓妻曰：吾死，汝必嫁，但如吾一孤何？廖泣而不言。既而夫卒。廖哭之恸，自缢者再，屡为姑救，未遂。久之，或劝其他适，谓家贫难忍，廖阳诺之。举家喜，私谓此妇意解矣。于是媒妁来，夸新婿年少素封子。廖闻之无怍色，因订婚期。他日父来，廖泣送二里许，谓不复得见父矣。父误以其他适作别语，不疑。妇过夫坟，痛哭欲绝。邻妇见而止之，扶抵家，拭泪痕，拜夫灵，微有喜色。因携孤前，解破衣如败叶，一一为之刺补，潸然泪下。曰：他日谁为汝针纫者？顷之，娶廖氏肩舆至，廖闭房门，作栉沐更衣状。移时门未启，姑颇疑，呼无应，乃碎其门，而廖已服毒气绝僵卧床上矣。呜呼！从一而终，谲诈成节，抑何奇耶！夫汪立信之置酒召客，江万里之止水榜亭，此自丈夫所为，古犹难之，而况妇人女子也哉！①

这则故事，通过对廖氏丧夫痛不欲生，屡求一死，后因贫曲意应承再嫁，临嫁诀别生父，拜哭夫坟，泣补孤儿破衣，最后服毒自杀的细节描写，给我们呈现了一个极其符合传统士大夫价值取向的列女典范形象。或因如此，这一故事被稍作修改，不仅为康熙《赣州府志》所收录，亦被《江西通志》所采择。② 然而，就算是这样一个极具“教化”意义的列女事迹，其入传县志仍需缴纳“刻赀”。瑞金叶坪的谢氏族谱透露出了这一信息：

> 邑人毛烈妇，贫寡以殁，其子负薪营生，淹没数十年，无人齿及，府君为之立传载志，代捐刻赀，以发其幽光，致当事采录详请［情］，乃获建坊旌表。③

① 康熙《续修瑞金县志》卷10《人物志·烈妇》，第30—31页。

② 可参见康熙《赣州府志》卷48《烈女》；雍正《江西通志》卷102《列女》；光绪《江西通志》卷176《列女》。

③ 谢馨庭纂修：《瑞金叶坪谢氏八修族谱·显考谢公柳渡先生行述》，不分卷，民国11年（1922）修，木活字本，上海图书馆藏。

上引文中的“府君”是指康熙己丑志（1709）的主纂之一谢重拔。可见，廖氏（亦即谢氏族谱中的“毛烈妇”）的故事，正是出自谢氏手笔。谢氏为之作传并为之垫付“刻赀”，恐怕不只是为了将廖氏的事迹登载县志而发其幽光，同时也可能是为了争取政府建坊旌表以获得更多利益的机会。但不管怎样，人物入传县志需缴纳一定的费用当是可以确知的事实。事实上，向传主后人或入载艺文的作者或其后人征收“梓费”，也符合瑞金民间编修族谱中的惯例。如瑞金密溪望族罗氏，在清光绪年间所修族谱的凡例中就有如下记载：

> 旧谱艺文，无论公私文传，梓费纸张，悉皆众用。至于嘉庆十年，新谱序志文传，工切梓费，各户捐用，不动公费。①

可见，族人新增传记文章，所需梓费都得由相关家户自行承担。笔者曾试图搜集更多的资料来佐证人物入传县志须得缴纳“刻赀”这一史实，但检阅完现存七部瑞金县志以及数十种瑞金姓氏族谱，却均未发现有类似的记载。失望之余，冷静思考，其实这也并不奇怪。能将自己先辈的事迹登载于县志，自然是一件值得称说和夸耀的好事，但是，为此缴纳了费用，却并不是那么光彩，自然不宜与外人道。与此相反的事实可能是，人们总是会刻意隐瞒缴纳“刻赀”与入载县志之间的关系，县志的编纂者们则更不会在县志文本中将这一“潜规则”轻易留下蛛丝马迹。要不是谢重拔的后裔试图证明其先祖的公义公德荫及邻里，我们甚至连这条信息也无从获悉。这无疑又从一个侧面提示我们，有一方全史之称的地方县志，只不过是经由县志编纂者过滤后的有限呈现。尽管我们可能通过其不经意的“泄密”，或者合乎逻辑的推理而求得县志编纂者不乐于为后世读者所知晓的事实。但总体而言，其在县志文本中的有限呈现在很大程度上已经框定了我们的视野范围，以及主要依靠这类史料开展研究的历史工作者们

① 罗之言等纂修：《瑞金密溪罗氏六修族谱·密溪罗氏族谱凡例》，不分卷，清光绪三十四年（1908）修，木活字本，上海图书馆收藏。

的研究选题。[①]

再回到现在关注的主题。刻板与需费最少的康熙己丑志（1709）尚且征收“刻赀”，刻板与需费大得多的其余各志，同样需征费用的可能性就更大了。从依靠“负薪营生”的廖氏之子无力支付这笔“刻赀”来看，人物入传县志需缴纳的费用可能不会太低。第一章的研究表明，《人物志》是每修县志增幅居前的门类，每修县志总要在《人物志》中增入不少人物传记，康熙己丑志（1709）就增添了68位。[②] 由此可以推论，“刻赀”收入应当比较可观。同样容易引起我们联想却又有待证实的是，新增县志的艺文作者或其后人是否也同样需要缴纳一定的“刻赀”费用？如果需要，那么这同样是一笔可观的收入，因为《艺文志》是明清瑞金县志增幅最大的一个门类。

三　“诸大营建”与修志经费

通读明清瑞金县志，笔者注意到这样一个现象：大多数主修知县，在县志新修期间或之前均发起过重大公共工程的建设。具体情况，概列如下：

嘉靖壬寅志（1543）的主修知县赵勋，由其主持的云龙桥改建工程告竣于县志修成前两个月。[③] 上文已指出，这项工程耗资巨大，用银在1400两以上。

隆庆壬申志（1572）的主修知县吕若愚也在县志修成前成功兴办

① 最近主要依凭县志素材，对明代国家与社会关系研究造诣颇深的加拿大卜正民教授，在总结自己的研究体验时，坦诚地说道：“我一直使用地方志，而地方志也影响着我。地方志的性质、内容以及编纂者的利益取向，对我选择什么样的历史课题、设定什么样的问题、采用什么样的路径，都起着很重要的作用。坦率地说，假如不是某些地方志恰巧涉及明代社会与国家这一论题，就不会有本书的问世了。”参见［加］卜正民《明代的社会与国家》，陈时龙译，黄山书社2009年版，第192页。

② 据康熙《续修瑞金县志》卷10《人物志》统计。

③ 赵勋在《云龙桥勒名引》中说：“嘉靖壬寅秋八月，云龙桥成。”该引载于嘉靖《瑞金县志》卷7《文章类》中。而主纂林有年《瑞金县志序》的落款时间则是“嘉靖壬寅冬十月”。可见，云龙桥改建工程告竣于县志修成前两月。

了诸多公共工程，如修学宫书院、建忠烈祠、修严坑桥等。[①] 总耗资金，自不会少。

万历癸卯志（1603）的主修知县堵奎临，在县志修成的前一年，启动了龙珠塔的兴建，工程告竣于县志刊刻前夕，用银1800多两。[②]

万历戊午志（1618）的主修知县潘舜历，主持兴建文兴塔，工程告竣于县志刊刻前夕，耗资“凡七百金”[③]。

乾隆癸酉志（1753）的主修知县郭灿，于乾隆十八年（1753）对学宫进行了全盘翻新。[④] 据嘉庆年间知县某偕同城乡绅士，仅对学宫“东西两庑”进行修整，就费“数千有寄”[⑤] 来看，郭灿此役当耗资更巨。同年年底，县志告成。[⑥]

道光壬午志（1822）的主修知县蒋方增，自到任后至修志前，兴建颇多。如“上谕亭、文庙考棚、社坛、城隍庙、南楼、毓秀台等，凡十数处”[⑦]。蒋氏对自己的诸多兴建，也甚感满意，以至于在县志序言中说道：“经营荒度数载于兹，盖至是而邑无废举矣。”[⑧] 在蒋氏的诸多工程建设中，上谕亭、文庙、考棚、南楼、毓秀台的修建，“费钱四千九百余缗”[⑨]，重修城隍庙，则“费钱一千六百余缗”[⑩]。

上述六位主修知县均被评为瑞金名宦。县志名宦传记表明，成功创建或修缮上述地方公共工程，是他们成为名宦的重要原因。值得注意的是，诸大营建兴起于前，地方县志编修于后，营建与修志在时间

---

① 康熙《瑞金县志》卷9《艺文志》收录了吕氏为这些公共工程的兴建所作的记文：《修复绵江书院记》《新建忠烈祠碑记》《严坑桥记》等。

② 万历《瑞金县志》卷4《建设志·台塔》，第38页；谢诏：《鼎建龙珠塔记》，载康熙《瑞金县志》卷9《艺文志》，第63页。

③ 邹元标：《新建文兴塔记》，载康熙《瑞金县志》卷9《艺文志》，第65页。

④ 乾隆《瑞金县志》卷3《营建制·学校》，第4页。

⑤ 光绪《瑞金县志》卷3《营建志上·学校》，第6页。

⑥ 郭灿：《重修瑞金县志序》的落款时间是“乾隆十八年癸酉岁孟冬月”。

⑦ 光绪《瑞金县志》卷5《秩官志·名宦》，第17页。

⑧ 蒋方增：《壬午志序》，载道光《瑞金县志》，第6页。

⑨ 蒋方增：《恭修上谕亭文庙考棚南楼毓秀台碑记》，载道光《瑞金县志》卷14《艺文志》，第29页。

⑩ 蒋芳增：《重修城隍庙记》，载道光《瑞金县志》卷14《艺文志》，第32页。

上的前后相继，是纯属巧合，还是存在着某种逻辑关系？乾隆十九年（1754）后同隶宁都直隶州的瑞金邻邑石城县，其筹集修志经费的举措，或许有利于我们更好地理解上述现象的普遍存在。清代石城县修志凡四次，分别修于清顺治十五年（1658）、乾隆十年（1745）、乾隆四十五年（1780）和道光四年（1824）。除顺治志的修志经费来源不详外，其余三部县志的修志经费筹措，均与县域其他公共工程捆绑在一起。如乾隆十年（1745）《石城县志》记：

> 乾隆八年癸亥春二月，邑侯王以城垣河堪周遭水圮，历任经报未修。春涛秋涨，日铲月削，居民难以奠安。又邑志修自顺治戊戌，厥后纪载阙如。二者工浩费繁，力难独任，因倡率劝助，呈请修理，时合邑士庶，争相慕义。

乾隆四十五年（1780）《石城县志》记：

> 今上乾隆四十五年，重修邑志，建造书院。我杨侯捐俸倡之，而黄志坚等各捐银二百两首其事。于是二事并举，逾年观成。

道光四年（1824）《石城县志》记：

> 修尊经阁、城垣、志书，三事并举，大役也。经费浩繁，固藉城乡乐输以集事。然冒寒暑，关间跋涉，不辞劳贳，其功甚伟。①

石城县将修志与营建所需经费捆绑募捐的办法，收效显著。如乾隆年间的两次募资，不包括50两以下的捐银，就分别达到了6250两

① 道光《石城县志》卷6《人物志》，本节下文有关石城的相关资料均同此出处，不再一一标注。

和10090两。道光年间的募资，不包括30贯以下的捐钱，就达到了6770贯。上文已指出，修志所需经费一般用银不过几百两。因此，就清代石城县的上述几次募捐情况来看，修志经费只占整个所募资金的一小部分，而大部分募资则可用于城垣、书院等其他公共工程的建设。

明清时期，方志已经成为地方社会各种力量努力角逐和争夺的话语权力和文化资源。[①] 因此，只要有必要，地方官员利用手中掌握的这一特定文化资源，去换取地方力量掌握的资金财富，实乃符合常理的事情。清代石城县将修志与公共工程建设经费捆绑劝募的办法，或许为此作了一个很好的注脚，县志编修很可能是地方官员借机劝募资金，发动县域公共工程建设的良好时机。当然，作为交换条件，捐资达到一定数量的人员，则将在县志的适当位置拥有占据一席之地的机会。如乾隆十年（1745）《石城县志》、乾隆四十五年（1780）《石城县志》将捐银50两以上分别共计85人、90人，道光《石城县志》则将捐钱30贯以上共计123人的姓氏、乡里籍贯、官职、学历等身份性头衔，一一刊刻在县志人物志的“旌善”目中。有意思的是，道光《石城县志》将捐款达200贯的17人，经过一番技术处理，又将他们的名字与事迹重复登载于“义士”目中。为直观起见，现以17人中居于首位的“廖皆堂”为例，将其记载征引如下：

《人物志·义士》记曰：

> 廖皆堂，名选元，任浙江东阳县县丞，新坊人，捐金修尊经阁、城垣、志书。

《人物志·旌善》记曰：

① 谢宏维：《文本与权力：清至民国时期江西万载地方志分析》，《史学月刊》2008年第9期。

> 廖选元，字皆堂，新坊人，东阳县县丞。

这两则记载，存在一定的差别。首先，人物事迹的记载，详于“义士”而略于“旌善”。其次，在“义士”目中，字前名后；在“旌善”目中，则名前字后。后一个差别反映了县志编纂者们试图掩饰一人入传两目的志书硬伤。因为经过以上技术性处理，将给读者判断两人实属一人造成障碍。前一个差别以记事详略的形式提示我们，至少在县志编纂者们看来，人物传记中的不同类目，其荣誉级别是不一样的，捐款者将入传什么类目，则取决于其捐款的多少。必须指出的是，上述17位“义士”，可以确知其中至少有11位均非捐款者本人，而是捐款者的已故先人。为明乎此，下引征几例：

> 李绍初，名永长，监生，丹溪人。乐治道涂，建邮亭。其子为捐金修尊经阁、城垣、志书。
>
> 许华甫，名忠锦，儒童，耽溪人。励志读书，未三十而殁。其孤为捐金修尊经阁、城垣、志书。
>
> 潘佑皇，名长锽，旸谷人。为善克昌，其后裔孙为捐金修尊经阁、城垣、志书。
>
> 陈惟恭，名权郎，授七品职衔，大琴人。旧志载有明成化间捐谷一千石以备账，慷慨士也。裔孙以祭产余金捐修尊经阁、城垣、志书。
>
> 熊士华，名元璠，上柏昌人。有至性，三岁失怙，大母是依。大母患痈，侍汤药、抚摩、洗涤，或吮以口，历久不懈。生平笃行如此。其子为捐金修尊经阁、城垣、志书。①

以捐款者先祖的名字写入县志，其因有二：一是捐资出自这位先祖名下的族产；二是这样可以规避明清县志编修“生不入传”的惯例。明清瑞金县志的《人物志》表明，其中也有不少因为积极资助

① 道光《石城县志》卷6《人物志》。

公共工程建设而得以入传县志的人物。下略举几例：

> 杨春霆，浮乡一里人。性倜傥，轩豁多才，涉猎书史，父卒丧葬，一如古礼。事继母庶母及抚诸弟，孝谨和顺，垂老不辍，迪子孙以义。方族众有争，折之即服。岁有饥贷者，多不责其偿。知县吕若愚礼延乡饮。凡改建儒学、开城门、凿泮井、增置云龙桥之类，经划调度，悉出其手。故一时称耆德者必曰春霆。
>
> 汤抚，浮乡一里人。……架桥于潭屋林屋二渡，以利往来。改建学官，多著勤劳。知县吕若愚礼延乡饮。①

以上2人是明隆庆壬申志（1572）主修知县吕若愚主持公共工程建设时的捐资大户。又如：

> 皮日廉，有坝土四亩在东山寺南，知县潘舜历欲改河步，日廉将土送出，予之直不受。
>
> 督造巽塔助赀耆民钟仲鸣、赖学钦、杨胜掠、邓有闻、谢仲铨、谢元贤、李文任、杨可嘉、钟思化、杨万明、钟承守、胡大昊、赖朝箕、邓有祥、邓必秦、杨胜未、汤千之、廖一英、杨永揭、钟肇位、杨正晓、谢爵显，共二十三名。
>
> 曾克秦，重义好施。知县潘舜历建巽塔并建寺招僧住持，秦舍田五十亩入寺。
>
> 钟朝密，好施予，其子承都继父志，万历戊午捐田一百工入府学，又捐田一百工入县学。②

以上二十多人之入传县志“义行”，是因资助了万历戊午志（1618）的主修知县潘舜历兴造文兴塔、增添学田等公共工程的建设。其中的“钟朝密”之入传县志，是因为其子“承都”以其名誉

---

① 万历《瑞金县志》卷9《人物志·耆德》，第20—21页。

② 康熙《瑞金县志》卷8《乡贤志·义行》，第32—32、40页。

捐出了自家的田地以益学田。又如陈缘亨，因“慨捐二百金”①，支持乾隆癸酉志（1753）主修郭灿重修学宫，而被入传县志“义行”。此外，用类似“邑中诸大营建，无不倾囊相助”“邑中善事，无不尽力赞成”等语句形容的“义士”，实在太多，不胜枚举。

万历癸卯志（1603）则在县志“建设志”的“台塔”目下，将为兴建龙珠塔而出资、出力或捐地的主要人员传入其中，用“以事带人”的方式，巧妙地绕过了“生不入传”的惯例。曰：

> 塔。县西南五里，本县峰峦秀雅，江水环带，业称佳丽。惟是西南少秀拔峰。故议者以西南赤朱岭为县交牙水口位，属辛，宜建天乙贵人峰。以南方巾岭位属巽，宜建云霄状元峰，久议未就。万历壬寅冬，知县堵奎临酌合邑议，申详道府。随启邑人学录钟课，约学诸生募义。义成，复捐俸。会同钟课、赖聘、朱善卿、钟彦、许宗谟、杨永皋，举人杨以杰，监生刘希善、刘选、杨正学，庠生谢元璇、李汶、许继濂、杨以位等总督其事，慎选耆老谢仲诲、杨可俪、邓必和、谢元瑞、杨胜材、钟荣祖、刘希望、杨胜椋、邓必忠、谢仲譁、杨可佳、钟建宝、谢元贤、钟仲昂、李文任、钟思化、廖应显、廖玉琢、赖朝简、赖朝箕、杨万明、钟承守等分理其事，以故辛峰巍然耸拔，有砥柱中流之象。扁曰龙珠塔。巽峰屹然高插，有冲天凌霄之势，扁曰□□塔。庶几风气秀发，人文振起，都邑其改观云。其辛峰塔址则邑人廖应贤、廖应台等地，仗义送出，以成其美。②

上文以记“塔”的名誉，重点则是为了开列一份由上述38人组成的名单以垂永久。其中的钟课、赖聘、杨以杰、许继濂4人，又是万历癸卯志（1603）的主要编修人员。引文对劝募之事，稍事提及，着墨甚少。但不难推论，上述38人定当包括了在这次募捐中的捐款

① 乾隆《瑞金县志》卷6《人物志·义行》，第65页。

② 万历《瑞金县志》卷4《建设志·台塔》，第38—39页。

大户的名字。例如其中的朱善卿，其家素封，耗银900多两独资创建壬溪桥的朱黻，就是他的父亲。据县志的评价，朱善卿也是个乐善好施、急于公务的人，“如邑务筑毓秀台、建辛、巽、壬田三塔，文昌阁、拱辰寺、莲花仙庵诸处，皆捐赀力倡擘划”①。其中的辛塔，正是龙珠塔，估计朱氏捐赀不会太少。

可见，地方政府在编修县志之际发动公共工程的劝募活动，成功地在县志这一特定的文化资源和金钱财富之间建立了一种微妙的关联。通过这种关联，地方官员得以解决公共工程当然更包括修志的经费所需，而地方力量则依凭其经济实力谋得了在县志“权力分布图”中的相应“地盘”，将其经济资本成功地转化为文化资本。明清时期瑞金县诸大营建兴起于前，地方县志编纂于后的普遍现象，虽不乏主修知县好载己功、自书政绩的情结，更有上述微妙联系的深层原因。兴起于县志编修前的县域“诸大营建”以及随之而来的募资劝捐，无疑又是一场“义士”或其他人物类型的“创造运动”，从而为经济权力渗入县志书写增辟了路径。

① 康熙《瑞金县志》卷8《乡贤志·行业》，第9页。

第三章　瑞金县志的编纂与地方宗族

在中国传统社会，对汉人尤其是生活在乡村社会的汉人来说，宗族可谓无时不在，无处不在，它是老百姓的“一种文化和一种生活方式”①。在明清时期的瑞金县，“每姓必建立祠堂以妥先祖，每祠必公置产业以供祭祀”②。因此，不能不考虑地方宗族在县志编纂过程中的存在及其呈现方式。然而，对于大多数职业历史学家而言，地方志的意义，在于它是一个丰富的史料宝库。对地方志的素材，通过一番去伪存真的价值判断，然后将之用于重建或解释区域社会的历史过程，这是历史学界的普遍操作模式。正是在这个层面上，历史学家们给予了地方志较之族谱大得多的信任和荣誉。这是有其道理和原因的：地方志是在中央王朝的制度背景下按照一定的框架结构所作的一种公共历史记述，其中容纳了较之族谱更为丰富、更具公信力的实在性地方资料；相比之下，族谱只不过是一种“人自为书，家自为说”③ 的私家历史记述。然而，如果我们将研究的目光投向地方志的编纂过程，充分关注方志编纂主体与记述对象之间的逻辑关系，不难发现地方志尤其是最贴近基层社会的县级方志，也具有部分族谱的特征，在某种意义上，它们可能都是地方宗族彰显实力和提高声望的一种途径。

本章试图通过还原明清瑞金县志编纂者的宗族背景，考察他们以何种方式、在何种程度上将其宗族历史导入地方县志，将私家历史转

---

① 钱杭：《中国宗族史研究入门》，复旦大学出版社 2009 年版，第 2 页。

② 乾隆《瑞金县志》卷 2《舆地志 · 风俗》，第 21 页。

③ 章学诚著，仓修良编纂：《文史通义新编纂》外篇三《与冯秋山论修谱书》，浙江古籍出版社 2005 年版，第 749 页。

化为公共历史的一部分，使得地方县志呈现出私家族谱的部分特点，进而分析宗族观念掺入县志的原因。在此基础上，笔者将继以个案研究的形式，具体探讨县志编纂者将宗族成员入传县志的路径，传记形象的设计与变化及其与人物原型之间的差异，并试图进一步超越对人物传记真实性与客观性的关注，探寻宗族观念掺入县志背后可能隐含的地方士绅宗族的某种历史意识。

第一节　宗亲与姻亲：县志编纂者的宗族背景及相互关系

在这一节中，笔者将在梳理明清瑞金县志编纂姓氏的基础上，利用公藏与田野调查所获得的族谱资料，还原主导明清瑞金县志编纂姓氏人员的宗族背景及其相互关系。

一　县志编纂者的姓氏分布

据光绪乙亥志（1875）卷首“纂修姓氏”及“旧志纂修姓氏”统计，参加明清瑞金县志编纂的邑人共计85名，涵盖姓氏16个，约占明清时期瑞金县姓氏总数的13%。[①] 县志编纂姓氏的分布情况，详见表3。

表3　明清瑞金县志编纂者的姓氏分布

姓氏 县志	杨	谢	朱	钟	胡	刘	危	陈	赖	许	汤	李	廖	邓	曾	邹	合计
嘉靖壬寅志（1543）				1		1						1					2
隆庆壬申志（1572）	1		1							1	1						4
万历癸卯志（1603）	3	1		1*		1			1*	1							8
万历乙亥志（1615）																	0
万历戊午志（1618）	6*	1			1		1			1							10

① 据民国《江西通志稿》第34册《江西省各县氏族略说明》，明清时代瑞金姓氏大约有120个。

续表

县志 \ 姓氏	杨	谢	朱	钟	胡	刘	危	陈	赖	许	汤	李	廖	邓	曾	邹	合计
康熙癸亥志（1683）	6*	2	3*		3			1									15
康熙己丑志（1709）	1*	3*	2*	1	1												8
乾隆癸酉志（1753）	7*	1	1		1	1			3		1	1	1	1			18
道光壬午志（1822）	3			2		1	2	1							1		10
光绪乙亥志（1875）	3*	1		1*		2	1	2*								1	11
合计	30	9	7	6	6	5	4	4	4	3	2	1	1	1	1	1	85

注：1. 本表据光绪《瑞金县志》卷首“纂修姓氏”及“旧志纂修姓氏”制作而成；

2. 表中的数字表示参加县志编修的姓氏人数；带 * 号的数字，则表示其对应的姓氏担任了县志主纂。

据表3可知，明清瑞金县志编纂姓氏构成，呈现出两个特点：第一，不同姓氏的修志人数对比悬殊，在不同时期的县志分布中极不平衡。最多的是杨姓，修志人数多达30人次，他们分布在除了嘉靖壬寅志（1543）与万历乙卯志（1615）之外的其他所有8部县志中。最少的是李、邓、曾、邹、廖等5姓，仅有1人次，也就是说，他们在明清瑞金县志编纂史上只拥有过1次参与县志编纂的机会。第二，出任过县志主纂之职的共计11人次，他们来自杨、谢、朱、钟、赖、陈6个姓氏，其中杨姓5人次，朱、钟两姓各2人次，谢、陈、赖三姓各1人次。

由此不难看出，杨姓是明清瑞金县志编纂史上的主导姓氏。无论参与县志编纂的人数，还是出任县志主纂的人数，杨姓均以绝对优势位列各姓之首。此外，谢、朱、钟、赖等出任过县志主纂的姓氏，在明清瑞金县志编纂史上也一度拥有举足轻重的地位。

二　同姓编纂者之间的关系

想要一一还原县志编纂者的宗族背景，从理论上讲，必须以掌握所有县志编纂者的族谱资料为前提。不过，笔者还原县志编纂者宗族背景的目的，是试图进一步探讨县志编纂者在县志编纂过程中是否掺入了宗族意识。如果是，他们以何种方式、在何种程度上掺入了宗族意识。因此，在下面的分析中，笔者将以参加明清县志编纂人数最多的杨、谢、朱三姓为例，进行重点考察。

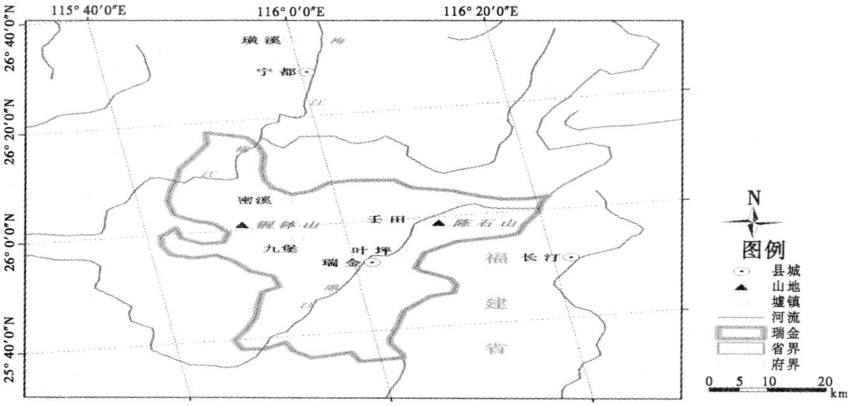

图 2　西门杨氏、壬田朱氏和叶坪谢氏居地分布

据笔者掌握的三十余种瑞金族谱资料及深入瑞金田野调查留下的印象，瑞金姓氏族系相当复杂。同一姓氏来自十几个甚至几十个不同开基祖的并不罕见。据《瑞金刘氏首次联修总族谱》介绍，瑞金刘姓共有 39 个支派，他们主要来自邻近的广东兴宁、惠州，福建长汀、上杭、武平，以及江西本省的于都、安远、泰和、吉水、抚州等地。①这些有着不同开基祖的相同姓氏，基本上建有各自的宗祠，编有各自的族谱。不过，从明清时期参与县志编纂的杨、谢、朱姓的情况来看，参修县志的同姓人员却大多集中在有着相同开基祖的某一个宗族甚至其中的某一个房支那里。

先以参修县志人数最多的杨姓为例。据说自宋元至明清，从邑外相继迁入瑞金县的杨姓有 18 支，其中影响较大的 4 支，它们按照相对以县城为中心的居地方位，素分“东杨”“南杨”“西杨”和“北杨”②。但是，据民国《瑞金西门杨氏七修族谱》③可以确知，在上述

① 《瑞金刘氏首次联修总族谱》，1996 年。

② 瑞金西杨氏史记编撰小组编：《瑞金西杨氏史记》，2004 年，第 17—18 页，赣南师范学院客家研究中心藏。

③ 民国《瑞金西门杨氏七修族谱》“瑞金西门杨氏族谱世系图”，民国 37 年（1948）铅印本，上海图书馆藏，第 1—64 页。

参加县志编纂的杨姓30人次中，至少有25人次来自西门杨氏（即“西杨”），5位杨姓主纂则全部来自西门杨氏。据说西门杨氏于南宋由邻邑兴国县迁入，开基祖是杨朝奉。这25人次，分布在西门杨氏的第十五世至第二十三世的每个世代，以及第二十五、三十四和三十六世之中。具体情况是，第十五世1人次：杨可依；第十六世3人次：杨永昌、杨永安、杨长世（康熙癸亥志主纂）；第十七世6人次：杨以杰（2次，万历戊午志主纂）、杨以任、杨以位、杨以兼（2次，康熙癸亥志主纂）；第十八世2人次：杨兆凤、杨兆言聑；第十九世1人次：杨枝高；第二十世1人次：杨方英；第二十一世4人次；杨于位（乾隆癸酉志主纂）、杨于渊、杨于庄、杨于节；第二十二世1人次：杨其濂；第二十三世1人次：杨元植；第二十五世1人次：杨家寿；第三十四世2人次：杨本初（光绪乙亥志主纂）、杨国芸；第三十六世1人次，杨道仑。上述西门子弟，大多又是九世祖杨存义的后裔。其中，杨长世与杨以兼是父子关系，他们曾一起编纂康熙癸亥志（1683），并分别担任了康熙癸亥志（1683）与康熙己丑志（1709）的主纂；杨以杰与杨以位是兄弟关系，他们一起编纂了万历戊午志（1618），杨以杰任主纂。因此，与其说是瑞金杨氏，不如说是瑞金西门杨氏主导了明清瑞金县志的编纂。

又如谢姓。瑞金谢姓的族源也相当复杂，如有“北关谢氏”“谢坊谢氏”“叶坪谢氏”等。但据清道光《瑞金叶坪谢氏六修族谱》和民国《瑞金叶坪谢氏八修族谱》① 可以确知，在参修县志的9人次中，至少有7人次是来自叶坪谢氏。叶坪谢氏奉南宋由兴国县迁入瑞金的谢宣郎为其开基祖。参修县志的7位叶坪谢氏子弟分别是：第十七世的谢元赏；第十八世的谢长达；第二十世的谢聘；第二十一世的谢重拔（康熙己丑志主纂）、谢重扬、谢重挥；第二十四世的谢柏峤。其中，谢重拔、谢重挥、谢重扬是兄弟关系，他们一起参加了康

① 道光《瑞金叶坪谢氏六修族谱》“敏太位下禄公乾略房”，道光二十九年（1849）木活字本；民国《瑞金叶坪谢氏八修族谱》（不分卷），民国11年（1922）木活字本。两谱均藏于上海图书馆。

熙己丑志（1709）的编纂；谢聘是他们的父亲，任康熙癸亥志（1683）的“校阅”，谢柏峤是谢聘的玄孙，任乾隆癸酉志（1753）“校阅”。

再看朱姓。瑞金朱姓，族源同样繁杂。仅叶坪乡朱坊村，就有两支拥有不同开基祖的朱姓，即“朱坊朱氏”和“贯下朱氏”。迨至20世纪80年代，他们分别建居35代和30代，人口都在千人以上。[①] 由此推算，至迟于宋代，他们就已移居瑞金。然而，参加明清瑞金县志编纂的朱姓人员，主要并非来自“朱坊朱氏”，也非来自“贯下朱氏”，而是来自“壬田朱氏”。据清修《瑞金壬田朱氏六修族谱》[②] 可以确知，在参修明清瑞金县志的7人次中，至少有5人次是来自壬田朱氏。壬田朱氏于明初洪武年间由赣州八角井迁入瑞金，奉朱必高为其开基祖。[③] 参修县志的4位壬田朱氏子弟，分别是第九世的朱康侯（康熙癸亥志主纂）和朱世官，以及第十世的朱云映（康熙己丑志主纂）和朱大仁。朱康侯与朱云映，朱世官与朱大仁分别是父子关系，朱康侯与朱世官则是同高祖兄弟。其中，朱大仁先后参加过康熙癸亥志（1683）和康熙己丑志（1709）两届县志的编纂。

综上可见，参修县志的同姓人员之间，大多都是拥有相同开基祖的宗亲关系，甚至父子兄弟同修一部县志或者接连续编县志的情况也并不少见。

三 异姓编纂者之间的关系

除了同姓修志人员之间几乎都是宗亲关系外，异姓修志人员之间大多则有姻亲关系。例如共同掌控着清康熙癸亥志（1683）和康熙

① 瑞金县人民政府地名办公室编印：《江西省瑞金县地名志》（内部资料），1985年，第206页。

② （清）《瑞金壬田朱氏六修族谱》（不分卷），修于清代，具体时间不详，木活字本。该谱仅存1册，为“经太房”“瑞太房”“廉太房”“銮太房”世系，上海图书馆藏。

③ 《瑞金壬田朱氏八修族谱·序》第1册《瑞金壬田莲塘朱氏八修族谱序》，1993年，第1页。注：该族谱是在笔者进行田野考察时，由瑞金市壬田镇下街老屋朱广京先生（1940— ）提供，特此说明和致谢。

己丑志（1709）编纂的上述西门杨氏、叶坪谢氏和壬田朱氏均属姻亲。在康熙癸亥志（1683）中，有两位主纂，他们是杨长世和朱康侯，后者却是前者的侄外甥。参修康熙癸亥志（1683）的另外两名朱姓人员朱世官与朱大仁，上文已提及，他们是父子关系，朱世官与朱康侯则是同高祖兄弟。其中，朱世官又是西门杨氏的女婿，朱大仁则为西门杨氏的外甥。参修康熙癸亥志（1683）的谢聘，也是西门杨氏的女婿。在康熙己丑志（1709）中，杨以兼、朱云映、谢重拔3人同任县志主纂。参修康熙己丑志（1709）的朱氏2人：朱云映、朱大仁；谢氏3人：谢重拔、谢重挥、谢重扬；其中，朱云映是杨以兼的侄女婿；谢重拔三兄弟则是西门杨氏的外甥。也就是说，所有参修清康熙癸亥志（1683）与康熙己丑志（1709）的叶坪谢氏与壬田朱氏子弟，无一不是西门杨氏的女婿或外甥。

实际上，上述3个异姓修志人员之间的姻亲关系，还可以追溯得更远。例如，万历癸卯志（1603）的“纂集”谢元赏的哥哥，即由举人官至禹州知州的谢元贺，他自己和一子两孙均娶妻于西门杨氏。其中，元贺长孙启彦，是万历戊午志（1618）主纂杨以杰的女婿，次孙启章是万历癸卯志（1603）“纂集”杨正文的女婿。[①] 又，参修万历戊午志（1618）的谢长达及其子启瀛、孙邦宷，连续三代娶妻于西门杨氏。康熙癸亥志（1683）“校阅”谢聘及其子重捷、孙松暄也是连续三代娶妻于西门杨氏。[②] 康熙癸亥志（1683）主纂朱康侯，不仅他的母亲来自西门杨氏，他的一个姑姑则嫁给了康熙癸亥志（1683）的另外一位主纂杨长世的堂兄弟杨永任，一个堂妹嫁给了杨长世的侄子杨以经，他的三个同胞姐妹全都嫁给了西门杨氏子弟。[③] 此外，壬田朱氏与叶坪谢氏之间也是姻亲关系。例如，朱康侯是谢长达的女婿，后来，朱康侯又将长女嫁给了叶坪谢氏子弟谢道珍；朱世

① 邹元标：《禹州刺史一庵公墓志铭》，载《瑞金叶坪谢氏九修族谱》第1册《艺文纪》，1995年，第45—46页。

② 《瑞金叶坪谢氏九修族谱》第2册《乾道太世系》，1995年，第128—129页。

③ （清）《瑞金壬田朱氏六修族谱》“瑞太房”，第42—46页。

官的继母，来自叶坪谢氏；康熙己丑志（1709）主纂朱云映的儿子，则娶了康熙己丑志（1709）另一位主纂谢重拔的侄女。[①] 可见，西门杨氏、叶坪谢氏、壬田朱氏，在共同掌握县志书写权的明清之际，形成了以西门杨氏为核心的相对稳定的通婚圈，可谓沾亲带故，盘根错节。

在整个明清瑞金县志编纂史上，县志编纂人员之间的宗亲或姻亲关系，不只限于上述三个姓氏宗族的人员之间。又如胡氏，参修明清瑞金县志共计6人次，分别是胡来章、胡来贺、胡朝极、胡裕昆（2次）、胡文绣。据民国《瑞金县孔胡氏族谱》，[②] 他们之间都是宗亲关系，奉元末移居瑞金的胡从周为其开基祖。其中，胡来章与胡来贺是亲兄弟，他们分别参加了万历戊午志（1618）与康熙癸亥志（1683）的编纂。参修康熙癸亥志（1683）的胡朝极，他的堂姐是康熙癸亥志（1683）主纂杨长世的儿媳妇；[③] 他的孙女嫁给了谢聘的孙子。[④] 先后参加康熙癸亥志（1683）和康熙己丑志（1709）编纂的胡裕昆，他的曾孙女则嫁给了康熙己丑志（1709）主纂谢重拔的侄孙。[⑤]

通过以上考察，可以得出以下结论：首先，明清瑞金县志书写权掌握在少数姓氏宗族手中，绝大多数姓氏宗族（约占87%）无缘直接参加县志编纂。其次，尽管瑞金县的姓氏族源相当复杂，但是参加县志编纂的姓氏人员又主要集中在某一个宗族甚至是某一个房支那里。再次，在异姓修志人员之间，大多存在着姻亲关系；当然，除了姻亲关系外，异姓修志人员之间也往往有文化世交关系，对此，笔者将在第四章中进行详论。最后，明清瑞金县志的编纂大权实际上是由西门杨氏、叶坪谢氏、壬田朱氏以及由他们结成的姻亲集团所控制。当然，西门杨氏在明清瑞金县志编纂史上的主导地位，显然得益于他

① 民国《叶坪谢氏八修族谱》第4册“艺文纪”，第134—136页。

② 民国《瑞金县孔胡氏族谱》，民国18年（1929），木活字本，上海图书馆藏。

③ 杨长世：《明经胡公虎文墓志》，载民国《瑞金县孔胡氏族谱》，第74—75页。

④ 《瑞金叶坪谢氏九修族谱》第1册《艺文纪》，1995年，第67页。

⑤ 民国《叶坪谢氏八修族谱》第4册“艺文纪”，第134—136页。

们是明清时代瑞金县域科举宦业最为成功的家族。① 明代瑞金出文举人9人，西门杨氏占其三；文进士2人，西门杨氏占其一。清代瑞金出文举人33人，西门杨氏占其九；文进士3人，西门杨氏占其二。登载于县志的明清时期由科举成功入仕的西门杨氏子弟多达四十余人，位列瑞金各姓氏之首。② 其中，杨以杰由举人在明万历年间官至贵州都匀知府；杨方立则由进士于清乾隆年间官至鸿胪寺正卿，他们分别是县志所载明清两代瑞金县品级最高的官员。叶坪谢氏与壬田朱氏在清康熙癸亥志（1683）和康熙己丑志（1709）编纂中的地位举足轻重，与之相对应的是，明清之际也是这两个家族在科举宦业上最为成功的历史阶段。叶坪谢氏所出的3位举人，壬田朱氏所出的2位举人，都是集中在明末清初。③ 因此可以说，是否有人参加县志编纂，是否拥有县志主纂之职，或者何时参加以及何时拥有县志主纂之职，从一个侧面反映了以科举宦业为核心的宗族实力及其升降态势。

第二节　化私为公：宗族观念对县志的渗透

少部分地方宗族对县志编纂过程的控制，无疑为它们将宗族历史导入县志，将私家历史转换为主流意识形态所认同的公共历史创造了有利条件。在明清瑞金县志编纂史上，掌握着县志编纂权的宗族，也自然不会轻易错失这个提高宗族声望的绝好机会。他们在人物志中为宗族成员立传，在艺文志中收录宗族成员的诗文，在其他各个卷类门目中设法安插有利彰显宗族地位的资料，掺入了强烈的宗族观念，使

---

① 关于瑞金各姓氏在县域科举中的地位，参见文后的附录3《明清时期瑞金县的进士、举人统计表》（第268—269页）和附录4《明清时期瑞金县的贡生姓氏分布表》（第270页）。

② 光绪《瑞金县志》卷6《选举志》。

③ 叶坪谢氏的3位举人分别是：谢元贺，万历十六年（1588）举人；谢聘，康熙二年（1663）举人；谢重扬，康熙四十四年（1705）举人。壬田朱氏的2位举人分别是：朱国卿，明天启四年（1624）举人；朱世官，清顺治十七年（1660）举人。详见光绪《瑞金县志》卷6《选举志》。

得明清瑞金县志呈现出私家族谱的部分特征。

一 在人物志中设法编排宗族成员的传记

县志编纂者将宗族历史导入地方县志最通常的做法，是为宗族成员作记立传，安排在县志人物志的相关条目之下。只要我们对县志编纂者和入传县志人物的宗族背景稍加留意，就不难发现，几乎没有一位县志编纂者没有在县志人物志中为其直系祖先或宗族成员谋得一席之地。例如，在康熙已丑志（1709）中，8位县志编纂人员的父亲，无一例外地被写入了县志。除此之外，我们至少还可以确定的是，其中的谢重拔为自己的一个亲弟弟（谢重扬）、杨以兼为两个堂兄弟（杨以称、杨以旦）和两个族侄（杨兆凤、杨兆屿），朱大仁为自己的堂叔（朱世荣），分别在县志人物志中安排了传记。①

又如在康熙癸亥志（1683）中，县志主纂朱康侯的父亲朱文绍、祖父朱彦、曾祖朱黼、高祖朱明瑞，或被入传“乡贤”，或被入传“义行”。县志“校阅”朱世官的父亲朱儒褒、祖父朱善卿，曾祖父朱黻，高祖朱明瑞（与朱康侯同），或被入传“乡贤”，或被入传“义行”。县志“校阅”谢聘的父亲谢命爵、祖父谢长震，分别被入传“孝友”和“义烈”；县志“参订”胡来贺的两位哥哥胡来章与胡来向，分别被入传“文学”和“隐逸”，胡来贺本人则被入传“义行”；县志“参订”胡朝极的父亲胡奉晓、祖父胡尚隹，一并被入传“义行”；县志“参订”谢惟璧的父亲谢京显，也被入传“义行”②。又如在乾隆癸酉志（1753）中，县志主纂杨于位的父亲（方和）、伯父（方申）、叔父（方仁）三人均被入传“孝友”，县志“董修”刘份和赖定俸，把父亲刘琛和赖圣综也一起入“孝友”。有的县志甚至出现了县志编纂者儿子的传记。如康熙癸亥志（1683）主纂杨长世的亡子杨以凌被入传“文学”③；康熙已丑志（1709）“校阅”朱大

① 康熙《续修瑞金县志》卷10《人物志》，第7、9—12、22页。

② 康熙《瑞金县志》卷8《乡贤志》，第5、9、18、20、30、38、39、42页。

③ 康熙《瑞金县志》卷8《乡贤志·文学》，第26页。

仁的亡子朱永京则被入传“孝友”[①]。以上所列，仅仅是根据县志传记本身提供的信息，就可以确认传主与县志编纂者之间是亲属关系的例子。事实上，在新增人物传记中，与县志编纂者有亲属关系的传主，其人数肯定将更多。

作为地方望族的西门杨氏、壬田朱氏和叶坪谢氏，他们在明清时期的科举仕宦相对成功。因此，符合入传县志条件的宗族成员也自然更多，这是毋庸置疑的。但必须注意的是，被入传县志的人，未必就是符合入传条件的人；相反，符合入传条件的人，也未必都能被入传县志。事实上，拥有了参加县志编纂的机会，也往往意味着拥有了将其直系祖先或宗族成员入传县志的机会。上述参修康熙癸亥志（1683）的朱康侯与朱世官两位同高祖兄弟，一次性将他们未被旧志收录的自父亲至高祖的所有父系直系先辈全部推向县志，这已经是个颇具夸张的佐证了。现再以万历癸卯志（1603）新增的“孝友”杨存义为例，以资补证。其记如下：

> 杨存义，浮乡一里人。天性孝友，自以家业凉薄，乃尽父所遗与诸弟。己独竭力开拓，家业数倍于前。及析居，召四弟四子八分均分之。又置赡祭、赡学、赡军、赡差田，共一千五百工与通族共，庶几文正公之遗。年八十九卒。乡人至今仰之。[②]

在此暂且不论杨氏孝友事迹的真实性，据西门杨氏族谱，杨存义“生于明洪武癸丑，殁于天顺辛巳”[③]。然而，其孝友事迹没有被载入离其去世最近的82年后所编纂的明嘉靖壬寅志（1543），却被载入了离其去世更远得多的142年后所编纂的明万历癸卯志（1603）。个中原因，显然是因为明万历癸卯志（1603）有其直系后裔杨以杰等人参加编纂，而嘉靖壬寅志（1543）却不具备这个条件，其时西门杨

① 康熙《续修瑞金县志》卷10《人物志·孝友》，第21页。

② 万历《瑞金县志》卷9《人物志·孝友》，第9页。

③ 民国《瑞金西门杨氏七修族谱》“应景仕存时”，第5页。

氏尚未参加县志编纂。迨至清乾隆癸酉志（1753），杨存义则被安排在了人物志“孝友”类中的第一位。康熙己丑志（1709）的“校阅”之一钟定晖，也是一个典型的例子。钟氏通过“补遗”的方式，将逝于清顺治年间却未被康熙癸亥志（1683）入传的父亲钟吕安排在人物志的“文学”目下。① 类似的例子实在太多，不胜枚举。

正是因为这些地方望族既具备入传县志的客观前提，又主导着县志编纂的权力，所以造成每修县志的新增人物，绝大多数都来自县志编纂人员所在的宗族。以明万历癸卯志（1603）为例，该县志新增人物32位，其中来自编纂姓氏（钟、赖、杨、谢、许）所在的宗族23人，约占新增人物总数的72%；再以清康熙己丑志（1709）为例，该县志新增人物68位，其中来自编纂姓氏（杨、钟、谢、朱、胡）所在的宗族43人，约占新增人物总数的63%。在非县志编纂姓氏的新增人物中，可能还有相当一部分是县志编纂人员的亲戚或朋友。例如，康熙癸亥志（1683）中新增“义行”中的胡炳，是县志主纂杨长世的亲家。② 康熙己丑志（1709）新增“义行”中的“王万祥”，是县志主纂朱云映的姐夫；③ 新增“义行”中的“李茂阳”，则是另外一位主纂谢重拔的岳父。④

在县志中安插宗族成员为那些长期控制着县志编纂权的宗族，在人物志的编排中努力体现宗族世系的部分特征创造了有利条件。西门杨氏、叶坪谢氏和壬田朱氏仍然不失为我们观察这一点的好案例。检阅清乾隆癸酉志（1753），只要我们将人物志中的人物联系起来，就

① 康熙《续修瑞金县志》卷10《人物志·文学》，第20页。

② 康熙《瑞金县志》卷8《乡贤志·义行》。另，杨长世《明经胡公虎文墓志》，载民国《瑞金县孔胡氏族谱》：“公姓胡，名炳，字虎文，……（生）女二人，一适予四子以凌，一适郭仞恺，俱为诸生。”

③ 康熙《续修瑞金县志》卷10《人物志·义行》；（清）《瑞金壬田朱氏六修族谱》，第46—47页。“瑞太房·日卿儒世大”记：“世蕃，名康侯，……子三：四龙、霞炳、云映；……女二：长适庠生王万祥。”

④ 康熙《续修瑞金县志》卷10《人物志·义行》；谢涛《显考谢公柳渡先生行述》。载《瑞金叶坪谢氏九修族谱》第1册《艺文纪》，1995年，第67页。“（谢重拔）元配我母李孺人，乡饮正宾李公讳茂阳女。”

不难发现，经过此前几代参加县志编纂族人的努力经营，上述三个宗族都已经层累地构建起了长长的宗族父系传记链。相对其他姓氏宗族，长期主导着县志编纂的西门杨氏构建的父系传记链也最长，从第七世至第二十二世的每个世代，都有宗族成员入传县志，这些传主大多是担任过县志主纂的杨以杰、杨长世、杨以兼、杨于位等人的直系九世祖杨存义的后裔。类似的情形复见于叶坪谢氏和壬田朱氏。从大量入传县志的叶坪谢氏宗族成员中，可以梳理出一条叶坪谢氏自第十六世至第二十二世的完整父系传记链；其中绝大多数宗族成员，又都是担任过县志主纂的谢重拔的直系十六世祖谢乾道的后裔。从大量入传县志的壬田朱氏宗族成员中，可以梳理出一条壬田朱氏自第四世至第十一世的完整父系传记链，传主则无一例外是担任过县志主纂的朱康侯、朱云映的直系四世祖朱荣盛的后裔。

县志编纂者不仅努力将宗族父系传记导入人物志，而且设法在唯一向妇女开放的贞、孝、节、烈中安排其宗族妇女的传记。例如，隆庆壬申志（1572）的编纂人员许宗庆，将其亡妻刘氏入传“贞节”；万历癸卯志（1603）的编纂人员谢元贺，将其直系十三世祖谢惟节之妻刘氏入传“贞节”①；康熙癸亥志（1683）的主纂朱康侯，将其四位族祖（朱锦、朱章、朱邦卿、朱儒弦）之妻入传“贞节”②；康熙己丑志（1709）的主纂谢重拔，将其堂叔（谢邦骝）之妻入传“节妇”③；乾隆癸酉志（1753）“校阅”谢柏峤将其祖母赖氏入传“节孝”；乾隆癸酉志（1753）的“董修”赖定俸，在“节孝”中安插的宗族妇女，更是多达十人。④ 事实上，县志中的绝大多数节烈妇女，正是来自编纂姓氏所在的宗族。以清乾隆癸酉志（1753）为例，据笔者统计，该志新增节孝妇女共计117人，其中有86人来自县志编纂姓氏所在的宗族，约占新增节妇总数的74%。主导着乾隆癸酉

① 万历《瑞金县志》卷9《人物志・贞节》，第16页。

② 康熙《瑞金县志》卷8《人物志・贞节》，第51页。

③ 康熙《续修瑞金县志》卷10《人物志・节妇》，第33页。

④ 乾隆《瑞金县志》卷7《人物志・节孝》，第94、95、113页。

志（1753）编纂的西门杨氏，更是一姓独大，在乾隆癸酉志（1753）中安插了32位宗族妇女的传记，约占新增节孝妇女总数的27%。

必须指出的是，在明清中央王朝颁布的修志凡例中，对入传方志的人物往往会有一个指导性意见，正如下文将提到的明永乐十六年颁发的《纂修志书凡例》。省、府檄修方志，一般也会下发类似的指导意见。这类指导意见，对人物传记会有一个类别化的要求，旨在统一方志体例，而对大多数人物类型的立传条件却并没有明确规定。各县编纂地方志时，则会在参照这些意见后，结合当地实际拟定人物类别与立传原则。这些原则一般反映在县志的“凡例”或人物志卷下小目之中。但是，在明清瑞金县志的人物传记中，除了个别类型的人物传记对传主生平事迹有刚性的要求，例如入传县志的“节妇”一般必须达到“守志年逾五十”的条件；[①] 而对于其他诸如文苑、孝友、义行等大多数门目中的传主的生平事迹，却往往缺乏刚性要求而具有很大的弹性。这就为县志编纂者们滥立传记，实现私人目的留下了极大的运作空间。难怪道光壬午志（1822）主修兼主纂瑞金知县蒋芳增批评说：“旧志于文苑、义行二册，审择未当，荃艾杂收。”[②] 可以想见的是，“荃艾杂收”的现象自不会仅限于“文苑”与“义行”，只不过在这两种人物类型中表现得尤其突出而已。甚至像“忠烈”此类被赋予了很高政治伦理和道德伦理的人物类型，县志编纂者仍然有很大的操弄空间。对此，本章第四节中将有专门讨论。

二　在其他卷类门目中安插有关宗族的资料

县志编纂者不仅在人物志中为自己的直系祖先和宗族成员立传，构建起宗族父系传记链，努力体现宗族世系的部分特征；而且在其他各卷目中也安插了大量有利于彰显宗族社会地位的记录：有关宗族成员的诗文、第宅、坟墓、义举、人际关系、正面传闻等。

艺文志是县志编纂者安插宗族资料的重要门类。他们将自己和宗

---

① 乾隆《瑞金县志》卷首《凡例》，第4页。

② 道光《瑞金县志》卷首《凡例》，第2页。

族成员的诗文大量登载于其中，如康熙己丑志（1709）收录诗文68篇，其中，有28篇的作者是县志编纂者自己；有24篇的作者是县志编纂者的宗族成员；其余16篇的作者，除了地方官员，都是县志编纂者的亲戚或朋友。① 在康熙己丑志（1709）中，登载诗文最多的是县志主纂朱云映，多达10篇，约占整个新增诗文篇数的15%。在收录县志的诗文中，有相当一部分是以县志编纂者或其宗族成员为记录对象的作品，或描写其居处园囿，或彰显其社交关系，或寄托对县志编纂者宗族成员的追悼哀思。如康熙己丑志（1709），就收录了以县志主纂杨以兼的居所“适园”为题材的诗作11首；康熙癸亥志（1683）则收录了反映县志主纂杨长世方外之交的诗作4首以及悼念其族侄杨以任的诗作14首。在某种意义上，艺文志被县志编纂者异化成了展示自身文学才情和建构宗族文化形象的平台。

在舆地志、食货志、营建志、祀典志、杂志等其他各种卷类门目中，也同样插入了各种表征县志编纂者及其宗族社会地位的东西：为民请命的先祖、县域公共工程的首事、地方兵防的领导、族人的枋表坟墓、精美的园囿、吉祥的预兆等。例如康熙己丑志（1709），就有数十处关于县志主纂杨以兼及其族人修学宫、寺庙、桥梁、台塔等善举义行的记录。如“地舆志”补载“东华山”条曰：

> 东华山，山有仙人足迹，宛然石上。其巅旧立庙，中祀玄帝。岁久朽蠹，将塌。康熙四十六年，邑人杨以兼、杨方英、谢重拔、刘芳圣同僧继登拆卸重建。②

这条补充，与其说是记山岭，不如说是传人事，旨在记录县志编纂者杨以兼、谢重拔等人的修庙义举，颇有不分主次之嫌。乾隆癸酉志（1753）的编纂者显然意识到了这点，因此在重修县志时将之改撰如下：

---

① 康熙《续修瑞金县志》卷8《纪言志》、卷9《诗》。

② 康熙《续修瑞金县志》卷2《地舆志》，第5页。

> 东华山，县东十五里，石峰硉矶，相传昔有神人游此石上。足迹宛然，俗呼为“赤脚仙”。上有亭，可远眺；下建兰若，特幽邃。①

此外，县志编纂者还设法在相应门目中建构其先祖曾为地方社会舍身谋福祉的公义形象。例如，明万历癸卯志（1603）“里甲”目下就插入了如下内容：

> 洪武年间，本县膏腴田业被军占为七十二屯而不载粮，以致虚粮重累。浮乡一里民杨景华，因充粮长经解，奋然漆头奏闻，命未下而归卒于采石。其子仕隆、仕忠复题结正。钦差官临县踏勘，遂将虚粮派入军屯，以纳子粒，因并图分作五乡八里，民始得苏。②

关于瑞金乡里的古今演变，明嘉靖壬寅志（1543）早有论述，称古有四乡十九里，今为五乡八里，至于里甲数量大减的原因，其中只言“俱久废”，并未提及杨景华父子的故事。③将这则故事安插进来的，显然是参加这次县志编纂的杨景华的裔孙杨以杰、杨可依等人。生活在距离万历癸卯志（1603）的编纂两百多年前的杨景华，其父子三人为乡民奏减浮粮的故事是否真实可信，瑞金乡里数量的演变与他们是否真有关联？囿于史料，我们均已经无从考证。但西门杨氏自此却多了一项话语资本。如康熙癸亥志（1683）“杨以称”传曰：

> 杨以称，字维修，……洪武时，其祖景华自漆其头，为一邑奏免虚粮，今称复为一邑革除里役，可谓世德相承，利及百

① 乾隆《瑞金县志》卷1《舆地志上》，第27页。

② 万历《瑞金县志》卷3《食货志·里甲》，第8页。

③ 嘉靖《瑞金县志》卷1《地舆志·乡里》，第9页。

世云。①

又如乾隆癸酉志（1753）对“杨存义”的传记修改补充曰：

> 杨存义，父仕忠，即继伯父景华为邑人吁免虚粮者，天性孝友，自少力田养亲，友爱诸弟，……今子姓繁衍，簪缨不绝，人以为孝友之报云。②

县志编纂者还在“杂志”门中，安插了大量有关其族人的传说故事。例如，乾隆癸酉志（1753）就插入了县志主纂杨于位的族人杨长世、杨以兼、杨以杰、杨枝远、杨尔宽等多人的传闻。③ 这些传闻，或言传主人格高尚而诚信无欺，或言传主富贵官阶早有命定，或惋惜传主才学非凡却英年早逝等。与“杂志”中其他诸如因果报应的负面人物故事类型不同，只要是关涉县志编纂者族人的故事，无一不是正面形象的类型。

更有意思的是，有的县志卷首之图，也成了县志编纂者及其宗族成员展示绘画技艺和文学素养的文化长廊。如康熙癸亥志（1683），卷首有图12幅，其中的8幅风景图（所谓“绵江八境”），均有题诗落款，每一幅图的署名要么是县志编纂者自己，要么是其宗族成员。不知出于什么考虑，乾隆癸酉志（1753）的编纂者在刷新这8幅图时，将图上的题诗落款一一抹去。这在客观上有利于彰显地方县志乃“天下公器”而非私人著述或一家之史的性质。然而，在清道光壬午志（1822）和光绪乙亥志（1875）的卷首之图中，作者的署名再次重现，并由风景图扩展到了包括县境图在内的所有卷首之图。

综上所述，如果仔细检阅明清瑞金县志，将不难发现，县志编纂者几乎垄断了每一次县志编纂的新增内容，在各卷目中安插了体现宗

① 康熙《瑞金县志》卷8《乡贤志·行业》，第15页。

② 乾隆《瑞金县志》卷6《人物志·孝友》，第7页。

③ 乾隆《瑞金县志》卷8《艺文志·杂记》，第7—8页。

族地位和声望的文献资料，尤其是在人物志的编排中努力体现宗族世系的部分特征。他们之所以能做到这一点，一方面是以其宗族的实力、能力和权力，具备更多为方志记录的客观前提；另一方面得益于他们对县志编纂过程的直接操控。

第三节　内在理路与外力交织：宗族观念掺入县志的原因

宗族观念对县志的渗透，并非明清时期瑞金县的孤立现象。清代学者章学诚对方志“原属天下公器，非一家墓志寿文”① 的批评，从一个侧面反映出这种现象可能还比较普遍。美国学者戴思哲对万历《新昌县志》②、刘永华、朱忠飞对道光《平和县志》的研究，也在一定程度上支持了章氏的批评和本书的判断。③ 笔者认为，明清时期宗族观念对县志的渗透，是方志发展的内在理路与明清时期宗族观念的强化、地方官绅之间的互利合作关系等多种因素复杂交织的必然结果。

一　方志记事范围的拓展

地方志的名称和形式，有一个演进的过程。自东汉迄于北宋，千余年间，曾以地记、地志、图经等名称和形式长期流行。迨至南宋，发展成为定型方志。与之相应，方志的记事范围，也有一个演进的过程。在隋唐之前，方志是专记地理沿革的地理书。北宋以降，方志记事由地理沿革拓展至人文历史。乐史编纂的地理总志《太平寰宇记》

---

① 章学诚著，仓修良编纂：《文史通义新编纂》外篇四《答甄秀才论修志第一书》，浙江古籍出版社2005年版，第841页。

② ［美］戴思哲：《谈明万历〈新昌县志〉编纂者的私人目的》，载王鹤鸣主编《中华谱牒研究》，上海科学技术文献出版社2000年版，第156—162页。

③ 刘永华、朱忠飞：《道光〈平和县志〉介评》，载国家图书馆古籍馆编《第二届地方文献国际学术研讨会论文集》，国家图书馆出版社2009年版，第257—264页。戴思哲通过对县志编纂过程的分析，认为掌握着县志书写权的吕、潘、俞三个家族试图将万历《新昌县志》编成他们的“公共族谱”。刘永华与朱忠飞注意到，出自曾泮水一人之手的道光《平和县志》，也掺插了作者一定的宗族意识。

被认为是后世方志记录人物、艺文的滥觞之作，“后来方志必列人物、艺文者，其体皆始于史。盖地理之书，记载至是书而始详，体例亦自是而大变”①。流风所及，迨至元、明以降，既往方志重地理轻人文的现象发生了根本逆转，四库馆臣谓：“元明以后，体例相沿。列传侔乎家牒，艺文溢于总集。末大于本，而舆图反若附录。其间假借夸饰，以侈风土者，抑又甚焉。”②

清乾嘉年间，以戴震为代表的“地理派”和以章学诚为代表的“历史派”之间的论争，反映了学者们对此前方志发展历程的反思和理想目标的不同主张。很显然，章学诚“志属史体”“方志如古国史，非地理专门”“方志乃一方之全史”等观点，相对戴震“志以考地理，但悉心于地理沿革，则志事已竟”③的观点，是对隋唐以降方志发展脉络与趋势更切实际的反映。明清时期的地方志，无论在中央王朝的理想设计中，还是在具体的编纂实践中，都远远超出了地理沿革的范围。例如明永乐十六年颁布《纂修志书凡例》，其对人物、艺文的收录，已经相当宽泛。曰：

> 人物，俱自前代至今本朝贤人、烈士、忠臣、名将、仕宦、孝子顺孙、义夫、节妇、隐逸、儒士、方技，及有能保障乡闾者并录。
>
> 诗文，先以圣朝制诰别汇一卷，所以尊崇也。其次古今名公诗篇纪序之类，其有关于政教风俗、题咏山川者，并收录之。④

明清瑞金县志的编纂，经历了从无到有，从简略到繁复，从初创

① （清）纪昀总纂：《四库全书总目提要》卷68《史部二十四·地理类一》，河北人民出版社2000年版，第1816页。

② 同上书，第1813页。

③ 章学诚著，仓修良编纂：《文史通义新编纂》外篇四《记与戴东原论修志》，浙江古籍出版社2005年版，第884页。

④ 黄苇主编：《中国地方志辞典》，黄山书社1986年版，第677页。

时借助“他者”之笔的“被书写”，到由地方士绅控制县志编纂的“我书写”的发展历程。瑞金县志虽则没有经历图经、地志等发展形式，而是直接对接了明代中后期的方志体例；但是，就记述内容的变迁来看，它还是经历了一个人文历史日渐受得重视的过程。本书第一章已经指出，就门目篇幅而言，明清瑞金县志的总趋势是门目越编越多，篇幅越编越大，而新增门目与篇幅，又无不以人物、艺文为主要内容。从明嘉靖壬寅志（1543）到清光绪乙亥志（1875），其中的人物志与艺文志的篇幅从占整部县志篇幅的36%增至72%。因此，元、明以降，方志记事对地理范围的突破，尤其是对收录人物与艺文的重视，不仅为地方官绅“假借夸饰以侈风土”搭建了平台，也为方志编纂者借以实现私人目的提供了方便。在宗族建设运动空前活跃的明清时代，作为最贴近基层社会的县志，也就成为县志编纂者掺入宗族意识和构建宗族形象的重要载体。

二　宗族建设运动的活跃

在方志编纂经常化、制度化的明清时代，修志活动作为一种文化理念，已经融入地方社会，成为构建地方文化形象和文化秩序的重要途径。与之相伴的是，前承宋代遗续，以尊祖敬宗收族相标榜，以置办族产、编纂族谱、建立祠堂为主要内容的宗族建设运动也逐渐铺展开来。据林晓平的调查估测，赣闽粤边区的客家祠堂，有80%是建立于明清时期。[①] 梁洪生就江西各级公藏系统的近千部族谱得出如下印象：清代康乾以后，赣南等移民区是江西谱牒比较有生气的地方。[②] 根据饶伟新的研究，赣南乡村宗族的发展大致经历了三个历史阶段，明中后期的初步发展，清前期的普遍成熟，清中叶以来的同姓联宗新趋势。[③] 具体到瑞金县，其宗族建设运动，虽然可以上溯至宋代，如

① 林晓平：《客家祠堂与文化》，黑龙江人民出版社2006年版，第32页。

② 梁洪生：《江西谱牒与地方社会文化变迁——〈江西公藏谱牒目录提要〉自叙》，载王鹤鸣主编《中华族谱研究》，上海科学技术文献出版社2000年版，第43—51页。

③ 饶伟新：《明清以来赣南乡村宗族的发展进程与历史特征》，载《“赣州与客家世界”国际学术研讨会论文集》，人民出版社2004年版，第291—298页。

瑞金蓼溪赖氏，在南宋绍兴二十二年（1152）就已初修“家谱”。[①]毫无疑问的是，宗族建设运动的大量展开，也主要是集中在明清时期。以族谱编纂为例，且不说明清时代来自赣中或闽、粤的大量移民，就是宋代早已移居瑞金的世家大族，其初修族谱的时间大多只可追溯到明代，族谱的大量编修主要是在清康乾之后。如南宋年间由兴国迁入的西门杨氏和叶坪谢氏即是显证。西门杨氏始修族谱于明天启二年（1622），此后分别续修于康熙二十四年（1685）、雍正四年（1726）、乾隆四十七年（1782）、道光八年（1828）、光绪八年（1882）。[②] 明清时期共六修族谱，明代1次，清代5次。叶坪谢氏始修族谱于明弘治十八年（1505），此后分别续修于明万历元年（1573）、清康熙三十一年（1692）、乾隆二十七年（1762）、嘉庆九年（1804）、道光二十九年（1849）、光绪十三年（1887），[③] 明清时期共七修族谱，明代2次，清代5次。又如清代理学家罗有高所在的密溪罗氏，也堪称瑞金望族，南宋由兴国县迁入，初修族谱于明末崇祯十五年（1642），此后分别续修于清康熙二十六年（1687）、乾隆四年（1739）、嘉庆十年（1805）、道光二十七年（1847）、清光绪三十四年（1908）。[④] 明清时期共六修族谱，明代1次，清代5次。再如作为赣南著姓，也是瑞金著姓，自称是唐代钟绍京后裔的东关钟氏，南宋由兴国迁入，始修族谱于明成化五年（1469），此后分别续修于明天启三年（1623）、清雍正三年（1725）、乾隆四十五年（1780）、嘉庆十年（1811）、道光二十三年（1843）、光绪七年

① 刘振：《初修家谱序》，载《瑞金蓼溪赖氏五修族谱》，清同治十年（1871），木活字本，上海图书馆藏。

② 杨绳武：《西杨七修族谱序》，载民国《瑞金西门杨氏七修族谱》“序”，第4—5页。

③ 民国《瑞金叶坪谢氏八修族谱》“前修族谱序”，民国11年，木活字本，上海图书馆藏。

④ 罗静山：《密溪罗氏六修族谱序》，载光绪《瑞金密溪六修族谱》，清光绪三十四年（1908）木活字本，上海图书馆藏。

（1881）。[①] 明清时期共七修族谱，明代2次，清代5次。上述蓼溪赖氏，虽然早在南宋就修有“家谱”，但此后宗族建设运动或许是因为家族衰落，或许是由于元朝的统治而中断。入明之后，蓼溪赖氏首次启动“族谱”编纂，则要晚至明末天启元年（1621）了。此后，分别续修于清康熙四十七年（1708）、乾隆二十三年（1758）、道光三年（1823）、同治十年（1871）。[②] 明清时期共5修族谱，明代1次，清代4次。

综上可见，瑞金县的宗族建设运动，虽然可以上溯至宋代，但其迅速展开却要到明朝后期，清康熙、乾隆以后趋于活跃。随着族谱编纂的兴盛，宗族观念的增强，加之县志编纂融为地方社会的一种文化理念，以宗族成员入传县志为荣，将宗族成员的生平业绩推向县志以光耀宗族的思想，也逐渐成为地方士绅的普遍价值追求。县志中有关家族成员的记载，常常成为族谱编纂者们乐于称引的话语。如民国《瑞金东关钟氏族谱·人物考》，有记如下：

> （钟）宝，福建宁德县尹，事载邑志。
>
> （钟）鸣时，字泰邻，历任吉安永宁县训导，广东兴宁县教谕，南雄教授，湖广永州府宁远知县，永州通判，广西南宁同知，湖广汉阳知府，事载县志。
>
> （钟）吕，邑廪，顺治辛卯岁贡，详邑志文苑集。
>
> …………

族谱编纂者也非常明白，由其编纂的族谱，完全有可能成为县志取材的对象。所谓“家谱，邑乘之征也。故纪人物、艺文，不敢虚张，不为假借，不作浮夸溢美之词。俾嘉言懿行，信而有征，足以为

① 陈衍新：《瑞金东关钟氏重修族谱序》，载民国《瑞金东关钟氏族谱》，民国35年（1946）铅印本，上海图书馆藏。

② 同治《瑞金蓼溪赖氏五修族谱·谱序》，清同治十年（1871），木活字本，上海图书馆藏。

邑乘采择焉"[①]。甚至有人为其先辈在族谱中作记立传所预设的更高目标，就是希望其行谊事迹有朝一日能被方志编纂者采用，登载于邑志史册，为宗族增光添彩。下面略举《瑞金九堡灞溪钟氏七修族谱》中的几则记载以说明之：

> 黄孺人，性本幽贞，年十七归文涛翁，即克修妇道，有古桓孟风。未几，文涛翁下世，孺人年才廿七。呼天抢地，惨不欲生。……今圣天子钦褒节孝，表式贞寿。孺人寿逾七十，青年誓志，皓首完贞。又克敬尊而训后，乐善而施惠行，且采实迹，编入邑乘，待征史馆，以为宗族光。（《刘孺人节孝传》）
>
> 予族祖慕华翁，禀性质直，为人不设机械，不附流俗，终岁勤劬，自食其力，以耕余所积，渐至裕饶。……岁癸酉重修家谱，其子毓秀等属予为翁传。予固不文，何足为翁表章，特谨述之，以俟后之大人君子采择而阐扬也云尔。（《慕华翁传》）
>
> 岁甲午冬月，谱牒将竣，族党纷如晋谒，颂扬先芬。有房兄耀群者，骨鲠丈夫，厕闻感触，瞿然思其祖，志事不彰，未免遗憾，因商余作传以表。……余始勉而应命，援笔葫芦，撰次梗概，以待采择焉。（《国学生骏周翁家传》）
>
> 先君之懿行，笔难罄述，兹特将其行事为人之概而略道之，以俟博雅君子采择焉。（《先君（韵喈）行状》）[②]

当然，登载于族谱中的人物传记，最终能否被县志编纂者采择，不仅取决于族谱中的人物事迹是否有利于彰显县志倡导的价值理念，而且取决于这些人物事迹能否进入县志编纂者的视野，或者说这个人物的后裔及其宗族是否有将之推向县志的意识和能力。在诸多姓氏族谱中，最可能被县志采择而不致被遗漏的，毫无疑问是那些掌握着县

① 民国《瑞金西门杨氏七修族谱・凡例》。民国37年（1948），铅印本，上海图书馆藏。

② 《瑞金九堡灞溪钟氏七修族谱》，编修年份不详，上海图书馆藏。

志编纂权的宗族。更何况，参加县志编纂的那些地方士绅，往往也是其宗族族谱的编纂者。如明万历癸卯志（1603）的主纂杨以杰，是西门杨氏初修族谱的发起者；清康熙己丑志（1709）的主纂杨以兼，是西门杨氏二修族谱的发起者；乾隆癸酉志（1753）的主纂杨于位，是西门杨氏三修族谱的主要组织者。[①] 清康熙己丑志（1709）的主纂谢重拔以及同参修志的兄弟谢重扬、谢重挥等人，则是叶坪谢氏三修族谱的重要成员。[②] 在参与编纂的族谱中，他们撰写了诸如谱序、祠记、墓志、传记、寿文等大量宗族文献。这些集县志与族谱编纂于一身的地方士绅，不仅有着强烈的宗族观念，而且也熟知自己宗族的历史。作为县志编纂者，他们最清楚可以将宗族中的哪些先辈以何种身份、何种方式将之安排在县志中的何种类卷目门之中，在为构建地方历史文化形象服务的同时，又为确定其宗族的现实地位做出贡献。

三　官绅间的互利合作

接下来或许要问的是，县志毕竟是官修性质的公共历史记录，与县志编纂者没有任何宗亲关系的主修知县及县学教谕、训导等地方官员，何以能容忍县志编纂者私人目的的肆意扩张？要回答这个问题，就不能不明了明清时期地方士绅的地位及其与地方官员之间微妙的互利合作关系。

众所周知，中国士绅是在经济、法律、礼仪等方面享有各种特权

---

① 具体可参见谢诏《初修族谱序》曰："太守阅濂先生，谢都匀之政而还，将有意焉，则与宗老令尹学博诸君子，孝廉文学诸昆季共图之，曾未旹时，遂告成事，则属不妄为之序。"曾寅《二修族谱序》曰："瑞金门兄杨维才，偕侄孙孝廉聿千，续修家谱，以源流凡例，专使缄丐余序文，以启其端。"黄卓《三修族谱序》曰："瑞金西杨氏既重修家谱竟，杨生枝远以其侄于位，书专使走京师，丐予为序弁其首，且以所订稿就正于予。"以上诸序载瑞金西杨氏史记编撰小组编《瑞金西杨氏史记》，2004 年，第 97—101 页。

② 谢重拔：《三修族谱序》曰："谱事经始，……中间抄录散失，以备参考，叔邦骏任其事。斟酌当否，校勘义类，足以承先传后者，史重捷、重拔、弟重挥、重鼎、重扬力居多。序昭穆，明世系，信以传信，疑以传疑，惟叔邦骅总其成。若夫发凡起例，撰次篇章，虽不文乎，予小子何敢让焉，并书之以俟后人。"载《叶坪谢氏八修族谱》，《前修族谱序》，民国 11 年（1922），木活字本，上海图书馆藏。

的社会集团。迨至明清时代，地方士绅是沟通官与民的中介，是地方事务的实际领袖。[①] 作为最接近百姓生活的行政官员，他们尤其深知“为政不得罪于巨室，交以道，接以礼”[②] 的道理。在一本指导知县为官之道的手册中，有一段教导知县如何对待地方士绅的经典话语，为我们了解地方官绅之间的微妙关系颇有助益，兹录如下：

> 绅为一邑之望，士为四民之首。在绅士与州县，既不若农工商贾，势分悬殊，不敢往来。而州县与绅士，亦不若院道司府，体统尊严，不轻晋接。然其中优劣不等，淑慝攸异，则待之固自有道也。待之之道无他，曰以礼法绳之而已。……果其爵尊望重，德邵年高，品德端方，学问宏博者，有司临莅是邦，则交际自不可少。地方利弊，可以采访。政事得失，可以咨询。岁时伏腊，讲射读法之余，可以亲正人而闻正言。上之有裨于吏治，次之有益于身心。[③]

这段言说是试图教导知县要一分为二地看待和对待地方士绅，对那些不好的士绅应严格绳之以礼法，对那些好的士绅则“交际自不可少”。能否对劣绅绳之以礼法，我们暂且不管；但是，主动交好地方士绅尤其是那些有资格参加县志编纂的头面士绅，则是断不可少的。首先，地方士绅不仅是备地方知县“采访”“咨询”以资决策的顾问，也是地方知县为政一方的主要依靠力量。如清康熙癸亥志（1683）的“校阅”朱世官，据说“邑长有疑难事，辄就其家谋

① 张仲礼、瞿同祖、费孝通等前辈对此有很好的研究，具体可参见张仲礼《中国绅士——关于其在十九世纪中国社会中作用的研究》第一章“19世纪中国绅士之构成和特征的考察”，上海社会科学院出版社1991年版。瞿同祖《清代地方政府》第十章“士绅与地方行政”，法律出版社2003年版。费孝通《中国绅士》第四章“乡村中国的基本权力结构”，中国社会科学出版社2006年版。

② （清）徐栋辑：《牧令书》卷16《教化》，清道光二十八年（1848）刻本。

③ 田文镜：《钦颁州县事宜》，载《宦海指南五种》，清咸丰九年（1859）刻本，第29—30页，赣南师范学院图书馆藏。

之"①。如前所述，参加县志编纂的地方士绅，也是其时县域诸如修桥筑路、兴修水利、创建台塔祠庙、修缮官署城垣等公共工程建设的积极倡导者、募资者和领导者。在动乱时期，这些头面士绅往往也是地方防务事宜的重要组织者。如明万历戊午志（1618）的主纂即曾官至知府的杨以杰及其堂兄弟杨以任、杨以旦等人，在明末天启年间防御闽粤流寇时，发挥了重要作用。② 清康熙癸亥志（1683）的"校阅"谢聘，则在"三藩之乱"时的地方防务中，也做出了重要贡献。③ 在经济文化落后，民风强悍，动乱频繁的明清瑞金县域，知县对地方士绅的依赖程度或许比其他县域还要更强。

其次，知县交好士绅，也因为后者形成的舆论将影响前者的考绩和仕途。地方知县的官阶不高，在参加县志编纂的人员中，有时会有与其官阶相当甚至更高的地方士绅。如参加编纂万历戊午志（1618）的地方士绅，就有 1 位知府和 2 位知县。他们的社会影响力，并不比地方知县小。即便是一般的儒学生员，对知县的施政作为也有知情与品评的权利，"郡邑守令之贤，政事之善，学校之士得预闻焉，闻而得以言焉。誉不过情，称不溢美，亦几也势也，公论不可掩焉者也"④。儒学生员形成的舆论甚至在很大程度上决定着地方知县官声的好坏，即所谓"绅士为一方领袖，官之毁誉多以若辈为转移"⑤。儒学生员的评论，一方面直接关系到知县去任后能否入祀名宦。因为地方名宦的推举，多由儒学生员共同商榷。明代海瑞曾说："有未举

---

① 乾隆《瑞金县志》卷 6《人物志·文苑》，第 32 页。

② 杨兆年著《栩栩园文钞》卷 2《行状·南国子监博士杨公维节行状》记："兄弟三人各拮据数日，为敛资若干，乃集邑令长、诸父老豪右，为文告城隍神，激切感动，一日得二千金，增垒益堞，修兵具飨士卒，身杂行伍中，瑞邑兵威遂冠诸邑，人惟恐寇不至。"

③ 乾隆《瑞金县志》卷 6《人物志·事功》，第 26 页，记："赖聘，字志尹，号莘园，领癸卯乡荐。素饶经济，甲寅、乙卯间，闽变起，汀伪将刘应麟猝拥众万余临瑞，聘告急赣城及宁都守将援剿，邑赖以全。"

④ 刘节：《梅国前集》卷 24《贺邑令四山莫侯旌贤序》，第 17 页，北京图书馆明刻本，《四库全书存目丛书》集部第 57 册，齐鲁书社 1997 年版。

⑤ 徐栋辑：《牧令书》卷 16《教化》，清道光二十八年（1848）刻本。

者，诸生商榷举之；举之未正者，商榷请废之。”[①] 地方知县任满后，总希望自己能名列名宦祠，借此为以后的仕途增加政治资本。第一章曾经提到，乾隆癸酉志（1753）的主修知县郭灿被入传县志名宦，是在清光绪乙亥志（1875）而非离其更近的道光壬午志（1822），其根本原因就在于他主张的松弛烟禁政策，损害了其时掌握着县志书写权的地方士绅的利益。另一方面，儒学生员的评论又将部分左右地方官员的考课和升黜。谈迁《国榷》有记：“布、按二司暨巡按御史考课，多偏信里老生员之言为去留，不知其假公济私，是非颠倒，乞敕抚按毋徇其私。”[②] 可见，一些地方知县为了获得好的考课成绩，不仅惮于开罪生员，甚至曲意讨好生员。

更何况，地方知县也难脱借修县志之机以实现私人目的的想法。在明清地方志的编修规范中，对修志记事的时间下限并无明确规定。从明清瑞金县志来看，编修者无一例外地将之断在方志修竣的年份。因此，地方知县自然不会轻易放过这一实现立德、立功、立言的难得契机，将自己在任期间的营建兴创、诗赋文章载入县志以传不朽。前文已经申论，现存的明清瑞金县志，没有一个主修知县没有在营建志中写下自己的兴建创造，也没有一个主修知县没有在艺文志中留下自己的诗赋文章。道光壬午志（1822）与光绪乙亥志（1875）的主修知县蒋方增与张国英，更是将“阳湖蒋方增纂修”“武进张国英重修”这一表明自己籍贯、姓名与职掌的信息，刊刻在了县志的每卷首左。入载县志对于知县的吸引力，更夸张地体现在这样的事实中：有些没有机会主修县志的知县，却总是想方设法为自己在已修县志中谋取一席之地。如乾隆癸酉志（1753）告竣刊刻于乾隆十八年（1753），后一年到任的知县刘太年，却毫不客气地将自己的籍贯姓名“兴平县刘太年”六字，补刻在卷首修志姓氏的“总裁”目下，与前任知县实际之“总裁”郭灿并列。[③] 光绪乙亥志（1875）告竣刊

① 《海瑞集》上编《教约》，中华书局1981年版，第18页。

② 谈迁：《国榷》，中华书局1958年版，第1439页。

③ 乾隆《瑞金县志》卷首《姓氏》，第1页，故宫珍本丛刊本。

刻于光绪元年，光绪二年到任的知县曹承志，亦对县志原板稍作修改，将自己的姓名籍贯与到任时间补刻在《秩官志》之中。①

县志编修为历任主修知县提供了自书政绩和载入史册的难得契机，历届瑞金主修知县也确实毫不掩饰地将自己当政期间的政绩一一载入了县志。在某种程度上，他们将地方县志编纂成了主修知县的政绩簿。因此，编纂县志可以让主修知县与地方士绅实现利益共享，各得其所。对于地方知县而言，在充分满足地方士绅私人目的的同时，也通过自书政绩为其身后之名的精心设计做好了铺垫。事实上，明清时期瑞金县志的10位主修知县，有7位在其后的县志编纂中被评为了“名宦”，他们分别是嘉靖壬寅志（1543）的赵勋、隆庆壬申志（1572）的吕若愚、万历癸卯志（1603）的堵奎临、万历戊午志（1618）的潘舜历、康熙癸亥志（1683）的朱维高、乾隆癸酉志（1753）的郭灿、道光壬午志（1822）的蒋方增。② 他们被评为名宦的理由，又恰恰是其主修的县志所记录下来的他们在任时的政绩。主修知县被评为名宦的概率（70%），远远高出了明清时期瑞金知县被评为名宦的平均概率（22%）。③

第四节　传记书写与皇权攀附：清代瑞金县志对谢长震的形象建构

宗族观念对县志的渗透提示我们，县志对人文的记录尤其是人物传记可能并非同想象中的那样，是由第三者站在客观的角度所作的事实记录。事实上，它们可能是由传主的某个直系后裔或宗族成员参与编纂并保存下来的文献。在这一节中，笔者将以康熙癸亥志（1683）中入传“义烈”并在乾隆癸酉志（1753）中改传为“忠烈”的谢长

① 光绪《瑞金县志》卷5《秩官志》，第5页，台湾中央研究院傅斯年图书馆藏清光绪元年（1875）刻本。

② 光绪《瑞金县志》卷5《秩官志·名宦》，第14—18页。

③ 据光绪《瑞金县志》卷5《秩官志·职官》的统计，明清时期出任瑞金县的知县共计161人，其中35人被评为了名宦，被评为名宦的概率约为22%。

震为个案，考察其入传县志的过程，最初的形象设计及此后的微妙变化及其与人物原型之间存在的差异；在此基础上，试图进一步超越县志传记的客观性与真实性判断，进而探寻兼有“国家史官”与“家族精英”双重身份的县志编纂者，在兼顾家国和平衡公私关系的过程中，折射出的可能隐含在地方士绅宗族中的一部分历史意识。

一　从“义烈”到“忠烈”：谢长震在县志中的形象转变

在清康熙癸亥志（1683）中，有一条格外引人注目的人物传记，那就是《谢长震传》。康熙癸亥志（1683）为他特别增设了一种人物类型：“义烈”。记曰：

> 谢长震，生员，以勤学精举子业，□□敝葰，弃之。遂究心理学，其于六经、性理、先儒语录诸书，寝食其中。常曰：朱陆无异同，入门稍分其究竟，则一若从门外窥之，竟争异同耳。其所得如此。性极刚方，生平好善若渴，疾恶如仇，为匪类所忌。丙戌之乱，乡之凶徒尽从于贼，震正戒计恨诱，贼执之。威辱百端，竟不屈，骂贼而死。时论谓震之死义矣烈矣。以一老诸生，当乱离时，群凶蜂起，尚尔严气正性，危言危行，不肯依违，以致撄祸。若出而当仕，岂肯全躯偷生，为不忠不义之人哉。睢阳裂齿，常山嚼血，所必然矣。长汀黎士弘为之作《义烈先生传》。①

平心而论，如果说传主谢长震真是一位为主张正义而被贼杀害的义烈之士，那么，该传记撰写得并不算成功。因为除了被“贼”所杀的事实和一些诸如“严气正性，危言危行，不肯依违”“若出而当仕，岂肯全躯偷生，为不忠不义之人”等试图彰显其忠义秉性的隐约陈词和空疏议论，传记并未透露出什么足以令我们感动的“义烈”之举。然而，正是这条并不太感人也未必有多少典型意义的“义烈”

① 康熙《瑞金县志》卷8《乡贤志·义烈》，第42页。

传记，却居然被编修于康熙五十二年（1713）的《赣州府志》采录于其“忠节”传中，谢长震因此成为明清时期载入《赣州府志》“忠节”传的唯一瑞金籍人。其记如下：

> 谢长震，瑞金诸生，性方刚，疾恶如仇。遇乱为贼所执，威辱百端，不屈而死。长汀黎士弘为之作《义烈先生传》。①

相比康熙癸亥志（1683），府志传记删除了谢长震的被害时间，以及上述那些试图彰显其忠义性质的隐约陈词和空疏议论，只是强调谢氏疾恶如仇和威辱不屈。因为康熙《赣州府志》的“忠节”传记并未标明传记人物的朝代归属，所以随着谢长震被害的时代背景等资料的删除，府志读者实际上已经无法从中判断谢长震是生活在什么朝代的人了。迨至清乾隆癸酉志（1753），县志编纂者们转引府志记载，将谢长震传改入“忠烈”目下。在传述上除了将府志中的“贼”改为“广贼”，以及在传记末尾用小一号字注明“府志”以示其出处，其余均未作变动。② 乾隆癸酉志（1753）的记载被道光壬午志（1822）和光绪乙亥志（1875）所因袭，成为谢长震人物传记的定式。③

纵观谢长震从入传清康熙癸亥志（1683），到为府志采录，再到乾隆癸酉志（1753）对府志的转引而成为定式，其传记内容由详而略，但是谢长震在县志中的地位却是由低而高。这主要体现在两个方面：一是谢氏的传记由县志记载上升到了府志记载；二是谢氏的身份性质由“义烈”转变为了“忠烈”。前者体现出来的地位提高，并不难理解，乾隆癸酉志（1753）以后的县志，均在谢长震传记之后附识“府志”字样，既示出处，又隆其位。那么，由“义烈”到“忠

① 康熙《赣州府志》卷42《人物志·忠节》。

② 乾隆《瑞金县志》卷6《人物志·忠烈》，第5—6页。

③ 道光《瑞金县志》卷7《人物志上·忠烈》，第8页；光绪《瑞金县志》卷7《人物志上·忠烈》，第4页。

烈”的转变，又为何显出其地位的提高呢？在传统中国，“忠烈”“义烈”“忠节”“忠义”等词汇，都可用来指称为维护符合儒家价值的公平正义和国家利益而罹难的忠义节烈之士。当然，不同的指称所包含的正面价值可能并非均质。但是，它们之间的差异却又很难加以明确区分，往往要根据具体的文本语境才能确定。因此，要理解谢长震从“义烈”到“忠烈”变化的意义，唯有将之置于特定的瑞金县志的文本语境之中进行分析。

前面已指出，康熙癸亥志（1683）为谢长震特设“义烈”以传其事，而并没有将之入传“忠烈”。康熙癸亥志（1683）的“忠烈”共传 4 人，分别是唐朝的冯祥兴，南宋的刘鹏、刘举夔父子和刘十六郎。在县志传述中，冯祥兴在唐末黄巢陷长安后，因募兵勤王累建功勋被封将军，后奉诏归图割据南赣的卢光稠而被杀害。南宋刘鹏由进士官至监察御史，后因反对蔡京入相遭到贬谪。刘举夔因父恩补北靖州知州，靖康之难被金兵所执而不屈，密通书信将敌情传至朝廷，后被秦桧构陷致死。刘十六郎于南宋建炎中集义勇从岳飞征讨虔南“狗脚洞贼”，累立战功而没于阵。[①] 不难看出，这四人最大的共同点是效忠于朝廷并建有功勋，除刘鹏外，其余三人均因此献出了生命。康熙癸亥志（1683）没有把谢长震放入“忠烈”，说明在县志编纂者们看来，谢氏的“义烈”之举与上述四位忠烈之士有本质的差别而不可相提并论。登载人物传记的《乡贤志》，按顺序设有“忠烈、行业、孝友、隐逸、文学、义行（神童、乡饮附）、义烈、贞女、烈女、慈孝、节妇、烈妇”12 个子目。很显然，义烈仅列妇女传记之前，甚至放在神童、乡饮之后，离位列首端的忠烈则更为遥远。不难看出，在体现着县志编纂者尊卑秩序观念的子目排列中，谢长震在康熙癸亥志（1683）中的地位算不上尊崇。

然而，这种状况在乾隆癸酉志（1753）中得以根本扭转。乾隆癸酉志（1753）将康熙癸亥志（1683）的《乡贤志》更名为《人物志》，并对其下子目及人物归属、顺序进行重新排列。《人物志》依

---

① 康熙《瑞金县志》卷 8《乡贤志・忠烈》，第 1 页。

序设“乡贤、忠烈、孝友、事功、文苑、义行、隐逸、耆寿、方术、方外、节妇”11个子目。位于人物志之首的“乡贤”共传10人，其中包括从原康熙癸亥志（1683）的“忠烈”中调整过去的冯祥兴、刘鹏和刘十六郎3人。“忠烈”目下共传3人，分别是原康熙癸亥志（1683）中的“忠烈”刘举夔、康熙己丑志（1709）新增入的钟良则，还有就是谢长震。必须说明的是，在县志传述中，钟良则是瑞金县明末贡生，清顺治三年（1642）清军围攻赣州，钟良则应途经瑞金前往解救的南明吏部尚书郭维经征辟，后来在赣州保卫战中壮烈牺牲。① 这样一来，谢长震不仅在人物传记的序列中大大提前，而且拥有了与刘举夔和钟良则一样颇受尊崇的“忠烈”身份。

更值得注意的是，在乾隆癸酉志（1753）中，谢长震作为忠烈之士的皇朝归属也随之发生了变化。乾隆癸酉志（1753）在三位“忠烈”传记之前分别标有“宋”“明”与“国朝”字样。很显然，这不仅在标识他们的朝代归属，也在标识传主所效忠的皇朝。换言之，在乾隆癸酉志（1753）的编纂者们看来，谢长震是效忠于大清王朝的“忠烈”之士。这是否符合最初将谢长震入传康熙癸亥志（1683）编纂者们的本意，为明乎此，我们有必要再次将目光转到康熙癸亥志（1683）中对谢长震的传述，以探究其时传记编纂者们对谢长震人物定性的考虑。据康熙癸亥志（1683）的谢氏传记，谢长震被“贼”杀害于“丙戌之乱”。其族谱也记曰：“长震，……生于明万历五年丁丑闰八月十五日，殁于清顺治三年丙戌五月初十日。”② 谢长震被害的清顺治三年（1646），也正是明清政权在瑞金的更替之年。这年八月，清军在福建长汀成功捕杀南明隆武皇帝朱聿键，随后挥师西进，占领瑞金，委署县官。③ 因此可以肯定的是，在谢长震被杀害的顺治三年五月，瑞金尚未纳入清朝职方，至少在名誉上仍属明朝（或南明）版图。那么，对于在这样一个微妙时期遇乱身死的谢长震，应

① 康熙《续修瑞金县志》卷10《人物志·忠烈》，第1—3页。

② 《瑞金叶坪谢氏九修族谱》第2册《乾道太世系》，1995年，第125页。

③ 康熙《瑞金县志》卷6《官制志·职官》，第7页。

将之归属于什么朝代？这其实关系到对谢长震的人物定性，即他是明朝的义烈之士，还是清朝的义烈之士。然而，康熙癸亥志（1683）的编纂者并未在传记之前署明朝代，因而回避了这一问题。但是，透过康熙癸亥志（1683）谢长震传中的隐约其词，我们还是能读出县志编纂者的弦外之音。例如其中的“危言危行，不肯依违”“若出而当仕，岂肯全躯偷生，为不忠不义之人”等，无不在暗示我们，传主是一位不折节于清朝而忠义于明朝的忠义之士，或者说县志编纂者们试图将谢长震塑造成为这样的一位忠义之士。康熙癸亥志（1683）的上述意图，从其据以编纂的于都学者易学实为谢长震所作墓志铭中也可得到旁证，兹节录如下：

> 当甲申、乙酉之际，大清定鼎，东南半壁尚尔，梗顽揭竿盗弄者，所在皆有。而先生不欲以乱世改节，其与人抑扬可否，无异平时，以故乡里间有不轨者甚衔之。遭邻邑寇发，即有以先生名潜告贼首者，谓得谢某可致千金。无何，先生果被执，群贼操戈露刃，以屈先生。……假令与夫颜真卿、张巡、许远、文天祥之徒，相竞于刀兵锋镝之下，吾必知其有以报国矣。然彼数子者，名垂青简，数百年犹庙食不朽，以视先生姓字陷没于山陬僻壤间，无有起而表彰之者，其亦可哀也夫！①

相比康熙癸亥志（1683）《谢长震传》，这则墓志铭直言谢氏被害缘于其“不欲以乱世改节”，并将他类比唐宋时期的颜真卿、张巡、许远、文天祥等著名的忠烈之士，以褒扬其作为一介书生能在王朝危亡之际表现出“不事二主”的忠义精神。

因此，如果遵循康熙癸亥志（1683）对谢长震是忠于明朝的义烈之士的人物定性或形象设计，那么，乾隆癸酉志（1753）的编纂者理当将之归在明朝而非清朝的“忠烈”传下。因为谢长震既是忠于

① 易学实：《谢义烈先生墓志铭》，载《瑞金叶坪谢氏九修族谱》第1册《艺文纪》，1995年，第47—48页。

明朝的义烈之士，又是死于瑞金县尚未纳入清朝职方之前。然而，乾隆癸酉志（1753）的编纂者却并没有这样做，而是将谢长震定格在清朝的“忠烈”传下。这样一来，谢长震的身份性质就发生了根本性变化：由康熙癸亥志（1683）中忠于明朝的“义烈”之士，转变成了乾隆癸酉志（1753）中忠于清朝的“忠烈”之士。这一人物定性或形象设计的转变，并未引起后来道光壬午志（1822）和光绪乙亥志（1875）的编纂者的质疑，遂成终清一代的定评。

那么，谢长震到底是一个怎样的人物，他到底因为什么而被害？又是被谁所害？县志对他的人物定性和形象设计是否客观公正？为弄清这些问题，我们就不得不去追寻那场造成谢氏被杀的“丙戌之乱”。

二　“丙戌之乱”与谢长震之死

清顺治三年（1646），干支纪年为丙戌，是瑞金县遭遇重大灾难的一年。这年八月，清军在福建长汀成功剿灭南明隆武皇帝朱聿键，然后由闽入瑞，在瑞金展开了一场血雨腥风的屠杀。这场屠杀虽不见于经过清王朝意识形态涂抹的县志，却屡屡呈现在族谱、文集等私家记述之中：“山川烽火，干戈满目”①，“避兵而死者，首趾相望”②，“创伤之人，百十相枕藉，皆以不便食饮医药就死”③，“（陈石山）中道一线，夹以林菁，皆积叠死尸；其饮刃要害者，偃仰呼号”④，“家口悉被刃虏”⑤，清军入瑞金县一度给地方造成的灾难之深重，由此点滴记录之中可见一斑。

然而，从谢长震被杀害于清顺治三年（1646）五月来看，谢氏之

---

① 杨长世：《影居文钞》卷1《序·家惟明文集序》，第7页，《四库全书存目丛书》集部第395册，齐鲁书社1997年版。

② 杨以俨：《强恕斋文集》卷4《祭文·祭谢怡古》，第122页，《四库全书存目丛书》集部第395册，齐鲁书社1997年版。

③ 杨以俨：《强恕斋文集》卷4《传·家德一传》，第116页，《四库全书存目丛书》集部第395册，齐鲁书社1997年版。

④ 杨兆年：《栩栩园文钞》卷2《行状·亡儿枝甡行状》，第145页，《四库全书存目丛书》集部第395册，齐鲁书社1997年版。

⑤ （清）《瑞金南冈邓氏族谱》“含白太传”。木活字本，上海图书馆藏。

死当与清军入瑞金县后的屠杀无关，康熙癸亥志（1683）《谢长震传》中的“丙戌之乱”当然也就并非指称上述清军在瑞金的屠杀之乱。值得注意的是，在康熙癸亥志（1683）的“祥异”目下，以编年的形式记载了自明初以降发生在瑞金的祥异之兆和天灾人祸。其中，对距离康熙癸亥志（1683）编纂时间较近的明末清初的记载尤为详细。具体到顺治三年（1646）丙戌，有一条“何志源、沈士昌作乱”的记录。因为这是为康熙癸亥志（1683）“祥异”目所记录的发生在丙戌之年的唯一乱象，加之谢长震被杀害的时间也正是处在这次反乱的过程之中，由此可以推定，康熙癸亥志（1683）编纂者所讲的那场导致谢长震被杀害的“丙戌之乱”，应该正是这次反乱。那么，顺治三年的“何志源、沈士昌作乱”，或者说康熙癸亥志（1683）所指的“丙戌之乱”的具体情形又如何呢？康熙癸亥志（1683）记曰：

> 顺治三年丙戌春，何志源、沈士昌作乱，鸠集八乡，立百总千总之号，名曰田兵。挟田主更券，欲负租据田。县令刘翼利其赂而主之，田主亦无如何。有刑馆来代篆，田贼闭城拒之，使不得入，又杀一职方主事。邑人相议曰，田贼拒官杀官，肆行极矣，不除即为大患。适统兵杨斌至，进而与谋，斌不介马而驰杀何志源数十人。沈士昌逸去，复聚八乡报仇城外，房屋尽为焚毁。烟焰张天，甚至掘冢鞭尸，极其惨毒。总兵周之蕃自吉安失利而归，乃为讲好，竖碑县门，田贼所欲，勒以为例，而乡民之志骄矣。维时出郊五里，即为仇敌，而七堡、赵田二处，尤为狼狈。是岁八月，清兵追隆武至汀州，闻报，阖城一夜逃去。江振曦不量兵力，统数千人入汀，尽为所歼。①

在这里，我们看到的是一场发生在佃农与田主之间围绕着租佃权益的矛盾冲突。总体来看，这次矛盾冲突是不断升级而愈演愈烈，事

① 康熙《瑞金县志》卷10《杂记·祥异》，第6—7页。

态发展大致可以分为四个阶段：第一阶段，“田兵”蜂起，田主的暂时妥协。顺治三年春，何志源等纠集八乡佃农组成“田兵”，要求地主减免租税并给予“永佃权”，得到了南明知县刘翼的支持，田主迫于形势暂时妥协。第二阶段，“田兵”杀官，武力冲突的酝酿。“田兵”阻止新委派来的南明官员进入瑞金县城，并杀害一职方主事，由此田主开始密谋用武力铲除“田贼”。第三阶段，何志源被杀，武力冲突的爆发。田主借助路过瑞金的南明将官杨斌之力，杀死“田兵”头领何志源，因此遭到“田兵”的报复性残杀，双方矛盾升级恶化。第四阶段，周之蕃[①]调停，主佃仇恨的加深。南明总兵周之蕃介入调和却并不成功，这为入清以后双方更加复杂和剧烈的矛盾冲突埋下了伏笔。

谢长震正是死于主佃双方冲突的第三阶段，即“田兵”对田主的报复性残杀阶段。曾亲历这次“丙戌之乱”的杨兆年有记：“赣刑厅汤讳应龙来署篆，何志源陈兵拒阻，不容入城，赖客将杨元斌（按：康熙癸亥志写作‘杨斌’）斩之，城中人幸得安堵。张胜、沈士昌等，复率众攻城，尽焚城外房屋，杀生员谢某等人以数百计。”[②] 生员谢某，正是谢长震。

据上引康熙癸亥志（1683）对“丙戌之乱”的记载透露的信息，在田主与佃农冲突的过程中，先后有三位南明官员介入其中，他们分别是“县令刘翼”“统兵杨斌”和“总兵周之蕃”。在县志编纂者看来，刘翼与周之蕃偏袒佃农，杨斌支持田主。在调解双方矛盾的过程中，刘翼与周之蕃做出了在最大限度上满足佃农要求的裁决；尤其是周之蕃，还将有利于佃农的裁决勒石竖碑于县门。而杨斌则出兵杀死“田兵”头目何志源等数十人，大快田主之心。那么，杨斌出兵杀死

---

① 康熙癸亥志（1683）所记“周之藩”，在《钦定胜朝殉节诸臣录》及《皇朝通志》中均作“周之潘”，两者应该是同一人。《钦定胜朝殉节诸臣录》卷2《通谥忠烈诸臣》记：“总兵周之藩，井研人，时追兵将及唐王于汀洲，之藩卫主巷战，矢集其身而死。”《皇朝通志》卷54《谥略七》记：“周之藩，东阁大学士兼礼部尚书，傅冠吏兵二部尚书，兼右副都御史总理军务。”

② 杨兆年：《栩栩园文钞》卷2《上督抚田贼始末》，第149页。

何志源等人的动机何在，是出于对何志源杀害了“职方主事”的报复，还是从田主那里得到了某种好处，抑或两者兼而有之？由于资料的缺乏，我们已无从知晓。但有一点是可以肯定：他是顺道经过瑞金并应田主之请杀死何志源等“田贼”的。也就是说，杨斌杀何志源等人实际上是田主借刀杀人的结果。县令刘翼与总兵周之蕃对佃农的偏袒，则各有原委。刘翼主要是迫于形势而被逼无奈，周之蕃则是希望借此将“田兵”发展为南明政权的抗清力量。杨兆年在《上督抚田贼始末》中对此有很清楚的记述，并为我们深入探寻“丙戌之乱”的实质提供了颇具价值的细节和信息。

> 瑞金，山邑也。城如斗大，巨族市肆皆在城外，无他产殖，惟树五谷。平承之时，家给人足，闽广及各府人视为乐土，绳绳相引，侨居此地。土著之人为士为民，而农者、商者、牙侩者、衙胥者，皆客籍也。即黔徒剧贼窜匿其中，亦无分别。明季谢、阎二贼交炽，凡闽、广侨居者思应之。皂隶何志源，应捕张胜，库吏徐矶，广东亡命徐自成、潘宗赐，本境惯盗范文贞等，效宁化、石城故事，倡立田兵，旗帜号色皆书“八乡均佃”。……故悍者倡先，懦者陪后，蚁聚入城，逼县官印，均田贴以数万计，收五门锁钥，将尽掳城中人。……大司马郭维经以援虔至汀，张胜、沈士昌等遣数百人入汀，泣诉田主取租激反佃人，大司马以先入之言为主，大恚粮户。至瑞金，田贼数万人复阻截，离城二里外寺驻车，谗声百端，自城至寺，皆田贼布绕，城中绅衿百姓，闭城谨守，不敢出城。惟从城上呼吁，不能诉一言，不能达一字，而张沈诳副总周之藩，若蒙招抚，八乡可得万人，自备粮粮，愿随行援虔。周之藩自以为功，力言之大司马，而张沈又贿大司马幕客，招抚花红尽以与公幕客，遂诳大司马，瑞金佃兵惯与阎、谢贼打仗，若抚之鼓行而东，必得志。大司马心益喜，责粮户出招抚花红七百两，命周之藩勒粮户出城与张沈等立盟，捐减额租，除年节等项旧例，粮户不敢出一言，唯唯而已。然大司马至虔数月，并未见一佃兵来援也，在乡掳掠，焚杀不改于前。

此顺治三年夏秋事也。①

杨氏《上督抚田贼始末》的目的，是希望清政府能够彻底剿灭肇始于“丙戌之乱”的“田贼”后又几经反乱的范文贞、徐矶等人。这篇文字虽然有立场上的局限，但因其形成于清顺治年间，离“丙戌之乱”仅有几年之隔，加之其中有关郭维经与周之藩等人的记载也能与《明史》相印证，因此在事实判断上具有较高的可信度。② 在这里我们看到，当时的县令刘翼实际上已经形同虚设，由其领导的南明瑞金政权的统治力，实际上非常有限。面对人多势众的佃农反乱和胁迫，他唯有交出县印，为“田兵”所左右。此后，路过瑞金而急于募兵以解赣州之围的郭维经与周之藩，则完全站在了“田兵”的立场上，试图通过牺牲田主的利益以满足“田兵”的要求并将后者发展成为抗清的军事力量。笔者认为，郭、周在当时特定的背景之下，做出偏袒佃农的裁定以争取至少在人数上占优势的“田兵”的加盟，是合乎情理的选择。

上述引文披露出的更为重要的信息是，丙戌之年“田兵”反乱的组织者何志源等人，他们并非生活在社会底层的佃农，而是县衙中具有闽粤移民背景的皂隶以及来自广东的“亡命”之徒。这提示我们，“丙戌之乱”其实并非单纯的佃农与田主之间的冲突，佃农的背后实有其幕后推手，这只推手应是引文所说的以佃农、商人、衙胥等身份移居瑞金而发展壮大起来的与瑞金世居田主相并存的新的社会势力。从这层意义上，“丙戌之乱”又多少带有以地缘相区分的族群冲突的性质。这大概是乾隆癸酉志（1753）在转引康熙《赣州府志》谢长震传时，强调谢长震为“广贼”所杀的原因。

① 杨兆年：《栩栩园文钞》卷2《上督抚田贼始末》，第149—150页。

② 张廷玉：《明史》卷118《列传第六》记：“（顺治三年）三月，大清兵取吉安、抚州，围杨廷麟于赣州。尚书郭维经出闽，募兵援赣。”中华书局1974年版，第3609—3610页；卷278《列传第一百六十六》记：“（顺治三年）六月望，副将周之藩以广东兵五千至，围渐解，未几复合，城中守如初。”中华书局1974年版，第7120页。《明史》记载与杨氏《上督抚田贼始末》所记郭维经与周之蕃在赣南记载的活动相吻合。

由此可见，“丙戌之乱”实际上是在明清交替之际瑞金县出现政权真空，社会秩序严重失控的背景下，不同的社会势力之间以暴力的方式展开的以争夺租佃权益为核心的重新洗牌的开端，冲突双方是世居田主和由具有移民背景的新的社会势力以及由其操控的大多同样具有移民背景的佃农。在“丙戌之乱”这场“大戏”展开的过程中，无论是南明在瑞金的残存政权，还是过往瑞金的南明将官，扮演的都只不过是一个配角，甚至是被冲突双方加以利用的工具而已。因此，其间无论哪一方与南明残存力量的合作抑或对抗，并因此而付出了生命的代价，实际上都无关儒家意义上的忠义宏旨。

谢长震正是死于这场冲突的众多世家田主中的一员。谢长震（1577—1646），字象先，生员，是来自瑞金世家大族叶坪谢氏中较为兴旺的一支，其父亲谢元璇，县廪生，有文名，著有《望江楼文集》；其祖父谢乾道以贡生于明嘉靖后期官至广西思恩知县，事载万历癸卯志（1603）。[①] 毫无疑问，明朝末年的谢长震家族，在政治、经济和文化上均属社会上层，在瑞金具有较大的影响力，大概是“田兵”要冲击的对象之一。上文已指出，谢长震是死于“田兵”对田主的报复性残杀阶段，在此之前田主通过密谋延请客将杨（元）斌杀死了何志源。那么，谢长震是不是因为参与了这次密谋而遭报复杀害的呢？因缺乏记载，我们已无从知晓。但有一点是可以肯定的，那就是在谢长震被杀害之前，早就已经遭忌于人而“素为人指目”[②]，与人结怨不浅。谢长震遭绑架被杀害时，已是年届七旬的老人。据其族谱记载，在继谢长震被杀害两年后的顺治五年（1648），其长子谢命官在“土人为乱城围”中也遭到杀害，时年 37 岁。命官堂侄谢邦家在顺治八年（1651）为其所作的传中有这样的表述：

先生讳命官，字统伯，……父象先公教督先生特严，每日限

① 万历《瑞金县志》卷 7《选举志・岁贡》，第 8 页。

② 黎士弘：《托素斋文集》卷 4，《谢士俊先生墓志铭》，雍正二年黎致远刻本，四库存目集部第 223 册，齐鲁书社 1997 年版，第 669 页。

> 课，锁深室中，先生则逾垣凿壁，竟日从友人饮酒、围棋、走马、弹雀。及潜归，为之省试，书记传诵，无一遗者。……与人交，推诚不疑二心，欲言不能隐，公卿大人前亦不少屈抑，见琐琐豪于财势貌为衣冠士者踞不加礼。然先生才名日著，豪岸日盛，而时忌者亦于是乎日炽。①

谢邦寀在传记中试图凸显其堂叔的聪明与豪迈，无意中却向我们展现了一个游手好闲、傲慢不逊并因此广遭忌恨的公子哥儿的形象，谢长震死于“丙戌之乱”应当与其父子俩长期以来与人结下的私人恩怨大有关系。据说谢长震被杀后，他的第二个儿子谢命爵“欲出身格斗，族人以众寡不敌止之，泣血拊心，设计竟致仇人于法”②。由此观之，谢长震也很可能是死于宗族之间的私仇。而这个仇家，大概就是为谢命官所瞧不起的那些“琐琐豪于财势貌为衣冠士者”，这些人有可能是缺乏功名的土著地主，更可能是上述那些具有移民背景的流民豪强。

综上可见，谢长震的死，虽在其年届七旬的高龄而令人同情，却也谈不上对明朝的“忠”，更谈不上对其时在瑞金尚未建立政权的清朝的“忠”，甚至也谈不上为了维护符合儒家价值的某种公平正义上的“义”。他只不过是在一场无所谓是非正义可言的“丙戌之乱”中，因长期积累的私人恩怨而终致报复杀害的众多土著田主之一而已。

那么，康熙癸亥志（1683）又为何要将谢长震入传“义烈”，其传记又为何能被康熙《赣州府志》采录，他又为何从康熙癸亥志（1683）中忠于明朝的“义烈”之士变成了乾隆癸酉志（1753）中忠于清朝的“忠烈”之士？谢长震的入传县志及其在县志中人物定性的变化，又映射出了县志编纂者怎样的意识？下面拟就这些问题作进

① 谢邦寀：《叔统伯命官公传》，载《瑞金叶坪谢氏九修族谱》第1册，1995年，第13页。

② 康熙《瑞金县志》卷8《乡贤志·孝友》，第18—19页。

一步探讨。

三 谢长震入传县志及其形象变化的原因

从谢长震入传清康熙癸亥志（1683），到被康熙《赣州府志》采择，再到乾隆癸酉志（1753）对府志的转载和定式，其实都是在其直系裔孙的直接参与下完成的。清康熙癸亥志（1683）的“校阅”谢聘，是谢长震的孙子；康熙《赣州府志》的“参辑”谢重拔，是谢长震的曾孙；乾隆癸酉志（1753）的“校阅”谢柏峤是谢长震的来孙。正是谢长震的这三个直系裔孙，使其得以入传县志并在县志持续编纂的过程中一再受到关注而被赋予新的意义。

谢聘无疑是将谢长震推向县志而载入史册的始作俑者，经由其参与编纂的康熙癸亥志（1683）《谢长震传》，成为其后府志和县志取裁的文献源和重要凭证。那么，谢聘是怎样将其祖父谢长震入传县志的呢？在康熙癸亥志（1683）《谢长震传》末了，有这一样句提示性的话语：“长汀黎士弘为之作《义烈先生传》。”康熙《赣州府志》在采录谢长震传时，虽然做了大量文字上的精简，由康熙癸亥志（1683）的207字压缩到47字。但是，上述传末那句表示信而有征的话，却只字未少地被加以转载，可见黎士弘所作的《义烈先生传》对谢长震入传县志和府志的重要意义。这当然与黎士弘的显贵身份有关。黎士弘，福建长汀人，顺治十一年（1654）举人，历任江西广信府司理、永新县知县、江苏常州知府、甘肃宁夏道分巡等职；后因会剿吴三桂叛乱，叙功升布政司右参政，康熙十八年（1679）致仕乡居。[①] 那么，黎士弘在传记中到底写了些什么，他又是在什么时候和在什么情况下撰写的呢？为弄清这个问题，笔者查阅了黎士弘的《托素斋文集》，这部文集收录了数十篇他为瑞金叶坪谢氏成员所作的序、传、题辞、寿文和志铭。令人遗憾的是，其中却没有他为谢长震所作的《义烈先生传》。再遍查《瑞金叶坪谢氏九修族谱》（一部完整的族谱），也未见登载黎士弘所作的所谓《义烈先生传》。如果

① 乾隆《福建通志》卷48《人物志六》，第36页。

说《义烈先生传》在黎士弘写作的大量墓志铭中显得并不重要而未被收录其文集，那么，此传对于谢氏族谱的编纂者而言无疑是极为重要的一篇文字，理当不至于被遗漏，更何况谢长震的曾孙也就是将其推向康熙《赣州府志》的谢重拔还亲自参加了清康熙三十一年（1692）叶坪谢氏三修族谱的编纂。这提示我们，黎士弘可能没有撰写过所谓的《义烈先生传》。

叶坪谢氏族谱是收录了一篇易学实为谢长震所作的《谢义烈先生墓志铭》，这篇墓志铭的落款时间是康熙二十二年（1683）二月，也就是在康熙癸亥志（1683）的编纂过程中。[①] 易学实，江西于都人，明末崇祯十一年（1638）举人，明清鼎革后，据说杜门三十年，著书立说，著有《犀厓文集》《云湖诗集》等传世。[②] 他在《谢义烈先生墓志铭》中有如下表述：

> 今国家崇节励操，搜求遗行，而志尹（按：谢聘字志尹）适当筮仕，先生高风亮节，会将上闻，登诸史册，以垂后世。余素慕先生遗风，而又得交先生之孙志尹，因按状以为铭。先生殁，今数十年，乃铭先生墓者，先生子若孙，重其事而有待也。[③]

其中的“志尹当筮仕”，是指谢聘出任康熙癸亥志（1683）“校阅”一事，因为谢氏以举人终其一身而未出仕为官。很显然，谢聘请易学实为其祖父作墓志铭，是为了将其祖父入传县志张本。这在一定程度上也可反证黎士弘并没有作所谓的《义烈先生传》，因为黎氏的社会地位和名望均在易氏之上，既有黎氏作传在先，似无必要易氏再传于后。易氏在长达千余文的《谢义烈先生墓志铭》中，却只字未提黎氏曾作过所谓的《义烈先生传》。当然，县志所说“长汀黎士弘

---

① 康熙癸亥志（1683）主修知县朱维高《瑞金县志序》的落款时间是“大清康熙二十二年癸亥孟冬月”。

② 雍正《江西通志》卷94《人物·赣州府》。

③ 易学实：《谢义烈先生墓志铭》，载《瑞金叶坪谢氏九修族谱》第1册《艺文纪》，1995年，第47—48页。

为之作义烈先生传”也并非纯粹的假托之词。谢聘在请易学实为其祖父撰写墓志铭的同时，也请黎士弘为其十年前去世的父亲（后被入传康熙癸亥志的“孝友”）撰写了一份墓志铭，这份墓志铭分别被收录在黎氏《托素斋文集》和谢氏族谱中。[①] 其中提到传主的父亲谢长震，并有“学者私谥为‘义烈先生’”的表述。康熙癸亥志（1683）中“长汀黎士弘为之作《义烈先生传》”的标识也是据此变通而来。之所以不提易学实为之作《义烈先生传》，概因易氏的身份不如黎士弘显赫和高贵。

类似“学者私谥‘义烈先生’”的表述，亦见于易学实所作的《谢义烈先生墓志铭》。其记曰：“一时学者闻之，莫不唏嘘涕泣，遂私谥为‘义烈先生’”。暂且不管是否真有私谥“义烈先生”的事实，也不管私谥“义烈先生”的“学者”是谁，但有一点是肯定的，正是黎士弘那“学者私谥‘义烈先生’”的表述，抑或根本就是易学实所撰写《谢义烈先生墓志铭》，成为谢聘将其祖父谢长震推向康熙癸亥志（1683）“义烈”传的最有力凭据。然而，黎、易两人既非传主同乡，又与传主素昧平生，作墓志铭时已距离传主被杀整整37年；可想而知，他们所撰墓志铭只要是关涉传主的生平事迹，唯有依据请托之人谢聘提供的传主“行状”，所谓的“义烈先生”云云，也只不过是从谢聘提供的“行状”中获知的。对此，易学实并不讳言，自称是“按状以为铭”而已。因此，黎士弘和易学实笔下那个与人物原型有较大差别的“义烈”谢长震，实际上是经由谢聘对其祖父形象精心设计后的呈现。也就是说，康熙癸亥志（1683）中那个隐约可见的忠于明朝的义烈之士，正是传主谢长震的孙子谢聘的意志体现。同样的道理，谢长震被康熙《赣州府志》采录和重新编纂，此后又被乾隆癸酉志（1753）转引并赋予其新的身份性质，毫无疑问，

---

① 黎士弘：《托素斋文集》卷4，《谢士俊先生墓志铭》，《四库全书存目丛书》集部第223册，齐鲁书社1987年版，第669—670页；又载《瑞金叶坪谢氏九修族谱》第1册《艺文纪·赠公谢士俊先生墓志铭》，1995年，第49—50页。注：这两个版本除标题稍有不同，对谢士俊先祖源流的叙述也略有差异；此外，族谱本在落款中署有撰写时间为“康熙二十二年二月”字样。

也正是其裔孙暨参加康熙《赣州府志》和乾隆癸酉志（1753）编纂的谢重拔和谢柏峤的意志体现。

可见，谢长震被载入县志以及此后在县志的持续编纂中之所以一再受到关注并被赋予新的意义，正是因为有其直系后裔持续参与县志（府志）编纂的结果。然而，这只是解释了问题的一个方面，即谢长震何以进入县志编纂者的视野并被采录编纂；却没有解释问题的另一个方面，即谢聘为什么要将谢长震设计为忠于明朝的“义烈”形象，而谢重拔、谢柏峤却又将之改设为忠于清朝的“忠烈”形象。要解释这点，就必须将之置于清代瑞金特定的国家进程中加以理解。

上文的分析已经表明，谢长震的死，其实根本谈不上儒家意义上的忠义。然而，康熙癸亥志（1683）却把谢长震塑造成了一个忠于明朝的“义烈”之士，笔者认为，这一方面映射出地方士绅宗族攀附皇权与正统的心理意识；另一方面又映射出其时在地方士绅中广泛存在的一种遗民情结。在宋代以降以绅权依附于皇权的帝制中国，[①]“忠”与“孝”以及“移孝作忠”的价值理念，不仅是帝王皇家政权倡导的核心政治伦理，也是地方士绅宗族竞相标榜的最高价值追求。宋明以降地方志中“忠义”类传记的普遍设置及其在人物志的序列中相对靠前的尊崇地位，为此作了注脚。清康熙癸亥志（1683）和康熙己丑志（1709）的“忠烈”传，则是被置于人物志的首端，更见出其时县志编纂者对忠义价值的认同和倡导。“移孝作忠”的价值理念，也常见于瑞金县志的人物叙事之中。例如县志中的“孝友”杨永升，据说临终前还不忘教导他的儿子说：“儿能为忠臣，即是孝子，余无所及。”[②]在对帝王皇家政权效忠成为核心价值追求的政治文化背景之下，将宗族成员塑造成为维护帝王皇家政权而付出生命的忠义之士，无疑是上述价值理念的体现以及提升宗族历史与现实地位的有效策略。在康熙癸亥志（1683）中，谢聘虽然没能将其祖父谢长震直接安插在体现着地方士绅最高价值

① 沈毅：《“家”“国”关联的历史社会学分析——兼论“差序格局”的宏观建构》，《社会学研究》2008年第6期。

② 乾隆《瑞金县志》卷6《人物志·孝友》，第10页。

追求的“忠烈”传中，但其传记文本所隐含的试图将其塑造为忠于明朝帝王皇家政权的动机却是显而易见的。

谢聘之所以没有将其祖父塑造为清朝的忠义之士，一方面是受制于谢长震被杀害于瑞金纳入清朝职方之前的事实，而谢长震被杀害于顺治三年（1646），距康熙癸亥志（1683）的编纂38年，并不算太遥远；另一方面是更主要的，与清初瑞金士绅的遗民情结有关。在康熙癸亥志（1683）编纂前六年，瑞金在“三藩之乱”中被耿精忠的部队占据了一年。在此之前，从顺治四年（1647）到顺治十二年（1655），邑人江振曦、释超忠、陈其伦、许胜可等人先后组织了顽强的抗清斗争。尤其是顺治五年（1648）的江振曦，一度组织起五六万人，围困瑞金县城长达四个多月。[①] 清初顺治年间和康熙前期，清政府在瑞金的政权极不巩固，社会动乱不已，民众对清朝的认同有一个曲折而痛苦的过程。上文所引族谱中揭示清军入瑞造成了深重灾难的叙事，实际上是清初宗族精英对清军残酷杀害无辜百姓的怨恨和控诉。

在清初顺治、康熙年间，遗民情结在瑞金是一种颇受尊崇的价值取向。即便是最早归顺清朝的那批地方士绅，如谢适、谢聘、杨长世、杨以睿、杨永植等人，他们大多与颇具遗民情怀的地方士绅，如宁都“易堂九子”[②] 以及于都易学实等人交往甚密，互为友朋。在他们所作的诗文传序中，常常流露出对不愿意折节于清朝的遗民的敬重。如康熙癸亥志（1683）主纂杨长世在《赠曾省之序》曰：“梅水曾君省之，负异才，工文词。明时已籍诸生，鼎革后唾弃不复顾，其浩然之怀，不可

---

① 康熙《瑞金县志》卷10《杂志·祥异》，第7—8页。

② 宁都魏氏兄弟是指魏伯子际瑞（善伯）、魏叔子禧（冰叔）、魏季子礼（和公），合称“宁都三魏”。明末清初，三魏兄弟与友人彭士望（躬庵）、邱维屏（邦士）、李腾蛟（咸斋）、林时益（确斋）、彭任（中叔）、曾灿（青藜），聚合隐居于宁都县翠微峰，名其居室为“易堂”，世称“易堂九子”。魏氏兄弟传世著作有《宁都三魏全集》。对于“易堂九子”作用赣南士大夫在历史剧变关头的自我认同与人生意义的追寻，赵园先生有详细论述，具体可参见赵园《制度·言论·心态——〈明清之际士大夫研究〉续编》，北京大学出版社2006年版，第385—453页。

一世。”[1] 杨氏对传主在鼎革后不再应考清朝功名这一忠义行为的高度评价，可谓溢于言表。即便是对后来折节于清朝的士人，也会因为他曾经有不愿折节的经历，而受到清初士人的褒扬。又如杨长世为其族侄杨以睿作传时曰：“以睿，字惟明，幼有颖悟，即嗜学。丙戌避乱山中，感时作歌。邑令钱江试童子，耻逐其伍。补卷入呈，令异其文，置第一。嗣是为诸生。”[2] 在一份于清康熙四十七年（1708）出自一位瑞金生员之手的族谱传文中，也有类似的描述：

> 公讳文仲，字鲁宾，九成公长子也。赋性淳厚，……甲申，烈皇帝殉社稷，父母携之避乱，徙居李村，弃诗书，从父躬耕。薙发令下，父子相持痛哭不欲生，自分死为有明之鬼。聆里理解，止之。[3]

这则传记不仅反映了在明清易代之秋地方士民的痛苦心理历程，也反映了传记作者对遗民情怀的深切同情和充分肯定。清初瑞金士绅的遗民情结，也体现在康熙己丑志（1709）的编纂者竟将一位追随南明吏部尚书郭维经，在参加清顺治三年“赣州保卫战”中死难的钟良则入传“忠烈”[4]。此传立于清修《明史》定稿刊刻（乾隆四年，1739年）之前16年，更是在清乾隆四十一年（1776）颁布的包括为南明殉难者在内的《钦定胜朝殉节诸臣录》之前53年。[5] 也就是说，清朝最终将给殉难南明者如何定性，在编纂康熙己丑志（1709）时尚未定论。尽管康熙己丑志（1709）并非为殉难南明者最早立传的地方志，可以肯定的是，编修于康熙癸亥志（1683）四年后的康熙《赣州府志》，尚未给包括领导顺治三年（1646）“赣州保卫战”的南

---

① 杨长世：《影居文钞》卷1《序·赠曾省之序》，第18页。

② 杨长世：《影居文钞》卷1《传·家惟明传》，第15页。

③ 同治《瑞金蓼溪赖氏五修族谱》（不分卷），《鲁宾公传》，清同治十年（1871），木活字本，上海图书馆藏。

④ 康熙《续修瑞金县志》卷10《人物志·忠烈》，第1—3页。

⑤ 纪昀总纂：《四库全书总目提要》卷58《传记类二·钦定胜朝殉节诸臣录》。河北人民出版社2000年版，第1596—1597页。

明主帅杨廷麟、郭维经、万元吉等任何一位殉难者立传。由此看来，至少在赣州府的层面，对殉难南明者到底应该如何评价和书写，还是保持着相当谨慎的观望态度。因此，康熙己丑志（1709）将钟良则入传“忠烈”，无疑是一次大胆的冒进之举，由此可见瑞金士绅宗族遗民情结的强烈程度。

谢聘出生于明崇祯十一年（1638），去世于清康熙二十七年（1688）。他是清代瑞金县的第三位举人，中举时间在康熙二年（1663）。据说在次年的会试中，因礼部的工作失误，竟致漏其姓名而未能如期参加考试。此事惊动了康熙皇帝，特让其补考，却又因“犯忌讳”未能高中进士。谢聘虽有举人功名，却终其一生而未出仕。[①] 仕途失意与先祖辉煌宦业形成的反差，加之清初遗民情怀颇受推崇的激荡，谢聘将其祖父塑造为明朝的忠义之士，并托请颇具遗民情怀的易学实为其祖父作铭张本，是再自然不过的行为选择。

但是，正如钱穆在谈到清代学者的学术风骨异于晚明遗老时所指出的，由于清政府“刀锯鼎镬、富贵利达”的威逼利诱，以致“遗民不世袭”[②]。谢聘的子孙，亦复如此。迨至康熙后期，谢聘家族再度成功地纳入新的王朝体制。他的四个儿子不仅全部获得了清朝的功名，大多也得以成功出仕。长子重捷，县学廪生，任九江府湖口训导；次子重拔以拔贡任抚州府东乡县教谕；三子重扬，举人；四子重挥，以岁贡任武宁训导。[③] 其中，谢重拔是康熙己丑志（1709）的主纂，后又出任康熙《赣州府志》的“校阅”。谢重拔乘机将其曾祖父谢长震推向了府志，并在传记中只言其疾恶如仇遇乱为贼杀，至于康熙癸亥志（1683）中“丙戌之乱”以及那些暗指其为忠于明朝的忠义之士的言论，则一概被删除了。如此一来，至少在客观上模糊了谢长震作为明朝人的身份性质。这就为其侄孙谢柏峤（谢重捷的孙子，府学生员）转引府志，并将谢长震改塑为清朝的忠烈之士奠定了

① 康熙《续修瑞金县志》卷10《人物志·行业》，第5页。

② 钱穆：《中国近三百年学术史》（上册），商务印书馆1997年版，第1—2页。

③ 乾隆《瑞金县志》卷6《人物志·事功》，第26页。

基础。

从传记前特别标明“国朝”字样来看，谢柏峤将其先祖谢长震改塑为清朝的忠烈之士，显然是经过思量后所做的决定。不难想见，随着时间的流逝，迨至乾隆年间，其时的瑞金士民对八十多年前的明清易代给地方社会造成的灾难，必有隔世之感，遗民情结在现行强大的专制帝国面前早已不复存在。相比康熙癸亥志（1683），乾隆癸酉志（1753）中为大清王朝护短饰美的言论明显增多，康熙癸亥志（1683）中那些对清王朝正义形象不利的记述，全部被乾隆癸酉志（1753）的编纂者们篡改或删除。现将康熙癸亥志（1683）与乾隆癸酉志（1753）有关清初几则兵乱的记载做一对比，[①] 康熙癸亥志（1683）记曰：

> 顺治三年丙戌春，何志源、沈士昌作乱，……是岁八月，清兵追隆武至汀州。闻报，阖城一夜逃去。江振曦不量兵力，统数千人入汀，尽为所歼。

乾隆癸酉志（1753）删改如下：

> 顺治三年丙戌春，何志源、沈士昌作乱，……是岁，瑞邑又有江振曦者与其弟江二，聚数千人为寇，邑民多逃避，既而率其众趋汀。八月，大清兵抵汀州，振曦之党寻被剿除。

在这里，乾隆癸酉志（1753）通过前后倒置的办法，将造成邑民阖城逃避的原因由大清兵入瑞金县篡改为江振曦作乱。

又，康熙癸亥志（1683）记曰：

> 顺治四年丁亥，新令徐珩极为风厉，首事□□乡与城，欲其解难，佃人负固如前，僧敬心及徐自成所行尤不法，徐令委生员

① 相关史料均出自康熙《瑞金县志》卷10《杂记·祥异》，第6—7页，乾隆《瑞金县志》卷1《舆地志·兵寇》，第13—14页，不再一一标注。

刘廷弼捕二人斩之。田总张胜复煽八乡田贼攻城，并焚城外余屋。徐请兵虔院，发马步兵五千人，破其山寨，大行荡剿，杀戮至五六千人。驻师二月，由夏徂秋而谷少登矣。且大兵蹂躏，饷费万金，兼之田贼除而租无所入，而富室困矣。脂膏宁不竭矣。

乾隆癸酉志（1753）删改如下：

　　四年丁亥，知县徐珩至，佃人负固如前，僧敬心及徐自成所行尤不法，珩令生员刘廷弼捕二人斩之。田总张胜复煽八乡田贼攻城，并焚城外余屋，徐请兵虔院，发马兵五千人，破其山寨，剿杀五六千人，害始除。

两相比较，康熙癸亥志（1683）在“破其山寨”后用了带有明显贬义色彩的“荡剿”“杀戮”等词汇，影射清军的滥杀暴行。但乾隆癸酉志（1753）只言“剿杀五六千人”。更要紧的是，乾隆癸酉志（1753）删除了清军剿杀“田贼”和“驻师二月”给瑞金的生产生活造成灾难性后果的记述，然后用一句“害始除”，将康熙癸亥志（1683）对清军滥杀无辜和驻师蹂躏的痛斥，转变成了对清军彻底除害的歌功颂德。

再如，康熙癸亥志（1683）记：

　　康熙十七年戊午，逆藩吴三桂、伪总兵韩大任，从吉安城奔驻宁都，逃走福建投诚，经过本邑湖陂，遇兵交阵，尸满山谷。佟将军统满兵数万，马匹万余追赶至汀，回师驻瑞，养马两月，供应浩繁，邑民苦之。

乾隆癸酉志（1753）删改如下：

　　（康熙）十七年戊午，逆藩吴三桂、伪总兵韩大任，从吉安奔驻宁都，欲走福建，经过邑之湖陂，遇大兵于老虎崇，交阵，

> 互有杀伤，积尸满山谷。大任败走，佟将军率马步数万追至汀州，大任赴亲王帐下，投诚大将军。师回，驻瑞两月。

康熙癸亥志（1683）既陈述了佟将军在瑞金击败韩大任的事实，又指出了佟将军的数万兵马回师驻瑞两月给地方造成的沉重经济负担，叙事清楚，一分为二。但是，乾隆癸酉志（1753）却只谈佟将军击败韩大任之功，不言回师驻瑞两月给瑞金造成的灾害。

从康熙癸亥志（1683）中屡见对清军的批评，到乾隆癸酉志（1753）的一味饰美和歌功颂德，既反映了清政府对地方社会控制的加强，又反映了地方士绅宗族对清朝帝王皇家政权的攀附和认同。谢柏峤将其先祖谢长震，重新包装为清朝的忠烈之士，也正是这种攀附和认同心理的体现。

综上所述，谢长震入传县志及其在随后的县志编纂中被重新解释和定性，只不过是宗族观念掺入瑞金县志的一个案例。在这里，我们看到了兼有"宗族精英"和"国家史官"双重身份的县志编纂者，在平衡家国和兼顾公私的基础上，设法将其直系先祖导入县志所做的努力；更看到了县志编纂者又总是基于现实环境和当下的价值取向来定位和重新定位其先祖和帝王皇家政权之间的关系。如果说作为私家历史记述的族谱，往往将其系谱终极起源追溯到黄帝或古代中国王朝的王族，以寻求其作为中国人、作为汉民族的正统性的根据，主要反映的是族谱编纂者对华夏认同的历史意识；[①] 那么，作为公共历史记述的县志，其编纂者设法将其宗族成员导入县志，并在县志的持续编纂中不断根据主流意识形态和现实环境来重新调整其先祖与皇朝政权之间的关系，以便为宗族立足地方社会寻求符合道统和皇统的根据，反映的则是地方士绅宗族对以帝王皇家政权为象征的国家认同。从这层意义上，县志传记中的人物已经不再是对事实的客观记录，而是基于一定事实的主观建构。

① ［日］濑川昌久：《族谱：华南汉族的宗族·风水·移居》，钱杭译，上海书店出版社1999年版，第1—25页。

第四章　瑞金县志的编纂与地方文化意识

明清时期方志编纂的经常化和制度化，其根本动力在于中央王朝将之当作行政理性了解地方性知识和推行大一统理念的重要文化举措。在一定意义上，方志编纂反映了中央王朝将大传统文化和儒家思想学说推向地方的不懈努力。因此，地方志也必然要深受主流意识形态的浸染，普遍被打上了王朝话语的深深烙印，以致容易模糊不同区域文化的次第性和多元性。这对于传统史学的评判标准而言，方志的史料价值无疑将因此大打折扣。然而，若站在地方的角度，方志编纂又何尝不是地方官绅尤其是地方知识精英追溯、筛选、确认和重建地方历史文化的过程。以地方知识精英为主体的县志编纂者，在国家意识形态的框架内，对本土历史文化过程的不断设问和求解所引发的地方意识，以及这种意识随着方志的持续编纂而发生的变化，所有这些又构成了地方历史文化过程的重要组成部分。① 在这一章中，笔者将从文化史的角度，考察明清时期的县志编纂与地方文化意识之间的逻辑关系，探讨县志编纂者的地方文化意识及其在县志文本中对地方文化形象的建构机制、特点和趋势。

第一节　明清瑞金县志编纂话语权的转移

宋元之前，瑞金县缺乏修志传统，本土历史文献几近空白，出现地方失语的情状，王朝话语成为现在通过文字书写了解宋元之前瑞金

---

① 日本学者滨岛敦俊基于明末长江三角洲地区几部方志的经验研究，认为方志不仅是共同历史的记忆和牧民官的参考书，还是当地支配阶层将自己的意志暗示给为官者的一种重要途径。参见滨岛敦俊《方志与乡绅》，《暨南史学》2003 年第 6 号。

历史文化的唯一角度。伴随着明清县志编纂的经常化，尤其是自万历癸卯志（1603）后县志编纂话语权由他者向自我的转变，使得瑞金县志最终成为地方知识精英表达本土关怀和地方文化意识的平台。

一　宋元之前瑞金县的“地方失语”

为了更好地描述和概括宋元之前瑞金地方文化意识的状况，笔者在这里试提出“地方失语”这一概念，用以描述人们在认识和重建地方历史过程时，唯有通过“他者”的观察和记录，却无法听到本土人士声音的现象；地方失语的本质，是本土人士没能掌握塑造地方历史文化形象的话语权。

宋元之前的瑞金县，正是长期处于地方失语的状态。瑞金建县于南唐保大十一年（953），至今已逾千年，可谓历史悠久。不过，如果想通过文字记载去追溯和了解宋元以前的瑞金历史，如果不通过诸如正史、士人文集等基于“他者”立场所做的片段性描述，我们将一无所知。换言之，我们几乎找不到一个来自瑞金本土人士的观察和记录。地方志大概是保存地方知识群体关于本土书写的最主要载体。然而，检阅历修瑞金县志时发现，载于其中的瑞金邑人的最早诗文作品，竟然是明万历十六年（1588）前后钟谟所撰《重建云龙桥碑亭记》。[①] 光绪乙亥志（1875）刊载了一份历史以来瑞金人士的著作书目，其中除了刘鹏的《县务纲目》，其余著作均形成于明末以降。[②] 刘鹏系北宋末年人士，其《县务纲目》早已失传。不过据马端临《文献通考》的介绍，该著当属官箴书的性质，无关瑞金的自然和历史、人文。[③]

① 钟谟所记重修云龙桥，是指区大宪任瑞金知县时主持修复的那一次，时间是在万历十六年（1588）。记曰：“（万历）戊子，邑侯区父母甫至，首询民瘼，既喟然叹曰，桥以利民，今民徒涉，非计也。遂集父老受功重建而鼎新之，未几功竣。”载康熙《瑞金县志》卷9《艺文志》。

② 光绪《瑞金县志》卷16《杂志·记闻·书目附》，第24页。

③ （元）马端临：《文献通考》卷202，记曰：“《县务纲目》二十卷，陈氏曰：赣阳刘鹏撰，凡四十四门，四百七十余事。其说不止于作县，而事关县务者为多焉，元符庚辰序。”

私家族谱也是保存本土历史文献的重要文类，常常成为县志的重要稽史来源。笔者通过公共图书馆和田野调查，读到过三十余种瑞金县域不同姓氏的族谱，除了瑞金“蓼溪赖氏”在明末天启年间初修族谱时提到该宗族在南宋时曾经修过家谱，并在族谱中保存了一份落款时间为“大宋绍兴壬申岁孟秋月”的谱序外，[①] 其余姓氏初修族谱的时间都要晚至明代嘉靖、万历以后。因此，现存族谱中也极少能见到形成于宋元之前的家族文献。

对于宋元之前瑞金本土历史文献的匮乏，显然不只是笔者的感受。早在明代嘉靖年间瑞金县编纂为后世所公认的第一部县志时，县志编纂者对此就已经深有感触。嘉靖壬寅志（1543）主纂林有年说：“自宋绍兴置邑历于今，五百有余年矣。邑之颠末事迹仅十之一，稽古实无征焉。”[②] 因此，在重建唐宋以降的瑞金历史时，嘉靖壬寅志（1543）的编纂者唯有“考之典籍，询之故老，参之府志，次第增入，略加详焉”[③]。也就是说，除了典籍、府志等基于王朝话语的立场对瑞金的记录，以及瑞金古老相传的口述资料外，几乎没有任何可供采择的本土历史文献。正因如此，明清历修县志所能提供的宋元之前的地方历史信息，也就相当有限。通读明清瑞金县志，我们会强烈地感受到，其编纂者对宋元之前瑞金历史的了解近乎茫然无知。20世纪80年代，瑞金县响应国务院文物普查工作指示精神，就本县包括古代建筑、碑刻、族普等在内的历史文物做了一次全面普查。这次普查情况，后来被汇编成了一册《瑞金县文物志（历史文化部分）》。据该志公布的信息，这次普查也没有发现形成于宋元之前的文字记录，发现的最早文字记录是明初永乐二年（1404）的碑刻《重修龙雾田山碑记》。[④]

---

① 刘振：《初修家谱序》，载《瑞金蓼溪赖氏五修族谱》，清同治十年（1871），木活字本，上海图书馆藏。

② 林有年：《瑞金县志序》，载嘉靖《瑞金县志·瑞金县志序》，第2页。

③ 嘉靖《瑞金县志·凡例》，第1页。

④ 瑞金县文物志编写小组：《瑞金县文物志（历史文化部分）》，1984年，瑞金市地方志办公室藏。

现存宋元之前瑞金本土历史文献的空白，虽然并不意味着期间没有产生过本土历史文献，其中应有年代久远由于战乱或天灾等原因而造成文献毁灭亡佚的可能。不过可以肯定的是，即便曾经产生过本土历史文献，这些文献也很难成为正史、典籍，甚至后世方志编纂者用以描述地方历史文化的素材而被保存下来。包括瑞金县在内的整个赣南，因其地近岭南，境内多山，相对赣中北地区开发要晚，文化相对落后。宋元之前，赣南地方文化形象的塑造，基本上掌握在那些曾经宦历赣南甚至不曾到过赣南的达官显贵和社会名流的笔下。他们的言论，因其政治身份或文化身份的显贵，往往成为后世地方官绅重建地方历史文化过程时乐于转引的话语。值得注意的是，对上述王朝话语的选择与层累，实际上意味着对地方话语的舍弃与偏废，这也是造成在长期层累地建构地方文字历史的过程中"地方失语"的又一重要原因。例如，唐代韩愈在为曾经担任虔州刺史的张署所写的墓志铭中，对唐宋时期的赣南民风习俗和礼教过程有如下描述：

> （张署）改虔州刺史，民俗相朋党，不诉杀牛，牛以大耗；又多捕生鸟雀鱼鳖，可食与不可食相买卖，时节脱放，期为福祥；君视事，一皆禁督立绝。使通经吏与诸生之旁大郡，学乡饮酒丧婚礼，张施讲说，民吏观听，从化，大喜。①

在韩愈的这段言论中，唐代虔南的民俗还有很多不合礼教的地方。他之所以要指出和强调这些，自然是为了更好地彰显张署就任虔州刺史时，在推行教化方面做出了重大贡献。墓志寿记为传主隐恶扬善和夸大饰美也在情理之中，本不必过分较真。然而，韩愈此论竟成为后世方志编纂者用以描写赣南风俗而乐于转引和发挥的话语。例如，清初康熙年间，《赣州府志》主纂张尚瑗就说："昌黎称，张署刺虔，使通经吏及诸生之旁大郡学乡饮、婚丧之礼，此赣州礼教之所

① （唐）韩愈著，阎琦校注：《朝昌黎文集注释》下册第163页，三秦出版社2003年版。

由始。"[①] 可见，张尚瑗据此做出了张署刺虔是赣州礼教之始的结论。平心而论，稍懂赣南历史的人们，也许会认为这个结论是很成问题的。张署任虔州刺史，是在唐元和年间（806—820）。[②] 而早在其就任虔州刺史半个世纪前的唐乾元二年（759），虔州于都县的赖棐就已经进士及第；[③] 在其就任虔州刺史一个世纪前的唐景龙年间（707—710），赣县的钟绍京已经官至中书令，晋封越国公。[④] 尽管这些特例并不能说明唐代赣南文教的先进和普及，但至少可以说明赣南礼教始自张署刺虔的说法并不客观。然而，虽则史实昭然，却因地方话语的缺失抑或地方话语缺乏有力的政治文化背景的支持而不易引起人们的重视，最终陷入了地方失语的境地，致使出自达官名流那带有明显王朝话语性质的言论成为塑造地方文化形象的主要依凭。瑞金县的文教与地缘在赣南诸县中均属"僻邑"，宋元之前可供挖掘的地方人文资源极其有限，出现地方失语的情状也便在情理之中了。[⑤]

二　明清时期的县志编纂及其话语权的转移

明清时期的县志编纂为瑞金县逐渐摆脱地方失语的境地搭建了前所未有的平台。但必须注意的是，在明清瑞金县志编纂史上，县志编纂的话语权却经历了一个从"他者"到"自我"的转移过程，其转折点大致发生在明代万历癸卯志（1603）。此前的明嘉靖壬寅志（1543）和隆庆壬申志（1572），这县志编纂的话语权被掌握在以主修知县为代表的"他者"手中；而此后的瑞金县志，其编纂的话语

① 康熙《赣州府志》卷63《志事·风俗》。

② 同治《赣州府志》卷34《官师表·府秩官表》，第20页。

③ 同治《赣州府志》卷46《选举志·进士》，第7页。

④ 欧阳修：《新唐书》卷121《钟绍京传》。

⑤ 在中国科举时代，科名与仕宦状况是衡量一个地方文化发达程度的最重要的指标。据道光《宁都直隶州志》卷20《选举志上》的记载，两宋时期，瑞金考取进士仅3人，其中北宋1人，南宋2人；宋元之前，由荐辟入仕者仅有1人。宋元之前瑞金的科名与仕宦，在赣南诸邑中尚处落后水平。如瑞金相邻的宁都县和石城县，两宋时期，宁都县考取进士共计83人，宋元之前由荐辟入仕37人；石城县，两宋时期考取进士12人，宋元之前由荐辟入仕25人。

权则逐渐转移到了地方知识精英的手中。

明嘉靖壬寅志（1543）的主纂是曾经官至监察御史的福建莆田人林有年。嘉靖壬寅志（1543）的体例设置，卷目小序，多出其手。[①]而其编纂取舍的基础，是主修知县赵勋此前亲自编写的“草志”[②]。对此，赵勋在《瑞邑志序》中有如下表述：

> 勋令是邑，初于民情土俗，古今得失，施为先后，与夫山川之条理，区域之井经，户口之消息，漫无所考。乃于广询博采，余汇缀数简。渐次成帙，尚俟君子以损益始终之。[③]

在参修嘉靖壬寅志（1543）的人员中，林有年在《瑞金县志序》中提到，“司教事李君天祥、魏君文谟、陈君锦，生员钟生训、刘生芳，胥赞厥美。”[④] 除了三位儒学官员外，还有两位瑞金儒学生员参加。参与县志编纂的地方士绅的人数之少，层次之低，说明这次县志编纂尚未引起地方人士的重视。不难想见，区区两名生员，即便是在儒学教谕和训导面前，恐怕也很难代表地方发出自己的声音，更何况县志主纂是经由主修知县礼聘，在其时的赣闽粤边区享负盛名的鸿儒硕学林有年呢？一个很典型的例子是，在编纂嘉靖壬寅志（1543）的工作接近尾声时，主纂林有年曾在主修知县赵勋、教谕李天祥、训导魏文谟、陈锦和典史顾惠等人的陪同下，前往瑞金县的陈石山游览。林氏此游赋有《陈石岩》诗，上述知县赵勋一行人等，也分别用林有年的《陈石岩》韵，赋诗唱和。这一组以陈石岩为题材的七

① 这一点，可以从以下事实中看出：嘉靖《瑞金县志》和此前同样由林有年主纂的嘉靖《安溪县志》，这两部县志的体例门目及卷目序言，均大同小异，有不少则完全一样。

② 林有年：“愚乃怿然，卜于阳月壬午，开馆于绵江书院，以侯所录草志，朝夕翻阅”，载嘉靖《瑞金县志·序》，第2页。

③ 赵勋：《瑞邑志序》，嘉靖《瑞金县志·后序》，第1页。

④ 林有年：《瑞金县志序》，嘉靖《瑞金县志·瑞金县志序》，第1—2页。

言律诗，后来被收录刊刻在嘉靖壬寅志（1543）的《文章类》中。[①]值得注意的是，其中却未见同样参与了县志编纂的两位瑞金生员，即钟训与刘芳的诗作。这表明，要么钟、刘两人没能参加这次陈石山之游，要么参加了游览却没有诗作或者所作之诗被认为没能达到收录县志的水平。不管是哪种情况，都从一个侧面映射出这两位瑞金本土生员在嘉靖壬寅志（1543）的编纂中没有多少话语权。事实上，在整个《文章类》中，也没有一篇是出自瑞金本土人士的诗文。此外，嘉靖壬寅志（1543）对瑞金风俗的描写也相当刻薄而毫不饰美，曰："民性多悍勇尚气，……近被政教，甄陶稍识礼度。"[②] 所有这些都说明，嘉靖壬寅志（1543）远未成为瑞金知识精英表达地方意识和塑造地方文化形象的平台。相反，它展现的主要是帝国行政理性了解地方以及国家意识形态统摄地方的意志和要求。

这种状况在此后三十年编纂隆庆壬申志（1572）时，也没有明显改观。隆庆壬申志（1572）的主纂，是由主修知县吕若愚亲任。吕若愚，来自浙江新昌望族，以进士出任瑞金知县。吕氏是明代瑞金70名知县中，能确知拥有进士学衔的2位知县之一。他认为嘉靖壬寅志（1543）"纪载尚多遗阙，而序次先后亦未为的，谓之全书或歉焉"[③]，故以重修一部更为完整的瑞金县志为己任，"留神三载，凡其斟酌损益，以录之成书者，皆身亲之"[④]。很显然，隆庆壬申志（1572）主要是出自吕若愚本人之手。关于参修隆庆壬申志（1572）的地方人士，吕若愚在《重修瑞金县志序》中说："乃进生员朱紫、许宗庆、杨永昌、杨训于公廨，付以编缉之事。"[⑤] 虽然参修县志的

---

① 嘉靖《瑞金县志》卷7《文章类》，第22页。林有年《陈石岩》："笔罢绵江纪胜游，一壶买醉石门秋。剑峰雨霁看图画，玉峡龙飞听碧流。纷郁祥云舒复卷，间关倦鸟去远留。心劳天外水鸥在，更许诸君谩唱酬。"紧跟此诗的依次分别是赵勋《次韵》、李天祥《陈石岩用林寒谷韵》、魏天谟《陈石岩用林寒谷韵》、陈锦《次韵》、顾宪《次韵》。

② 嘉靖《瑞金县志》卷1《地舆类·风俗》，第6页。

③ 吕若愚：《重修瑞金县志序》，载万历《瑞金县志》，第1页。

④ 潘伯骧：《瑞金县志跋》，载万历《瑞金县志》，第1页。

⑤ 吕若愚：《重修瑞金县志序》，载万历《瑞金县志》，第2页。

地方人士较之嘉靖壬寅志（1543）有所增加，但是这4位瑞金人士只是生员，政治身份和文化身份依然很低，在县志编纂中只是做了一些协助性的“编辑”工作。在艺文志中，均未留下他们的诗文或题记，相反，正如第二章中所指出的，吕氏把自己在任不到两年时间中的所有兴作，一一载入县志的相关卷类门目之中，简直将隆庆壬申志（1572）编纂成了他的“政迹簿”。

明万历癸卯志（1603）后，上述状况发生了根本逆转，县志编纂的话语权开始由“他者”转移到了地方士绅。此后编纂的8部瑞金县志，除明万历乙卯志（1615）和清道光壬午志（1822）外，其余6部县志的主纂均由瑞金地方士绅担任。此外，参加县志编纂的地方士绅的人数和层次，较前都大为增加和提升，几乎囊括了其时瑞金县域学衔和官阶最高的士绅。地方士绅的政治身份和文化身份较前都大有提高，有的曾官至知县甚至是知府，拥有贡生、举人乃至是进士学衔的也不乏其人。如万历癸卯志（1603）的主纂赖聘，以贡生曾官至福建归化县知县。① 另一位主纂钟谟，则以贡生历任府学训导、县学教谕、国子监学录和府通判等职。② 他出任县志主纂时，是在国子监学录任上，虽则官阶不高，但因供职京师太学，拥有较高的文化地位。③ 以至于早在万历十六年（1588），知县区大宪重修云龙桥碑亭时，就请钟谟为之作《重建云龙桥碑亭记》。大约15年后，钟谟将该记收录在了由其主纂的万历癸卯志（1603）中，成为登载于县志《艺文志》中出自瑞金士绅之手的最早作品。迨至明万历戊午志（1618），县志主纂杨以杰，以举人入仕，曾经官至知府；此外，在另外8名参修人员中，署名官至知县的有2人，举人1人。这些人的政治身份和文化身份，都不在地方知县之下。

入清以后，县志编纂的话语权牢牢地为地方士绅所掌控。先后出

① 万历《瑞金县志》卷7《选举志》，第13页。

② 同上。

③ 张廷玉：《明史》卷73《职官志·国子监》，中华书局1974年版，第1789页。记：“（国子监）学录七人，从九品。……助教、学正、学录掌六堂之训诲，士子肄业本堂，则为讲说经义文字，道约之以规矩。”

任县志主纂的地方士绅有杨长世、朱康侯、朱世官、杨以兼、谢重拔、杨于位等人。这些出任县志主纂的地方士绅，具有以下共同特点：首先，他们都是来自瑞金强宗大族的宗族精英，在家族中拥有很高的威望；其次，他们都是具有一定文学水平的知识精英，在地域社会中有一定的影响力；再次，他们都拥有较高的政治身份或文化身份。例如康熙癸亥志（1683）主纂杨长世，出自瑞金望族“西门杨氏”，他在宗族中因辈分高和学行优而颇受推崇，并且与宁都魏礼、于都易学实等学界名流以及长汀黎士弘等官场大员交往甚密，著有《影居文集》，在地域范围内享有很高的声望，行谊事迹载录雍正《江西通志》。① 又如康熙己丑志（1709）主纂谢重拔，来自瑞金县另一望族“叶坪谢氏”，拔贡生，据说他在贡监时，与诸名士角试，榜出名列第一，于是“文名大起，名公巨卿咸欲重拔出其门下”，后出任东乡县儒学教谕，著有《鸿雪吟》《秋水集》《持世书》等诗文集，后受聘张尚瑗聘请，同修康熙《赣州府志》。② 再如杨于位，也是来自“西门杨氏”，是清代瑞金县的第一位进士，曾官知县，致仕后先后担任过广东潮州韩山书院、江西南昌豫章书院、赣州濂溪书院山长；③ 著有《镜亭竹》《韩山偶吟》《杨中子时文》等诗文集，曾为清康熙乾隆年间著名人物画家、福建长汀人上官周的《晚笑堂画传》④ 作序，在赣闽粤边区的学术文化圈中具有较大影响。此外，朱世官与杨以兼，都由举人官至知县，在县域社会中均颇负官声和文名。前者名登州志《文苑》⑤，后者则名登通志《列传》⑥。

由上述地方知识精英主导编纂的县志，收录地方人士的诗文作品

---

① 雍正《江西通志》卷94《人物・赣州府》记曰：“杨长世，字延会，瑞金人。顺治己亥岁贡，除兴安学训，不就。杨为瑞著姓，长世于族行最尊，自副使以杰、学博以任，皆在诸子列。以是州闾乡族咸推为祭酒，日闭户校雠，目览手披无宁晷。闽汀黎士弘、同郡易学实、魏礼，皆与为同学。子以兼，庚子孝廉，亦以醇行著名。”

② 乾隆《瑞金县志》卷6《人物志・文苑》，第41页。

③ 乾隆《瑞金县志》卷5《选举志・进士》，第4页。

④ 上官周编绘，胡佩衡选订：《晚笑堂画传》，人民美术出版社1959年版。

⑤ 道光《宁都直隶州志》卷22《人物志・文苑》，第71页。

⑥ 光绪《江西通志》卷269《列传》，第20页。

和安插地方姓氏宗族资料的数量较前大幅增加。与此同时，地方士绅有意淡化“他者”在历修县志中留下的印迹。例如，清乾隆癸酉志（1753）对明代以来历修县志的编修姓氏作了一次梳理，并将梳理后的名单刊刻在乾隆癸酉志（1753）的卷首《姓氏》目下。有意思的是，在这份姓氏名单中，仅留下了历修县志的主修知县、主纂以及所有参加过县志编纂的地方士绅的名字，却将教谕、训导、典史、巡检等原为旧志“修志姓氏”所登载的地方官吏的名字全部删除。此外，艺文志中的“他者”诗文也成为后世编志者删除的主要对象。例如，明嘉靖壬寅志（1543）中登载的教谕李天祥、训导魏文谟、陈锦和典史顾惠四人唱和林有年《陈石山》韵的诗文，就被清康熙癸亥志（1683）的编纂者一一删除。所有这些，均从一个角度反映了地方士绅的自我意识和本土观念。

上述县志编纂话语权由“他者”向“自我”的转移，改变了此前瑞金县长期处于地方失语的状况，瑞金县志因此逐渐转化为在国家意识形态的框架内，本土知识精英表达本土关怀和地方文化意识的话语平台。

第二节 从地方失语到本土关怀：以县志对铜钵山的书写为中心

中国历代编修方志的传统，使得每一地区都有可能通过方志书写，以历史记录和叙述的方式来表达地方文化意识。① 但是，具体到某一个地区，地方志能否成为地方知识精英表达本土关怀和地方文化意识的平台，则要放到这一地区方志编纂的具体情况中去探讨。上文的分析已表明，在明嘉靖壬寅志（1543）之前，瑞金县缺乏修志传统，加上文化相对落后，本土历史文献近乎空白，致使长期处于地方失语的境地。由于历史的惯性和地方文化水平的限制，明代瑞金县初

① 程美宝：《地域文化与国家认同：晚清以来“广东文化”观的形成》，生活·读书·新知三联书店2006年版，第261页。

编的嘉靖壬寅志（1543）和隆庆壬申志（1572），其书写话语权并没有掌握在地方知识精英的手中，这种状况直到编纂明万历癸卯志（1603）才得以扭转。也就是说，自万历癸卯志（1603）后，瑞金县志才真正成为地方知识精英表达本土关怀和地方文化意识的平台；之前的县志文本，主要是国家行政理性了解地方性知识以及国家意识形态控制地方的表达。接下来，笔者试图通过比对明嘉靖壬寅志（1543）和万历癸卯志（1603）在“山川”目中对“铜钵山”的书写变迁，从更为微观的层面来展现瑞金县志从地方失语到表达本土关怀的历史过程，以及入清以后在瑞金县志的持续编纂过程中，不同时期的历史内涵和地方文化意识与铜钵山书写之间的逻辑关系。

一　明代县志中的铜钵山

铜钵山，位于瑞金县城西北 30 公里左右的九堡（现为九堡镇）境内，海拔 885 米，是瑞金县为《明一统志》所记载的两座山之一（另外一座是“陈石山”），也是瑞金县为宋代地理总志《舆地广记》所记载的唯一之山，有“绵江第一峰”之称。[①]《舆地广记》曰：“瑞金县本雩都县地，有金；唐天佑元年，置瑞金监；后升为县，属虔州，有铜钵山。”[②] 可见，在宋代，铜钵山在王朝话语中是用以指称瑞金县的地理标识。《明一统志》则记曰：“在瑞金县西北一百里，巉岩为众山之冠。”[③] 指明了铜钵山的方位和在县域众山中的地位，尽管记述未必很准确（如铜钵山离县城不到一百里，这正表明地方话语的缺失），但是，“巉岩为众山之冠”的印象，大概是宋明时期的

① 绵江是瑞金县流域面积最大的一条河流，常被用以代称瑞金县域。因此，“绵江第一峰”实指瑞金第一峰。不过，铜钵山海拔 885 米，并非瑞金县的最高点，最高点是位于县境东部的仙人湖岽，海拔 1138.3 米；此外，千米以上的高山还有多座。具体可参见瑞金县志编纂委员会《瑞金县志》，中央文献出版社 1993 年版，第 109—111 页。

② （宋）欧阳忞撰：《舆地广记》卷 25《江南西路》，李勇光、孙红校注，第 720 页，四川大学出版社 2003 年版。

③ （明）李贤等撰：《明一统志》卷 58《赣州府》，四库全书本，上海古籍出版社 1989 年版，第 182 页。

共识，也是铜钵山被视作瑞金县地理标识的重要原因。

铜钵山“其巅有古刹，创自唐之乾符”[①]。相传在古代，铜钵山上寺庙广布，僧道云集，曾建有36座寺庵，僧众多至千人。[②] 概因独特的自然环境和人文内涵，铜钵山成为游历瑞金的士子文人乐于参观游览和书写寄怀的形胜之地。明代著名学者赣中吉水罗洪先也曾游览此山，并有《题瑞金县铜钵山》诗一首，诗云：

> 层峦草树隔烟村，鸡犬人间寂不闻。
> 松籁夜归天外鹤，樵歌晓散担头云。
> 闽山西入都成画，绵水东来尽有文。
> 眺罢匆怀陈石路，仙踪欲问采芝群。[③]

“眺罢匆怀陈石路”中的陈石路，是指瑞金县的“陈石山”[④]。上已提及，陈石山是瑞金县为《明一统志》所记两座山中的另外一座，“在瑞金县东北五十里，相传陈武帝微时尝庐此，故名”[⑤]。罗氏此番感慨，颇有“黄山归来不看山”的意味，可见他对铜钵山的自然与人文景观给予了较之陈石山更高的评价。也难怪有人称说：“瑞之名镜，钵山为首称也。”[⑥]

我们不知道明代嘉靖壬寅志（1543）的编纂者是否注意到了上述

---

① 刘孟宗：《徐氏施铜钵山碑记》。该碑镌刻于清康熙二十七年（1688），现仍立于铜钵山古刹门口右侧，保存完好，碑文三百余字，仍清晰可辨。

② 瑞金县文物志编写小组：《瑞金县文物志（历史文化部分）》，1984年，第19页。

③ 罗洪先：《念庵文集》卷22《七言律》，第30页。

④ 罗洪先游览过瑞金陈石山，并作有《登陈石山》诗一首，曰：“竹杖芒鞋恣浪游，寒风吹急数声秋。松摇碧嶂青虬动，瀑泻高岩白练流。洞口烟霞常自起，山间花鸟为人留。偶题陈石云生笔，向觉当时素愿酬。”该诗被收录在康熙《瑞金县志》卷9《艺文志》中。

⑤ 李贤等撰：《明一统志》卷58《赣州府》，四库全书本，上海古籍出版社1989年版，第473册第182页。

⑥ 《重建铜钵山祖师殿碑记》，这是一块残破石碑，现横卧于铜钵山古刹外的草丛中，约有百余字清晰可辨。其中有记：“后因兵寇蹂躏，罹祝融之灾。……予膺简命，抚莅兹邑”等字样，据此推测，该碑可能形成于清初，作者为瑞金知县。

《舆地广记》《明一统志》以及罗洪先等人对铜钵山的书写。可以肯定的是，他们在“山川”目中记录铜钵山时，对此并未做出回应。不过，嘉靖壬寅志（1543）将铜钵山放在了“山川”目下的诸山之首，记曰：

> 铜钵山，一名龙发山，在县西北六十里，周回三十里，巉绝高耸，为县治来龙之祖。形如铜钵，有昭灵王祠。[①]

嘉靖壬寅志（1543）对铜钵山的上引记载，很可能参照了嘉靖《赣州府志》的相关内容。《赣州府志》记曰：“铜钵，县西北百里，俗呼发龙山，巉绝高耸，其形如铜钵，上有昭灵祠。”[②] 县志与府志除了在铜钵山的方位表述上稍有差异，其他信息基本一致。均指出“形如铜钵”，暗含着山名因其形如铜钵而得名的意思；府志和县志都提到了该山又名“龙发山”，县志更是明确地指出其“为县治来龙之祖”，这大概也是县志和府志将铜钵山置于诸山之首的主要原因。总的来讲，嘉靖壬寅志（1543）对铜钵山的书写，言辞简略，仅陈事实，不掺感情色彩，由“他者”所作客观白描的叙事风格比较明显。

迨至万历癸卯志（1603），在其“山川”目下，铜钵山依旧排列于诸山之首，但对其书写却充实了很多，兹引如下：

> 铜钵山，县西北五十里，形如铜钵，俗又呼为龙发山。广三十里，高十五里。虽天气晴朗，烟雾罩顶，云出其下，巉绝高耸，举目千里，诚虔地大观也。下有龙井，井中露出石拳，状如龙爪，遇旱祷雨，汲泉见龙爪，多应。前有香炉山，有腾云石，又有龙湫，四时不涸。顶上有昭灵王祠，远近祈祷者日以百计。

---

① 嘉靖《瑞金县志》卷1《地舆类 · 山川》，第3页。

② 嘉靖《赣州府志》卷2《山川》，第21页。

> 一统志云，铜钵巉岩，为众山之冠。诗见艺文志。[①]

两厢比较，不难看出，嘉靖壬寅志（1543）记铜钵山，重点强调的是它作为瑞金“县治来龙之祖”的事实，并无任何装饰的成分。然而，万历癸卯志（1603）则有意淡化铜钵山作为“县志来龙之祖”的地位；与此同时，增加了对铜钵山上诸如烟云、龙井、香炉山、腾云石、龙湫、祈祷者等诸多自然与人文景观的介绍和描写，并转引了《明一统志》的记载和特别提示《艺文志》中有诗记载。所有这些无非要表明，他们更想给人们呈现的是一处自然景观优美和人文内涵丰富的风景名胜之地。很显然，万历癸卯志（1603）的编纂者们已经不满足于嘉靖壬寅志（1543）那近乎白描的叙事方式，表现出了要通过县志这个平台来展现和推介家乡山水之美的冲动，他们的爱乡情结和本土关怀跃然纸上。

万历癸卯志（1603）的这种冲动，其实更体现在它一改嘉靖壬寅志（1543）对瑞金县“绵江八境”同样白描式的书写，进而创制出一套新的解释。嘉靖壬寅志（1543）在“形胜”目中云：

> 县治当闽广之冲，在郡东北隅。军门龙山列峙于前，龙雾铜钵叠映于后，隘山闽峤亘其左，螺峰塔石抱其右，贡绵之水循城而西，闽广之路两通于东。旧志。古称绵江八景：一曰绵江浸月，二曰笔架凌霄，三曰浮波烟艇，四曰铜钵云樵，五曰龙江拥翠，六曰陈石流清，七曰双清柳渡，八曰大障茶歌。[②]

嘉靖壬寅志（1543）首先引“旧志”对瑞金形胜作了一番宏观概述，然后含糊其辞地指出这就是瑞金自古所称的“绵江八景”。稍加注意将不难发现，“旧志”概述中提到的瑞金名胜至少有十处，与所谓的“绵江八景”在数量上并不吻合。这提示我们，嘉靖壬寅志

① 万历《瑞金县志》卷2《地舆志·山川》，第3页。

② 嘉靖《瑞金县志》卷1《地舆类·形胜》，第3页。

（1543）的编纂者也只不过是知道自古有“绵江八景”之说，至于八景具体在什么方位，他们也并不清楚。这是他者修志所表达出来的一种客观存疑的态度。然而，七十余年后的万历癸卯志（1603）的编纂者，却似乎搞清楚了这个问题，改记曰：

> 县治当闽广之冲，在郡东北隅。军门龙山列峙于前，龙雾铜钵叠映于后，隘山闽峤蟠亘其左，螺峰塔石环抱其右，贡绵之水循城而西，闽广之路两通于东。见郡旧志。邑有八景，并附之。绵江浸月，即绵贡二水合流处，在城南，诗见艺文志。笔架凌霄，即笔架峰，在县南十五里，诗见艺文志。浮波烟艇，在城南，诗见艺文志。铜钵云樵，即铜钵山，在县西北五十里，诗见艺文志。龙山拥翠，即龙山，在县南二里，诗见艺文志。陈石流清，即陈石山，在县东北五十里，诗见艺文志。双桥柳渡，在城北，诗见艺文志。大障茶歌，即大障岭，在县西北五里，诗见艺文志。①

万历癸卯志（1603）首先将嘉靖壬寅志（1543）的“古称绵江八景”改写为“邑有八景，并附之”。这一表述，不仅巧妙地解决了上引“旧志”所载名胜与八景在数量上不相符合的尴尬；而且明确表示八景不只是古称有之，而是确有其景。接下来，他们以县治为参照，一一指明了“绵江八景”的具体方位，并一一标明“诗见艺文志”，提示读者每一处景观在《艺文志》中都有诗文题记。由于万历癸卯志（1603）的《艺文志》早已亡佚，我们已无从知晓“诗见艺文志”中的诗到底出自哪些人之手，也无从知晓诗文的具体内容。②但有一点是可以肯定的，万历癸卯志（1603）确定“绵江八景”的

① 万历《瑞金县志》卷2《舆地志·形胜》，第13页。

② 在清康熙《瑞金县志》卷9《艺文志》中，收录了涉及“绵江八景”的明人诗作仅有3篇，分别是罗洪先《登铜钵山》《登陈石山》，赵勋《次韵》（应和罗洪先《登陈石山》而作）。可见，也无法从康熙癸亥志（1683）中探求万历癸卯志（1603）所谓“诗见艺文志”中的诗作了。

方位以及收录相关的诗文以丰富其人文内涵，所有这些，实际上是对“古称绵江八景”这一“地方性知识”的再创造，其背后暗含的则是地方知识精英的爱乡情结。

可以说，从嘉靖壬寅志（1543）的客观存疑，到万历癸卯志（1603）的主观创造，从一个侧面映射出瑞金县志从地方失语转化成了表达地方话语的平台。铜钵山的自然景观和人文内涵从明嘉靖壬寅志（1543）到万历癸卯志（1603）的书写变化，也正是这个转化过程在县志递纂过程中留下的一斑痕迹。

二　清代县志中的铜钵山

再来看看铜钵山在清代县志中的书写。在康熙癸亥志（1683）中，铜钵山在瑞金众山中的序列退居第二位，陈石山则由原来的第二位被提前到了首位。至于调整的原因，康熙癸亥志（1683）的编纂者未作说明。笔者推测，其因大概有三：一是陈石山位于瑞金东部的壬田镇，距离主导康熙癸亥志（1683）编纂的西门杨氏、壬田朱氏和叶坪谢氏的聚居地比较近。在明清动乱之际，陈石山一度成为这些世家大族的重要避难场所，他们对此山抱有特别的情感，并留下了不少有关这一段历史的记载。① 二是在明清瑞金县志编纂史上，陈石山因南朝陈霸先曾转战于此而得名的传说反复强调，自古地以人重，将陈石山置首，当有利于抬升整个瑞金县的历史文化地

① 乾隆《瑞金县志》卷2《舆地志下》：“陈石山，县东五十里……乡人多于此避乱，明季山寇猖獗，寨人歼焉。”杨兆年《亡儿枝甡行状》：“明末寇盗纷起，余挈家避陈石寨。”（载杨兆年：《栩栩园文钞》卷2《行状》）杨以睿《游陈石山记》：“……昔土人避难筑城，清兵屡夷之，其地遂芜。……二十年前，此山为高僧逸士所居，则药草幽花，缤纷委藉，入其中者有忘世想。二十年后，山为避难之地，终以致乱，或因一人而误百千人之命，其间岂无英雄失路，托足无门者乎？岂无义不苟安，如田横之五百士乎？岂无若然相许，入水火甘如饴者乎？而今皆以一乱概之，呜呼，可悲也已！”（载杨以睿：《汲亭文钞》卷2《记》）。朱康侯《陈石山罗汉岩记》：“陈石山，……一人守之，千夫俱废，土人往往依以避乱。”谢适《罗难诗序》：“廿一日，兵破陈石寨，嗔其闭关相抗，倏忽间，天地惨昏，尸横京积，始信昔日屠坑，断非传闻之误，余在难中，幸以身免。”（载光绪《瑞金县志》卷11《艺文志》）

位。三是陈石山与瑞金县治同属绵水流域，从县城到此游览比较方便；而铜钵山则属梅江流域，从县城到此游览必须翻山越岭，交通甚为不便（见图3：《铜钵山与陈石山的地理区位》）。

图3 铜钵山与陈石山的地理区位

除了序列上退居第二，铜钵山在康熙癸亥志（1683）中的变化，还体现在其书写内容上。为了分析的方便，兹引如下：

> 铜钵山，县西北五十里，僧开山掘一铜钵，不知何代，并一伽蓝，其色甚古，由是其山名为铜钵山。今僧人常住，三年一交，即交此铜钵，以为世宝云。广三十里，高十五里，虽天气晴朗，烟雾罩顶，云出其下，巉绝高耸，举目千里，诚虔地大观也。下有龙井，中露出石拳，状如龙爪，遇旱祷雨，汲泉见龙爪，多应。又有龙湫，四时不涸。顶上有昭灵王祠，远近祈祷者日以百计。《一统志》云，铜钵巉岩为众山冠。其山原种茶造作，佳者不减武夷、储潭，今亡。上有八景，腾云石、香炉峰、七星

堆、龙王井、笔子峰、古龙塘、金盘坳、仙人湖。铜钵茶歌居八景之一。①

相比万历癸卯志（1603），康熙癸亥志（1683）对铜钵山的书写变化主要有三点：一是将铜钵山之得名由原来的“山形如铜钵说”改成了“开山掘得铜钵说”。二是增加了“铜钵八景”的介绍。三是删除了铜钵山作为“县治来龙之祖”和“龙发山”的说法。较之明嘉靖壬寅志（1543）和万历癸卯志（1603）的“山形如铜钵说”，清康熙癸亥志（1683）的“开山掘得铜钵说”更显穿凿附会而不足征信。然而，此说却能为铜钵山披上一层神秘的面纱。“开山掘得铜钵说”显然是地方知识精英的又一次地方性知识创造，这与增记“铜钵八景”一道，实际上都是地方知识精英爱乡情结的表达。这一颇具传奇色彩的书写，竟然为雍正《江西通志》的采择，记曰：“铜钵山，在瑞金县西北五十里，相传僧开山时，掘地得一铜钵，山因此名。”② 这表明，入清以后，瑞金地方知识精英依托县志这个平台，不仅成功地表达出了自己的本土关怀，创造出了相关的地方性知识，而且这些地方性知识进而成为更高层的方志话语表述地方历史的依据。

清乾隆癸酉志（1753）对县域山岭的排序作了重大调整，铜钵山在众山序列中由原来的第二位降至第二十九位。此后，道光壬午志（1822）与光绪乙亥志（1875）陈陈相因，遂成定式。乾隆癸酉志（1753）对县域各山的重新排序，作有如下说明：

> 旧志首陈石，次铜钵，其余各山，杂出附见，无脉络之分、远近之辨。此在通志则可，而为一方之书，未免散而无所纪矣。今特次第之，一以县治为主，则向明而相见者，莫先于南，故首龙山，而笔架，而军门，皆前屏也。迤东则以鹅岭、马山为左

① 康熙《瑞金县志》卷2《地舆志》，第9—10页。

② 雍正《江西通志》卷13《山川》，第25页。

护，而陈石、黄竹等大阜，塞其东趋。而北则以大障岭为主山，上溯雪峰、九龙，郁郁苍苍，其所从来者远矣。迤西则以铜钵为外蔽，若石螺岭、七堡山、横山障则右护也。绕而西南，则有云龙、螺石、獭石、狮象以扼水之下流，而剑岭、双峰且转与笔架龙山相联属矣。庶使览者一开卷，而崇山峻岭倚伏环拱之状，黎然在目，非故意求异于前人也。①

乾隆癸酉志（1753）的编纂者似乎猛然发现，此前瑞金县志对山岭的排序，其实是以江西省治为中心进行的。他们认为，这样排列于通志尚可，于县志则有欠妥当，作为县志，应该以县治为中心进行排列。于是，乾隆癸酉志（1753）改以瑞金县城为中心，将县域范围内的主要山岭依次从县城南面开始，向东、向北、向西，再折向南的逆时针顺序进行排列。因为铜钵山位于县治西北部，故在序列中也就靠后了许多。事实上，乾隆癸酉志（1753）对既往方志“无脉络之分”的批评，应该说是有失允当的。既往方志对众山的排列，主要是根据山岭在县域山脉形势中的地位来进行的。在此，我们暂且不论哪一种排列更为合理，由以省治为中心向以县治为中心的转移则表明，随着县志的持续编纂以及方志编纂知识的日渐丰富，地方知识精英表达本土关怀的意识也更趋强烈和成熟。

对铜钵山的书写，乾隆癸酉志（1753）在康熙癸亥志（1683）的基础上稍作精简，原意不变，兹不赘引。值得注意的是，乾隆癸酉志（1753）对首次被列于众山之首的“龙山”的重新书写。记曰：

龙山，县南一里，蜿蜒绵亘，状若游龙，乃邑之案山也。上有古刹，俯临绵水，澄潭深广数十余尺，为邑人放生处。因名放生庵，居八景之一。董宪副世彦有诗见艺文志。按：旧志云，去

① 乾隆《瑞金县志》卷2《舆地志上》，第26页。

县八里，是山与县治仅隔一溪，无八里之远，今改正。①

上述记载当然也是层累造成的结果，为明乎此，不妨看看此前清康熙癸亥志（1683）、明万历癸卯志（1603）和嘉靖壬寅志（1543）对“龙山”的记载。康熙癸亥志（1683）记曰：

龙山，县南八里，其状如龙。龙山拥翠，居八景之一。②

万历癸卯志（1603）记曰：

龙山，县南二里，其状若龙。③ 又记曰：龙山拥翠，即龙山，在县南二里。④

嘉靖壬寅志（1543）记曰：

龙山，在县西北百里智乡地方，其状若龙，故名。⑤

不难看出，在乾隆癸酉志（1753）前，县志对龙山的记载都很简略，而且存在一定的差异。最主要的是，四部县志对“龙山”相对县治的方位距离，说法并不一致，或言一里，或言二里，或言八里，或言百里；或言在南部，或言在西北。但有一点是肯定的，除了嘉靖壬寅志（1543）外，其余三部方志所记之“龙山”，它们的欲指目标是相同的，都是指居“绵江八景”之一的“龙山拥翠”。造成这三部方志所记“龙山”离县治距离的不同，一方面可能是由于估测上的

① 乾隆《瑞金县志》卷1《舆地志上·山川》，第27页，记：“龙山，县南八里，其状如龙。龙山拥翠，居八景之一。”

② 康熙《瑞金县志》卷2《地舆志》，第11页。

③ 万历《瑞金县志》卷2《地舆志·山川》，第4页。

④ 万历《瑞金县志》卷2《地舆志·形胜》，第14页。

⑤ 嘉靖《瑞金县志》卷1《地舆类·山川》，第4页。

偏差，到底是一里还是二里，恐难准确判断；另一方面可能是县志编纂者对“龙山”的实指并不一致，如乾隆癸酉志（1753）与康熙癸亥志（1683）中一里与八里的差别，当属这一情况。在康熙癸亥志（1683）的主修知县朱维高的笔下，“龙山”是一座“蜿蜒屈曲入云端”的高山。① 然而，据笔者实地考察，瑞金县城南面约一二里处，确实有一组绵延起伏的山岭。不过，这组山岭海拔不高，地势低矮。可见，乾隆癸酉志（1753）与康熙癸亥志（1683）对于“龙山”的记载，虽然欲指相同，但是实指互异。出现这种情况，其实也不足为奇，包括“龙山拥翠”在内的所谓“绵江八景”，本来就是县志编纂者根据父老相传，然后结合自己的经验所进行的地方性知识的创造和再创造。

在上述三部县志对“龙山”的指认和解释中，尤其值得注意的是，乾隆癸酉志（1753）首次赋予了“龙山”以“邑之案山”的性质。“案山”，是风水术中的一个概念，是指穴前形状如书案的小山。相传为唐代杨筠松所作的《疑龙经》就说：“客山千里来作朝，朝在面前为近案。如有朝迎情性真，将相公侯立可断。”② 又说：“出人短小与气宽，皆是明堂与案山。明堂宽阔气宽大，案山逼迫人凶顽。案来降我人慈善，我去伏案贵人贱。龙形若有云雷案，人善享年亦长远。虎蛇若遇蛤与狸，虽出武权势易衰。”③ 由此可见，在风水术中，穴前有无案山及其形制如何，都关乎该穴的凶吉和人文的兴衰。

笔者认为，龙山之所以在乾隆癸酉志（1753）中被置于众山之首，除了县志作者已经陈述的原因，更主要的恐怕在于龙山被当时的人们赋予了风水术中关系地方人文兴盛的“案山”性质，从而使得其在县域众山中的地位大为提升。与此相反的是，铜钵山在县域众山序列中的下降，很重要的一个原因，也正是它在县域风水意义上的地

① 光绪《瑞金县志》卷13《艺文志·国朝诗》，第7页。

② 杨筠松：《疑龙经·上篇》，四库全书本，上海古籍出版社1989年版，第808册第59页。

③ 杨筠松：《疑龙经·下篇》，四库全书本，上海古籍出版社1989年版，第808册第65页。

位下降。细心的读者也许已经注意到，从明嘉靖壬寅志（1543）、万历癸卯志（1603）到清康熙癸亥志（1683），铜钵山先后经历了“县治来龙之祖”“俗又呼为龙发山”再到这些信息被彻底删除的过程。为了更好地理解龙山和铜钵山在瑞金地方文化意识中的地位升降，就不能不对明清时期瑞金地方士绅造风水以兴科举的热潮有所了解。有基于此，下文试作进一步探讨。

三 书写变化的原因分析

赣南是赣派风水的发源地，民间讲求风水有较长的历史，风水之说有相当的影响。特别是明清时期，赣派风水不仅和赣南人民生活密切相关，而且还流布天下，影响及至皇陵的构造。[①] 赣派风水以兴国县的三僚为正宗。明永乐七年（1409），兴国三僚的风水师廖均卿与曾从政，为明皇室卜建长陵，深受皇家恩宠。进入清朝，三僚风水亦颇受青睐。顺治十六年（1659），三僚风水师曾永章、曾国瑞受诏进京，相度黄陵，并受封为钦天监灵台博士。赣派风水认为，地方祸福和人文兴衰与地理形势直接相关；而地理形势又可以通过人为改造，使其利于地方祈福消灾，振兴人文。正所谓“以人工之能补山岳之秀，以山岳之秀毓人物之秀”[②]。在这一风水理念的支配下，明清时期的赣南社会掀起了一股造风水、兴科举的热潮。[③] 而这股热潮在瑞金县也相当盛行，现将为明清瑞金县志所记载的有关造风水、兴科举的活动，整理成表4。

---

① 参见韩振飞、姚莲红《浅谈杨筠松及赣派风水术》，载《赣文化研究》（总第4期），南昌大学《赣文化研究》编辑委员会1997年编；林忠礼、罗勇《客家与风水术》，《赣南师范学院学报》1997年第4期；罗勇《三僚与风水文化》，《赣南师范学院学报》2007年第4期。

② 林广德：《毓秀台记》，载乾隆《瑞金县志》卷7《艺文志》，第73—74页。

③ 黄志繁：《明代赣南的风水、科举与乡村社会“士绅化”》，《史学月刊》2005年第11期。

表 4　明清瑞金县志所记造风水、兴科举活动一览表

时间	方位	主事者	兴造内容	兴造缘由	耗资	资料来源
隆庆五年（1571）	县城	知县吕若愚	新建儒学	“科第未盛，识者谓其迫近南城，或掩其秀。己巳春，吾乡吕君名进士令兹邑，诸士请更其学而新之”	“公帑未及半，父老暨诸士咸愿出力以助”	潘季驯《新建儒学记》，乾隆《赣州府志》卷7《艺文志》
隆庆五年（1571）	城南	知县吕若愚	辟宣文门	“以通风气”	不详	万历《瑞金县志》卷6《官制志》
万历二十五年（1597）	县北半里	知县林德广	毓秀台	“瑞荐绅先生暨阖邑人士首以冯屋冈培龙建台请……堪舆家言佥谓，来龙低弱，秀气久郁未舒”	“适管氏折券将百金，余复捐赀为士民倡，士民翕然应之”	林德广《鼎建毓秀台记》，乾隆《瑞金县志》卷7《艺文志》
万历三十年（1602）	县西南五里	知县堵奎临	龙珠塔	“乃贤书仕籍，何寥寥也。……诸父老相率造令，……佥谓赤珠岭位占辛方，可塔也。以当地户，其斯为龙门碣石乎”	一千八百余金	谢诏《鼎建龙珠塔记》，乾隆《瑞金县志》卷7《艺文志》
万历四十三年（1615）	县南五里	知县潘舜历	文兴塔	“自二君后，俊才非乏，继者寥寥。议者曰，贡水环绕，峰峦卓诡，虽称善顾，兑巽二隅稍逊，以故人文郁而不畅。……诸绅儒硕耆，复申前请”	七百金	邹元标《新建文兴塔记》，乾隆《瑞金县志》卷7《艺文志》
万历年间	去县三十里	乡绅朱善卿、许宗谟等	壬田塔	“壬田为一邑沃壤，山水环抱，一望平衍，实为秀区，而双流合汇之际，殊觉低陷，以故文士层出，科目少兴。知县潘舜历过其地，诸生攀辕而请，以形家言于坤方宜建一塔”	“愿捐赀倡义，不动官费，乡人喜助如云”	康熙《瑞金县志》卷3《建设志》
康熙四十二年（1703）	城北三里许	知县田俞	重修毓秀台	“亭久废，一二蒙榛中，台亦颓圮。……瑞邑地处万山中，风气衰薄，自古魁人杰士虽间出，然亦落落如晨星可数”	“县令田公俞偕绅士劝邑乐输”	谢重拔《毓秀台记》，乾隆《瑞金县志》卷7《艺文志》

续表

时间	方位	主事者	兴造内容	兴造缘由	耗资	资料来源
乾隆元年（1736）	县南五里，学宫对山	邑绅赖梯云、赖定俸等	丙峰塔（鹏图）、丁峰塔（凤鸣）	“予邑学宫，山环水汇，风气完固，而人文不鬯，何也？形家谓丙、丁二方文明之区，无拔起之峰，不足以振华舒秀”	“縻金钱一百二十五万有奇”	杨兆嶦《丙丁二峰记》，乾隆《瑞金县志》卷7《艺文志》
道光十八年（1838）	县西南五里	西门杨氏	重修龙珠塔	日久剥落	“捐赀重修，费千余金”	光绪《瑞金县志》卷4《营建志下》

据表4可知，为县志所记载的9次造风水、兴科举的活动，主要是以修儒学、辟城门、建台塔等形式展开的。最早的一次是在明隆庆六年（1571）的新建儒学，此后掀起了两次高潮：第一次高潮是在明朝万历年间，自万历十六年（1588）后的大约30年，共有5次造风水、兴科举的活动，其中建台塔4座。第二次高潮是在清乾隆初年，耗巨资建塔2座。

值得注意的是，这股由民间和官方共同推动的以修儒学、辟城门、建台塔等为主要内容的造风水、兴科举的热潮，主要是局限在县城及其周边范围内进行的。除了壬田塔，其他台塔均建造在县城或周边不远的地方。[①] 如毓秀台建造在城北半里处，龙珠塔建造在城西南五里处，文兴塔建造在县南五里处，丙峰塔和丁峰塔也是建造在县南五里处。这表明在地方官绅看来，关系一县科举人文的风水，主要存在于县治及周边的山川形势之中，而与远离县治的山川形势无关或关系不大。因此，远在县治西北30公里的铜钵山，虽是“雄峙岧绕，

---

① 明清时期，建造风水塔不只限于县治周边，也及至有强宗大族聚居的乡村。如离县治约五十里的九堡密溪罗氏（在铜钵山脚下），就在村落附近的山上先后建了四座风水塔，分别命名为坤峰、丁峰、辛峰和巽峰。事载光绪三十四年（1908）修《密溪罗氏六修族谱·四峰记》。不过，这些风水塔却未能成为瑞金县志的记录对象。然而，离县治三十里外的壬田塔则被县志记录。究其原因，这当与壬田塔的主要创建者是壬田朱氏，而记录壬田塔的康熙《瑞金县志》的书写权，又正为壬田朱氏所掌握有关。

甲于诸山"[1] 的瑞金名胜，甚至被嘉靖壬寅志（1543）认为是"县治来龙之祖"。但是，当地方士绅在万历二十五年（1595）追寻系关本县科举人文兴衰的县邑风水来龙时，却似乎没有承认铜钵山作为"县治来龙之祖"的地位。相反，他们倒是将此"来龙"追寻到了县北半里处的那座低矮的小山包上，并认为瑞金此前"秀气久郁未舒"，正是因为这座小山包地势太矮，"来龙低弱"。于是，知县林德广应"瑞荐绅先生暨阖邑人士首"之请，在此建造毓秀台一座，以垫高来龙，振兴人文。[2] 入清以后，县北那座筑有毓秀台的"冯屋冈"，被特别标明"系县来龙处"[3] 字样。

在毓秀台兴建后五年，也是龙珠塔落成后的第二年，万历癸卯志（1603）告竣。很显然，万历癸卯志（1603）编纂于瑞金县造风水、兴科举的第一次高潮期间。参加万历癸卯志（1603）编纂的地方士绅，有相当一部分也正是万历年间兴造台塔的那部分人。如万历癸卯志（1603）的主纂钟谟和赖聘，他们也是兴建龙珠塔的主要组织者。此外，既参加了建塔，又参加了修志的还有杨以杰、杨继濂、杨正文等人。由这些人主导编纂的万历癸卯志（1603），其中对山川形胜的书写，也难免打上风水观念的烙印。万历癸卯志（1603）取消了嘉靖壬寅志（1543）中铜钵山乃"县治来龙之祖"的荣誉，更之以"俗又呼龙发山"的表述，显然是要降低它在县域风水学上的地位和意义。迨至清康熙癸亥志（1683），"俗呼为龙发山"的表述也被删除。这表明，在同样笃信风水学说的康熙癸亥志（1683）的编纂者心目中，铜钵山与县邑科举人文之间已经不存在任何关联。换言之，铜钵山已经完全失去了为县域兴科举的风水学上的意义。这就为乾隆癸酉志（1753）将其置后埋下了伏笔。

将铜钵山在县域诸山序列中的大大置后，并将龙山置于众山之首

---

① 刘孟宗：《徐氏施铜钵山碑记》（康熙二十七年，1688），该碑现立于铜钵山顶古刹门外。

② 林德广：《鼎建毓秀台记》，乾隆《瑞金县志》卷7《艺文志》，第33页。

③ 康熙《瑞金县志》卷2《地舆志》，第18页。

的乾隆癸酉志（1753），正是编纂于瑞金县造风水、兴科举运动的第二次高潮后不久。丙峰塔和丁峰塔告竣于乾隆五年（1740），而乾隆癸酉志（1753）修成刊刻于乾隆十八年。组织兴造丙、丁两塔的赖定俸、朱芾、杨长缙、赖定遇等人，后来也成了乾隆癸酉志（1753）的主要编纂者。[①] 乾隆年间的兴造风水热潮，对县城南面正对着学宫的方位给予了高度重视。在造塔之前，一伙地方士绅曾向时任瑞金知县的马士奇请示建塔事宜。马士奇自称不懂风水，也不太相信风水，于是就为什么非得将塔建在县城南面的丙、丁而非其他方位，与前来晋谒的地方士绅进行了一段颇有意思的对话。马士奇后来将这段对话写进了《鼎建丙丁二峰记》：

> 予问曰："方位之吉，不独丙、丁，今请建丙、丁二峰者何居？"
>
> 方渔对曰："午位乎南，而丙、丁附之，离卦也。离为火，火为文明之象。"
>
> 赖君太素曰："火星不高，巽为三阳。三阳既发山川之秀，而催六秀之官，玉尺所谓太微临御，南极呈祥者也。二峰既建，怀奇负异之士，当接踵而起，又何必苍苍然，四神八将具备为哉。"

在笃信风水学说的地方士绅看来，县城南面的风水如何，是关系一县科举人文和文明之象的根本所在。听了地方士绅的解释，本不以风水之说当一回事的知县马士奇，也不由得将信将疑，表达出了以下良好愿望：

> 虽然，此特未来者也。欲验将来，曷稽已往。邑乘所载堵明府讳奎临者，倡建巽峰于邑，卒无所补。后思巽、辛相见，义得

① 赖定俸是乾隆癸酉志（1753）的两名"董修"之一，朱芾和杨长缙任乾隆癸酉志（1753）"校阅"，赖定遇任"参订"。参见乾隆《瑞金县志》卷首《姓氏》。

建辛峰，而伯祖以任先生始以辛未擢甲第。虽文章德业，名噪海内，然仅以南雍博士终。自是而后，以科名显宇内者，非不绳绳相继，卒多用不尽其才，岂非火星不高，三阳不备之所致乎？我国家菁莪□朴，加意作人，而邑中魁奇卓荦之士，既人人自奋。今有此举，已得山川之助，行见并辔连镳，观光上国，必有彪炳寰区而光史册者，□于是乎肇矣。方渔之言如此，予既喜其议论有据，必可信，遂书而为之序。①

马士奇认为，前明先后在巽、辛方位建造风水塔；虽然有所灵验，表现为杨以任考中进士；但是，效果却算不上显著，因为杨以任虽则进士及第，仕途却并不成功，仅官至南京国子监博士。因此，他也希望能像地方绅士们所说的那样，通过在县治南面兴造丙、丁两塔，做高火星，全备三阳，以振地方人文。很显然，乾隆年间的这次造风水运动，地方官绅对在县治南方造塔抱以了极高的期待。因此，他们也就对县治南面的山川形势赋予了风水学上极高的地位。这大概也是在对县域诸山的排列中，县志编纂者从县城南面的山岭排起的原因。正是因为对县治南面山岭的空前关注，导致他们首次“发现”县治南面一里处的“龙山”，何止是作为“绵江八景”之一的风景名胜，它更应该是风水学上的那座系关县邑科举人文兴盛的“案山”！意义如此重大的一座山，将其置顶以表达县志编纂者们的一种全新认识，又何尝不是在情理之中呢？更何况，诸山若从南边逆时针方向排起，紧跟“龙山”之后的，正是那座其上造有丙峰塔、丁峰塔和文兴塔的寄托了多少乡民振兴地方科举人文的殷切期盼的“笔架峰”②。因此笔者认为，龙山在乾隆癸酉志（1753）中的置首，以及铜钵山在序列中的置后，正是风水观念在地方士民中进一步深入的结果。

综上所述，铜钵山在明瑞金县志中的书写，一直在发生着变化。从素色白描到浓墨重彩；从“山形如铜钵说”到“开山掘得铜钵

① 马士奇：《鼎建丙丁二峰记》，载乾隆《瑞金县志》卷7《艺文志中》，第91页。

② 乾隆《瑞金县志》卷1《舆地志上》，第28页。

说”；从“县治来龙之祖”到“俗呼为龙发山”，再到所有这些表述均被删除；从位列众山之首到退居第二十九位，所有这些反映出来的并非作为具有长时段性质的铜钵山本身的变化，而是书写的主体及其观念的变化。这些变化，映射出了明代瑞金县志逐渐成为地方知识精英表达本土关怀和地方文化意识的平台的历史过程。自万历癸卯志（1603）后，有关铜钵山的地方性知识被创造和再创造，解释与再解释，及其在众山序列中的变化，表达的是导入了不同历史内涵的知识精英的地方文化意识。

第三节　县志编纂与地方文化形象的建构

在这一节中，笔者首先将对王朝话语下的瑞金形象进行勾勒，进而探讨明清瑞金官绅在县志中试图塑造的地方文化形象，以及塑造的方法。希望通过上述两个角度的观察比对，能更好地揭示隐含在县志书写中的乡土观念及其表达方式，能更全面地理解县志的性质。

一　“群盗肆虐”与“民风强悍”

据唐立宗的研究，明清时期的官员和士人对南赣地区都没有好印象，一提到“南赣”二字，俨然认定是“群盗肆虐”“穷乡僻壤”的代名词。[①] 检阅唐氏做出上述结论所依凭的史料，其中大多都与时人对瑞金的描述有关。由此观之，瑞金显然是给时人留下“南赣盗区”印象的重要县域。在赣南诸县中，“瑞金地接闽汀，在属邑最称僻远”[②]，明代人罗璟称此地“万山连亘，人迹稀少，其深阻处，常为盗区”[③]。在明代人的分析中，建县和教化的迟晚，政府有效控制的缺乏而长期沦为荒服之区，这也是瑞金地方流寇盗贼猖獗，以致养成

① 唐立宗：《在“盗区”和“政区”之间——明代闽粤赣湘交界的秩序变动与地方行政演化》，台湾大学文史丛刊（118），台湾大学出版社 2002 年版，第 87—89 页。

② 董越：《绵江公馆记》，载嘉靖《瑞金县志》卷 7《文章类》，第 2 页。

③ 罗璟：《增修城垣记》，载嘉靖《瑞金县志》卷 7《文章类》，第 7 页。

强悍民风，素为“盗区”的重要原因。对此，明嘉靖年间担任过瑞金知县的蔡宗尧，有如下叙述：

> 追南唐保大升为县，始立治所，属赣郡，列十邑中。原为荒区，流寇时尝窜奔，多被抄略。居民悚惶，致操竿兵，鼓噪村乡。而黄芦、苦竹之间，且有突轶虎狼，复佐为害。……其俗素尚强悍，信鬼神，疾恒祷祠，巫觋驱傩。其或有英俊可事诗书，为朝家才贤，盖出于耕稼佃鱼之外。①

在蔡宗尧看来，瑞金自立县后，虽然不再是荒服之区，但受历史惯性的作用，仍然流寇横行，民风强悍，文教落后。对于“瑞金盗区”的印象，明万历年间担任南赣巡抚长达十四年的李汝华，从上级长官的角度，也表达过高度关切和深深隐忧。曰：

> 瑞金在郡东偏，相距三百八十里。陆通闽粤，水连章贡。使客络绎，供亿频繁。其俗少事商贩，惟务稼穑，地狭而生殖不丰，土瘠而物力且诎。较之他邑，此殆其冲疲者。地近广闽，盗贼常为出入。四境皆崇山峻岭，嵚岑崎亥。明弘治间，流寇入城。嘉靖中，流贼侵境，知县王钺前后统兵捕获贼首刘松一、刘掺等，解送军门正法。向因盗贼突境，于要路设隘一十二所。有鹅公隘，路通石城，高险难以屯兵；有黄沙隘，路通汀州，平坦可据以守；其车断、陈荃、日东、黄竹、湖陂、平地六隘，路通长汀等县；桐木、新中、新迳、塔迳、□阳五隘，路通武平等县。皆崎岖险窄，防守甚难。而雪竹岭、黄土坳，守之者有瑞林巡司；鹅公、黄竹岭，守之者有湖陂巡司。惟东南之桃阳岽、卢公岽，为长汀武平必由之迳。邑北之罗屋寨、寒鸡山，为宁都、石城接壤之所。山险人稀，去邑俱遥。异处流民，尚属可虞，司牧者所宜警惕者也。本邑事简民淳，公赋易完，近多异县侨居之

① 蔡宗尧：《邑治厅壁记》，载道光《宁都直隶州志》卷31《艺文志三》，第803页。

民，颇不便于地方。①

李汝华详细记述了瑞金与相邻县域间的隘所，反映出官员认定地处三省边界、四境崇山峻岭的自然环境，实乃孕育“盗区”的温床。正如嘉靖《虔台续志》所云：“险巢深穴，群盗潜伏时发，未必饥寒逼之，飘蠡涌泉，气类殊耳。”② 又云：“各群峰插天，深林蔽日，其为盗贼之所蟠据者，势使之然也。”③ 将“盗区”的形成归结到赣南的区位和自然环境，这一认识直到清代也没有什么变化。例如，乾隆年间出任瑞金知县的刘登杰就说：“瑞邑，边疆也。距省会一千余里，东南界连闽粤，莠良杂□，崇山密菁，易于藏奸。”④ 迨至同治年间，时任瑞金知县的张国英也有类似的表述：“瑞金僻处万山中，易藏奸宄，而又南连两粤，东阻八闽，莽伏草窃之伦，揭竿相望。”⑤ 由此可见，明清时代的士子与官员们对瑞金乃至整个赣南“盗区”印象的根深蒂固。

作为地处帝国地理边陲与文化边缘的县域，瑞金在进入中央王朝顶层的视域时，也往往与“流寇”“山贼”“盗贼”等关键词紧密地联系一起。例如在《明实录》中，有关瑞金的记载共计 20 条，时间跨度在明洪武至天启年间，其中有 13 条反映的是瑞金境内的盗贼或流寇情形。剩下的 7 条，除了 2 条报告自然灾害外（一次是水灾，一次是瘴疠），其余 5 条均与地方寇乱有关。例如，有 3 条是中央批准在瑞金设立捕盗主簿和巡检司的文件，另外 2 条是中央王朝对烈女的旌表，两位瑞金烈女均死在不屈于入境流贼玷污的抗争中。在《清实录》中，关涉瑞金的记载有 20 条，其中 10 条是有关地方动乱的记录。

纵观《明实录》的记载，在瑞金作乱的“盗寇”虽有本地居民，

① 李汝华：《地舆图说》，载康熙《瑞金县志》卷 2《地舆志》，第 7—8 页。

② 嘉靖《虔台续志》卷 1《虔台总辖地图略述》，第 4 页。

③ 嘉靖《虔台续志》卷 5《纪事四》，第 5 页。

④ 刘登杰：《重修城垣记》，载光绪《瑞金县志》卷 14《艺文志》，第 19 页。

⑤ 张国英：《重修城垣记》，载光绪《瑞金县志》卷 14《艺文志》，第 26 页。

但更多的是来自与之毗邻的闽粤流寇。如洪武二十二年（1389），瑞金县丞古亨在向中央的报告中称：

> 境东接闽广，山川险阻。近为邻邑山贼作乱，惊骇居民，久废耕稼。继而余党蔓延，四出劫略，燔烧室庐。初，民户在籍者六千一百九十三，今亡绝过半。田多荒芜，租税无所从出。①

在明初洪武年间重典治国的背景下，瑞金却因邻邑山贼作乱及余党蔓延，竟致民户亡绝过半，田地荒芜而租税没有着落，瑞金及周边地方社会的难以控驭由此可见一斑。又如正统年间，“福建强贼流劫江西赣州府境，攻破瑞金县”②。闽粤“流寇”的入侵劫杀，也多次造成地方官员的死亡，因此惊动朝廷。如成化年间，“福建汀州府武平县贼首龚法非等合广东、江西界上群盗，入万安、兴国、瑞金等县境，劫掠富民”，江西赣州府同知王庭桂“率兵民袭捕被害”，后获赠“江西布政司右参议赐诰命”③。弘治十八年（1505）元旦，“广寇破城”，瑞金知县万琛“极斗而死”④。事闻于朝，“诏赠官，赐祭葬，附祭乡贤祠”⑤。为了更好地防范闽粤流寇的入侵劫掠，明成化年间，巡抚江西右佥都御史闵珪特奏请中央，获准在瑞金修复城池并从赣州卫拨一百户所军防守县境。⑥

在清朝定鼎的过程中，赣南是江西省被清军占领最晚，也是抗清斗争最为激烈的区域。顺治三年（1646）十月，在攻下赣州城后，清军进行了报复性屠城。⑦具体到瑞金县，从顺治三年（1646）至顺

---

① 《明太祖高皇帝实录》卷197，洪武二十二年八月“丙申”条。

② 《明英宗睿皇帝实录》卷176，正统十四年三月“乙巳”条。

③ 《明宪宗纯皇帝实录》卷267，成化二十一年六月“癸巳”条。

④ 嘉靖《瑞金县志》卷2《官制类·名宦》，第15页。

⑤ 《明武宗毅皇帝实录》卷103，正德八年八月“壬寅”条。

⑥ 《明宪宗纯皇帝实录》卷275，成化二十二年二月。

⑦ 具体可参见张嗣介《明末清初赣州抗清战争纪实及其对清早中期赣闽粤客家移民之影响》，载《赣州历史与文化学术研讨会暨中国历史文献研究会第31届年会论文集》（2010年10月），第379—387页。

治十二年（1654）的十年期间，先后有刘振曦、释超宗、许胜可、陈其纶等人组织的抗清斗争。① 尤其是许胜可、陈其纶领导的抗清斗争，在瑞金坚持了六七年之久，直至清顺治十二年（1655）才被镇压，引起了其时清王朝高层的密切关注。② 顺治年间瑞金顽强的抗清斗争，给清朝官员与士人留下了深刻印象。迨至清末道光年间，江西学政王宗诚在为道光壬午志（1822）作序时，还特别提到了这段历史：

> 瑞金处万山中，为宁都属邑，交错于闽粤。顺治初年，土贼陈其纶等，分据铜钵山、罗汉岩，啸聚匪党。前令嘉兴钱君剪除之。乡民守要以御敌，至今各乡咸以隘称，岩疆瘠壤，官斯土者，治理殊难也。③

由此可见，明代官员和士子们对“瑞金盗区”的印象及其从区位和自然环境的角度进行诠释的思维模式，迨至清末没有实质性改变。

清康熙十二年（1673），“三藩”乱起，瑞金一度成为清军和耿精忠势力角逐厮杀的重要战场。康熙十五年（1676），“汀州副总刘应麟受伪将军印，统兵踞瑞一年，极其骚扰”④。“三藩之乱”给瑞金造成了很大的冲击，清康熙癸亥志（1683）的编纂者甚至将瑞金犷狠好斗民风的形成归结于此。曰：

> 岁甲寅闽藩作逆，汀帅从叛，拥兵入境，虔刘蹂躏，兵燹频

---

① 具体可参见乾隆《瑞金县志》卷1《舆地志上·兵寇》，第13—15页。

② 《清世祖章皇帝实录》卷85，顺治十一年八月“己未”条记：“南赣巡抚宜永贵疏报、官兵会剿瑞金县逆贼、直捣罗汉岩。生擒伪都督许胜可等十余人，并贼众数百人、斩于军。获器械无算，瑞金县平。”卷91，顺治十二年五月“甲午”条记：“江南总督马鸣佩疏报、伪伯陈其纶，负固瑞金。后又依附郑逆、啸聚大柏山内。南赣总兵官胡有升、遣参将孔国治等，率兵进剿。其纶败遁。窜入宁都界内天心寨。为土人斩首以献。”

③ 道光《瑞金县志》卷首《王宗诚〈序〉》，第1—2页。

④ 康熙《瑞金县志》卷10《杂记》，第10页。

仍，凶荒洊告，邑遂凋弊重困。俗承丧乱之余，变为浇漓慓悍，民皆犷狠好斗，轻法生事，暴寡弱，睥睨绅士，以拳勇为强。里贾市贩，稍丰于财，炫饰边幅，美酒食相夸耀。[①]

道光以降，赣南天地会滋生蔓延。[②] 地界赣闽粤边区的瑞金县又成为重灾区之一，道光六年（1826）七月，“一月之内，叠劫商贩至五十余起”[③]，社会治安严重恶化。太平天国运动爆发后，咸丰八年（1858），县城“被贼所陷”[④]，瑞金县再次成为太平军与清军在赣南的重要战场。[⑤]

毋庸置疑，由于特殊的地理区位（地近闽粤）和自然环境（四境皆崇山峻岭），只要华南稍有动乱，瑞金县则每每首当其冲。因此，瑞金县进入中央王朝的视野，也主要是与盗寇和动乱相关。随着此类事件的反复出现和被记录传播，瑞金自然给人留下了“群盗肆虐”和“民风强悍”印象。这一印象，也充斥在府志、通志对瑞金的描述中。如嘉靖《赣州府志》就说：“瑞金民性悍勇”[⑥]；嘉靖《江西通志》也说瑞金县民“刚悍难治”[⑦]。这些评论影响了地方话语相对缺失的嘉靖《瑞金县志》对瑞金风俗的书写，称瑞金“民性多悍勇尚气”[⑧]。

随着明末瑞金县志成为表达地方文化意识的平台，县志编纂者自然不再满足于王朝话语中的瑞金形象。相反，他们努力挖掘地方人文资源，重塑地方形象。

---

① 康熙《续修瑞金县志》卷2《地舆志·风俗》，第9页。

② 关于赣南的天地会问题，可参见李晓方《清中叶赣南的会匪问题与政府控制——以〈清实录〉为中心的考察》，《史林》2008年第4期。

③ 《清宣宗成皇帝实录》卷101，道光六年七月“乙巳”条。

④ 《清文宗显皇帝实录》卷100，咸丰八年“戊午”条。

⑤ 自咸丰三年（1853）到同治三年（1864），瑞金遭到太平天国运动的极大冲击，具体参见光绪《瑞金县志》卷16《杂志·兵寇》，第17页。

⑥ 嘉靖《赣州府志》卷1《天文·风俗》，第10页。

⑦ 嘉靖《江西通志》卷34，第13页。

⑧ 嘉靖《瑞金县志》卷1《地舆类·风俗》，第6页。

二　阳明过化之地

明清时代的官修方志，主要是基于政治功能的考虑，亦即方志所记载的各种地方信息可以作为地方官吏因地制宜施政的重要资鉴。正如傅振伦在《中国方志学通论》中所说："今案地方志所记一域之事，亦甚详悉，尤重现代，有裨实用。典章制度，旧事先例，并载书中。地方行政，即引以为准绳。一切纠纷，咸取决于此。古人所谓'观民设教，体国经野'者，是诚足以当之。名为'地方官之资鉴'亦无不可也。"[①] 但是，除了政治功能外，地方志的编纂工作通常仰赖地方人士的积极参与，此项工作也与寻找本地历史、凝聚地方意识有密切关系。正如吕若愚在隆庆壬申志（1572）的序言中所言："山川形胜，欲得其要害之自；考评人物，欲不枉夫是非之实；计筹食货，欲周知乎公私之盈耗；化导风俗，欲穷其淳漓变迁之故；饬兵防，而欲修夫御备之实；政校文艺，而欲酌夫文质之中；稽祀典而欲表忠励节有裨于风教。"[②] 使修史者所强调的人物、风俗、文艺、祀典等，都具有塑造地方形象、裨益教化的作用。

方志对地方形象的塑造，一方面取决于地方社会的历史过程和人文资源，这是地方官绅塑造地方传统的基础；另一方面取决于方志编纂者的学术文化背景及其价值取向，因为这将规限着什么样的人文资源将成为被选择书写的对象，以及又将被作怎样的诠释。宋代的赣南，是程颢、程颐兄弟受学周敦颐的地方；迨至明代，王阳明出任南赣巡抚，曾在赣州讲学授徒。这些历史事实，后来被赣南方志的编纂者加以弘扬，成为塑造赣南"地域文化"的重要人文资源。因此，宋明时期的赣南，除了以"奸人亡命出没"的"盗薮"形象出现在史籍中外，在士大夫的笔下，还时常以"周程道学之涧源"文成公

① 傅振伦：《中国方志学通论》，商务印书馆1935年版，第11页。

② 吕若愚：《重修瑞金县志序》，载万历《瑞金县志》，第1—2页。

"息马论道过化最久之地"[①] 和 "圣学修明，每肇端于兹地"[②] 的形象出现。黄志繁研究指出，后者实际上是地方官和士大夫 "创造" 出来的 "赣南文化"[③]。

赣南是王阳明政治措施和军事胜利直接影响的地区，因此赣南各县多立有阳明祠。[④] 根据清同治《赣州府志》和《南安府志》，赣南的阳明学者分布比较广泛，在于都、赣县、信丰、兴国、龙南、宁都、会昌、大庾、南康等县，都有王阳明的授业弟子。[⑤] 尤其是于都县，涌现出了何春、袁庆麟、何廷仁、黄弘纲、管登、赖元都等一大批具有较大影响力的阳明学者。其中的何廷仁和黄弘纲，更成为阳明学的中坚骨干，以致在当时的阳明之门，夙有 "江有何黄，浙有钱王" 之谓，将于都的何廷仁、黄弘纲和浙江的钱德洪、王畿相提并论。[⑥]

不过，在上述《赣州府志》《南安府志》建构的阳明学者的谱系中，我们没有看到瑞金籍的士子。道光《宁都直隶州志》设有 "理学" 一目，其中仅收录赖元、李大集等两位宁都籍的阳明学者，也未见宁都州属之瑞金县和石城县的阳明学者。[⑦] 历修瑞金县志的人物与艺文，也并没有出现瑞金籍的阳明学者。也就是说，瑞金县缺乏可供挖掘的与宋明理学直接相关的本土人文资源。尽管如此，将瑞金纳入宋明理学尤其是阳明学的学术脉络，强调瑞金亦为 "（阳明）先生过

① 张位：《重修王文成祠记》，载同治《赣州府志》卷 11《祠庙》，第 45 页。

② 同治《赣州府志》卷首，《顺治十七年汤斌重刊〈谢志〉序》，第 13 页。

③ 参见黄志繁《"贼" "民" 之间：12—18 世纪赣南地域社会》，生活·读书·新知三联书店 2006 年版，第 271 页。

④ 沈谧：《虔南公移录》："赣州府所属十一县，俱有前都察院右副都御史阳明王公祠，巍然并存。" 载《王阳明全集》卷 36《年谱附录一》，上海古籍出版社 1992 年版，第 1344 页。另据清同治《南安府志》卷 6《典祀·祠庙》的记载，南安府属之大庾、南康、崇义、上犹四省，均建有阳明王公祠（注：祠之名称或曰 "王阳明祠"、或曰 "阳明王公祠"、或曰 "王文成公祠"）。

⑤ 同治《赣州府志》卷 54《人物志·儒林》；同治《南安府志》卷 16《儒林》。

⑥ 同治《赣州府志》卷 54《人物志·儒林》，第 10—12 页。

⑦ 道光《宁都直隶州志》卷 22《人物志·理学》，第 27—28 页。

化之地”，仍然是明清时代瑞金官绅在书写县志时努力建构的地方形象之一。隆庆年间，瑞金知县吕若愚修复绵江书院，在书院中主祀王阳明，其有记如下：

> 思昔王阳明先生提督汀赣军务，尝莅兹土。当羽书倥偬而讲学不辍。逆藩之变，势焰莫支。卒与其徒偕义起兵，浃月逾旬，平定祸乱。讲学明道之功，亦较著矣。今天下之士，咸知企慕。顾循名少实，甚者假其名以谋声利。惟江右人士，其耆旧先民，亲沐先生之教为多。故其景仰先生，视他省独至。阳明之祠，遍于大江之西。瑞金旧亦有祠，为前令之所更夺，人怀忿郁，咸请重建。适书院就复，遂中祀先生，而以王公配享。庶一举两得，以永永不坠矣。……况瑞金为先生过化之地，王公又尝加意作人。后此瑞金髦俊其有兴乎！今海内英华，莫先吴下。余曩承乏其地，校士论文，诚含英咀华，烂然可睹。窃惧其文盛之极，而蔑以加也。……多士尽若人焉，可无愧于阳明之教与王公作人之意矣。①

吕氏在新建绵江书院中迎祀王阳明的举动，一方面大概与这样一个背景有关：在隆庆朝（1567—1572），掀起了为王阳明翻案、奏请将其陪祀孔庙的热议；而在此前的整个明嘉靖朝，王学都遭到了禁止。② 但另一方面，也是吕氏试图通过强调王阳明“尝莅兹土”的事实，建构起瑞金也是阳明过化之地的文化形象，以提振地方士民的文化自信，激发使命感，达到兴教化、育人才的目的。万历十二年（1584），明王朝改变了对王学的整体判断，认为“守仁言致知出《大学》，良知出《孟子》。……诚宜崇祀”。自此，王阳明得以入祀

① 吕若愚：《修复绵江书院记》，载康熙《瑞金县志》卷9《艺文志》，第19—20页。

② 吕妙芬：《阳明学士人社群：历史、思想与实践》，新星出版社2006年版，第52页。

孔庙。[1] 在此背景下，万历癸卯志（1603）则顺着吕若愚的先前思路，进而强调王阳明不仅到过瑞金，而且在瑞金驻足讲学时间长达一月之久。在《官制志·巡历》“王守仁”条中记曰：

> 正德丁丑，因闽寇乱，提兵讨之，取道瑞金。暇则进诸生讲明正学，开导引掖，期于身践。驻司一月而去，壁间有留题。[2]

那么，万历癸卯志（1603）所记王阳明“驻司一月”的说法，是否真实可信呢？正德丁丑，即正德十二年（1517）。据《王阳明年谱》记载，是年正月十六日，王阳明以左佥都御史巡抚南、赣、汀、漳等处身份，在赣州正式就职。就职十来天，即议进兵，亲自率兵屯福建上杭；二月下旬，对漳南贼寇发起总攻；三月底，大获全胜；四月，班师；五月，立兵符。[3] 由此观之，在提师征讨漳南而途经瑞金的过程中，王阳明根本没有时间在瑞金驻足一个月。当然，王阳明于正德十二年（1517）四月班师回赣，也同样要途经瑞金。那么，王阳明是否有可能在班师回赣的时候在瑞金待上了一个月呢？在明嘉靖壬寅志（1543）的《文章类》中，收录的一篇署名为王守仁所作的《东山寺谢雨文》。其记曰：

> 迩者自闽旋师，道经瑞金。以旱魃之为灾，农不获种，辄乞灵于大和尚，期以七日内必降大雨，以苏民困。行至雩都而雨作，计期在七日之内，大和尚亦庶几有灵矣。敬遣瑞金县署印主簿孙鉴，具香烛果饼代致谢意，惟默垂鉴佑，以阴骘瑞金之民。[4]

从王阳明班师回赣途经瑞金祈雨，而行至雩都时尚在祈雨计期七

---

① 张廷玉：《明史》卷195《王守仁传》，中华书局1974年版，第5169页。

② 万历《瑞金县志》卷6《官制志·巡历附》，第65页。

③ 《王阳明全集》卷33《年谱一》，上海古籍出版社1992年版，第1238—1241页。

④ 嘉靖《瑞金县志》卷7《文章类》，第10—11页。

日之内来看，王阳明在瑞金县所待的时间应不到一个星期。也就是说，嘉靖壬寅志（1543）中王阳明《东山寺谢雨文》透露的信息，并不支持万历癸卯志（1603）《官制志·巡历》中王阳明在瑞金“驻司一月而去”的说法。由于万历癸卯志（1603）的《艺文志》已经亡佚，因此，我们已无从知晓这篇《东山寺谢雨文》是否被收入其中。但很清楚的是，清康熙癸亥志（1683）却并没有再转抄此文，而是在《艺文志》中收录了王阳明的另一篇题为《祷雨辄应》[①] 的五言诗。诗曰：

积雨雩都道，朝来喜暂晴。
溪流迟渡马，冈树隐前旌。
野屋多移窜，[②] 穷苗尚阻兵。
趋迎勤父老，无补愧巡行。

这首诗没有反映王阳明在瑞金驻足时间的长短，因此也就与《官制志·巡历》“王阳明”条目的记载不会出现前后不相吻合的情况，[③] 这大概也是康熙癸亥志（1683）抑或万历癸卯志（1603）的编纂者要达到的目的。在《祷雨辄应》诗题下，标有“驻节瑞金作”字样。很显然，这是县志编纂者为了强调这首诗是王阳明在瑞金时所作。然而，有诸多信息表明，这首诗其实并非作于瑞金。首先，这首诗也被《王阳明全集》所收录，但其题目却是《还赣》，而非《祷雨辄应》。[④] 其次，从诗文内容（诸如“积雨雩都道”）来看，这首诗很明

① 康熙《瑞金县志》卷9《艺文志》，第7页。注该诗亦被收在《王阳明全集》中，其题为《还赣》。

② 此句“窜”字疑为“灶”字误。《王阳明全集》亦收录了此诗，不过其题为《还赣》，其中即作“灶”而非“窜”字。

③ 清康熙《瑞金县志》卷6《官制志·巡历附》“王守仁”条，只字未改地转抄了明万历《瑞金县志》卷6《官制志·巡历附》中的记载，这说明康熙癸亥志（1683）的编纂者也认同王阳明在瑞金驻足讲学长达一个月的说法。

④ 《王阳明全集》卷33《年谱一》，上海古籍出版社1992年版，第747页。

显是作于雩都县境内，而并非瑞金县境内。县志编纂者之所以要将此诗题目进行篡改，并且生硬地标明此诗实乃王阳明驻节瑞金时所作，大概是因为康熙癸亥志（1683）在将不利于建构王阳明在瑞金驻足讲学一月之久的《东山寺谢雨文》删除出局后，实际上也将王阳明到过瑞金的证据也删除了。因此，康熙癸亥志（1683）将《王阳明全集》中的《还赣》更名为《祷雨辄应》收入县志，然后进行一番限定性的诠释，正是为了弥补这一证据链的缺失。

综上可见，与于都、宁都、赣县等赣南其他县域不同，瑞金县缺乏阳明授业弟子这一重要的历史人文资源。然而，县志编纂者却依然试图将瑞金县纳入“阳明过化之地”这一“赣南文化”之中，使之成为“瑞金文化”。为达此目标，在县志编纂过程中，他们一方面努力挖掘王阳明曾经途经瑞金的史实；另一方面又对这些史实进行加工和发挥，夸大王阳明驻足瑞金的时间，拟制王阳明在瑞金时“暇则进诸生讲明正学，开导引掖”的讲学情境，登载经由筛选甚至篡改和限定性诠释的相关诗文等，创造出一系列与王阳明有关的地方性知识。这些地方性知识被后世方志编纂者们反复转引和言说，如清康熙己丑志（1709）的主纂杨以兼在为重修书院所作的记中就说：“正德间，先生开府虔南，时山寇扰攘，戎马倥偬，而座拥诸生讲学不辍。既而闽寇窃发，先生督师进讨道经瑞。及寇乱既平，师旋之日，适邑有魁魃之祲，乃为祷祀东山寺，雨即倾注，上下沾足，先生于是作诗以纪其事。邑之缝掖执经问学，娓娓开导。”① 朱云映也说：“阳明先生以正德丁丑中，开府虔州，值闽寇猖獗，先生誓师歼贼。道经瑞，驻节院中，虽戎马倥偬，羽书旁午，进诸生讲不辍，后之人以其过化之地。”② 这样一来，瑞金县也就逐渐被塑造成为“阳明过化之地”的文化形象。

---

① 杨以兼：《书院记》，载康熙《续修瑞金县志》卷8《纪言志》，第5页。

② 朱云映：《重建文成书院记》，载康熙《续修瑞金县志》卷8《纪言志》，第11页。

三 节义文章之乡

明清瑞金县志的编纂者试图建构的另一个瑞金形象则是节义文章之乡，所谓“瑞自宋迄明，节义文章之彦不乏，嗣是砥行立名，离华掞藻，足以领袖人伦，冠冕艺林者，踵相接也”①。清乾隆癸酉志（1753）讲得更为具体，而且颇见底气。曰：“自有宋迄今，若刘谏议父子之忠烈，杨氏、谢氏兄弟之行业文章，方之上国，亦无多让。”② 如果说建构阳明过化之地的形象是通过强调瑞金县与王阳明之间的渊源关系，那么，节义文章之乡形象的建构，则是通过对瑞金本土人文资源的挖掘和诠释来完成的。

关于瑞金县的忠臣节义之士，明清瑞金县志的编纂者上溯至唐末的冯祥兴、宋代的刘鹏、刘举夔父子、刘十六郎等人。其中，冯祥兴、刘鹏和刘十六郎还被入祀瑞金乡贤祠。③ 这些人虽则名气不大，倘若超出瑞金县域范围，均将鲜为人知。但是在县志书写中，他们的忠义之举又无不与稍具历史知识的人所耳熟能详的重大历史关节直接相连。例如，冯祥兴在唐末黄巢乱起时因勤王有功被封为将军，后奉旨归图割据赣南的卢光稠，不幸被卢氏杀害。北宋刘鹏、刘举夔父子的忠谏和死难之节，则分别遭到了《宋史·奸臣传》中的蔡京和秦桧所构陷。刘十六郎则是跟随岳飞平定赣南寇乱时牺牲的英雄。④

然而，在上述四人中，冯祥兴和刘十六郎的故事都颇具传奇色彩，其真实性是很值得怀疑的。先来看看冯祥兴的情况，明嘉靖壬寅志（1543）传曰：

① 康熙《续修瑞金县志》卷2《地舆志·风俗》，第10页。

② 乾隆《瑞金县志》卷6《人物志》，第1页。

③ 明代瑞金乡贤祠共祀四人，他们分别是冯祥兴、龚彭寿、刘鹏、刘十六郎。其中龚彭寿的形象是一位孝子。参见嘉靖《瑞金县志》卷6《祀典类》，第3页；万历《瑞金县志》卷5《祀典志》，第2页。

④ 嘉靖《瑞金县志》卷4《人物类·忠义》，第7—9页。下文关于冯祥兴和刘十六郎的记载，均出于此，不再一一标明，特此说明。

> 冯祥兴，始为雩都人，后割地置县，遂隶瑞金，兄弟三人皆英武。唐广明中，黄巢陷长安，尝募士勤王，累功为将军，二弟没于阵。奉旨归图卢光稠，被黎破家阴刺之，投尸罗溪，数月不化。乡人以为神，遂葬溪南，立祠祀之。①

这一传述为后来编纂的瑞金县志所因袭，没有什么实质性的改动。其中关于唐广明中，黄巢陷长安，冯祥兴三兄弟募士勤王，累功为将军的说法，未能得到除此之外的第二个观察点的佐证。事实上，在唐末天下大乱的背景下，地方豪强乘乱而起，割据称雄一方的现象比较普遍。传记中提到的卢光稠，正是在唐末五代之际割据赣粤边区的地方豪强。② 当然，出于忠义之心，捍卫皇统而奋起勤王，也不是没有这种可能。只是作为一介平民，要在僻远的瑞金募兵前往千里之外的长安勤王，而且因此累建军功以致被封为将军，这种可能性到底有多大，是很值得怀疑的。至于冯祥兴遇害后被"投尸罗溪，数月不化"的叙述，更像是演义的结果。

再来看看刘十六郎。和冯祥兴一样，刘十六郎的忠义故事也显得扑朔迷离而未必可信。嘉靖壬寅志（1543）记曰：

> 刘十六郎，鲠直勇敢。建炎中，金虏侵中原，邻境狗脚洞贼首李铁面虔刘十余年，上遣岳飞提兵讨之。十六郎兄弟三人集义勇，累立战功，枪至额不顾，俱没于阵。飞悼之，闻于上，诏立祠祀焉。③

这则传述相当简略，由此我们只知道刘十六郎是南宋时追随岳飞剿贼牺牲的英雄。迨至清道光壬午志（1822），其编纂者似乎不再满

① 嘉靖《瑞金县志》卷4《人物类》，第7—8页。

② 卢光稠在唐末五代之际乘乱割据虔州、韶州等地的史实，具体参见欧阳修《新五代史》卷41《卢光稠传》，中华书局1974年版，第443—444页；《资治通鉴》卷256《唐纪七十二》，中华书局1956年版，第8310—8347页。

③ 嘉靖《瑞金县志》卷4《人物类》，第8—9页。

足于如此简略的传述，对刘十六郎的传记进行了有利于彰显其忠烈形象的充实，补撰如下：

> 刘十六郎，名清宁，字月朗。建炎中，雩都狗脚洞贼李铁面，聚众数万，乘乱寇掠虔州，朝命岳飞提兵征讨。贼攻瑞邑，十六郎及其弟十七郎、十八郎兄弟三人，集义勇击贼于羊眠冈，贼败走。十六郎等乘胜追至雩都，连破其众。飞适至雩都，闻之大喜，遣使劳之。十六郎等遂从飞为先锋，屡立战功。绍兴中，淮贼李成党、马进犯洪州，张浚请飞合兵共剿，十六郎兄弟从飞潜渡生米，破贼于西山。后复大破李成于楼子庄，江淮遂平。三年，吉虔盗彭友、李铁面等复率众寇掠，飞遣十六郎等分兵剿捕，所向克捷。贼恨甚，欲潜师袭瑞，掠十六郎家属而甘心焉。十六郎星夜归援，复破贼于羊眠冈，贼遁归。十六郎追至瑞林寨，贼已渡河。十六郎乘舟欲济，至中流，风起舟覆，人马溺死大半。十六郎兄弟游水至岸，手无寸铁，衣甲沾湿。贼回兵围之数匝，十六郎兄弟身被数十枪，犹夺贼刀奋勇格斗，杀百余人而死。飞闻之痛惜累日，遂录其事，上闻，诏赠怀远将军，命有司建祠祀之。①

在这里，道光壬午志（1822）的编纂者不仅对嘉靖壬寅志（1543）中提到的刘十六郎征讨狗脚洞贼的细节进行了深描，而且增加了诸如剿淮贼李成、马进等情节，把刘十六郎塑造成为岳飞在吉安、赣州等地讨贼的得力先锋，后来在第二次征讨李铁面时因风起舟覆、人马溺死大半、身被数十枪而壮烈牺牲。在传记末了，道光壬午志（1822）的编纂者加按说明了上述传记是据刘十六郎裔孙刘汉迁所作家传补撰而成的。并特别指出，“汉迁云，考之旧谱及他书与故老传闻，事实如此。且数字、年月、地名凿凿有据，其第宅在鹅岭

① 道光《瑞金县志》卷7《人物志上·乡贤》，第3—4页。

下，遗址尚存，今棠背、瑞林寨、羊眠冈，皆有祠宇，谅不巫也。”①然而，笔者在《瑞金蓼溪赖氏五修族谱》中见到的一篇撰作于清康熙四十七年（1708）的《忠义刘十六郎并祠记》，其中对刘十六郎生平事迹的记述，则与上引道光壬午志（1822）中的记述有较大出入。兹引如下：

> 刘公昆季，宋之义士也。本里田坑牛形坪，其故土朱。建炎绍兴间，中原云扰，盗贼蜂起，有麻畲纠脚洞贼首李铁面，乘风作乱，惯用邪术，毒害生灵一十八载。有司奏闻，上遣武穆将军调兵进剿，累战未下。而刘公昆季视死如归，竟投贼营而作内应，临阵碎锣，致邪术不行，而李贼斯除。公之兄弟，亦陷于阵。武穆请上重加旌奖，爰敕封忠义侯王将军之职，令乡民建庙祀奉。②

很显然，《祠记》与道光壬午志（1822）对刘十六郎的忠义之举的描述并不一致。在道光壬午志（1822）中，刘十六郎是受命于岳飞领兵剿捕贼首李铁面的征战先锋；但在《祠记》里，刘十六郎则是潜伏在贼首李铁面营中的内应卧底。这两则存在巨大差异的描述提示我们，刘十六郎在县志传述中的忠义形象，虽然可能存在一定的事实原形，但是也可能掺入了大量想象和演义的成分。

其实，早在宋元时期，冯祥兴和刘十六郎就已经是广受瑞金民众供奉和朝拜的地方神明了。其中，刘十六郎在瑞金县西北部的瑞林等地，拥有大量信众。如上引蓼溪赖氏族谱有记：“余族蓼溪村鼎建神庙祀奉有数朝矣。不惟余族久荷福庇，即邻里乡党，往来商贾、仕宦，亦莫不被其体。此盖灵佑生民兴国，咸体者也。每岁正月朔三，

① 道光《瑞金县志》卷7《人物志上·乡贤》，第4页。

② 赖起凤：《忠义刘十六郎并祠记》，《瑞金蓼溪赖氏五修族谱·刘公纪》（不分卷），清同治十年（1871），木活字本，上海图书馆收藏。

相沿迎神祀奉，诚敬以报。"[①] 又说："刘将军庙，在吾祖居，后能镇安造福吾族，宗人祀之如祖考父母焉。"[②] 可见，刘十六郎被当成了地方宗族的保护神。

冯祥兴三兄弟，在当地俗称"冯侯"，供奉他们的"英显庙"（又叫"侯王庙"）早在元代就已经有了，在县城周边及壬田等地拥有大量信众。[③] 据说农历 9 月 13 日是冯侯的诞辰，每年的这一天，都将举行隆重的庙会。县城冯侯庙会的盛况，给时人留下了深刻印象。清雍正十三年（1735），邑人刘芳孝在《重建英显庙记》中有记：

> 相传九月十三日，为侯诞辰。是日，邑人相率走庙下，具鼓乐杂伎前导，奉侯像遍游城厢内外，道旁男女聚观，无不虔诚顶礼戒，无敢戏言妄指，恐干侯怒也。顾北城外，当阛阓要冲，士女杂沓，报赛于庙者无虚日。[④]

瑞金县城东部约十五公里处的壬田寨也供奉冯侯，其庙会盛况不逊于县城。庙会期间，神像出游，商贾云集，人员博杂，这在明代一度给社会治安造成了很大压力。对此，清乾隆癸酉志（1753）有记曰：

> 壬田寨有英显庙，俗以九月十三为神诞，自月朔至二十日，墟市百货骈罗，牛马鸡豕，充斥郊圻，衽帷汗雨，倾动遐迩。诞

① 赖履谦：《京太房刘公纪》，载《瑞金蓼溪赖氏五修族谱·刘公纪》（不分卷）。

② 赖传菁：《刘公庙碑》，载《瑞金蓼溪赖氏五修族谱·刘公纪》。

③ 乾隆《瑞金县志》卷 3《营建志，祠庙坛壝》第 32 页，记："英显庙。一在城内龙颈街，元至正间，县尹曾仕鲁建，祀三冯侯，又曰侯王庙。国朝雍正十五年，邑人刘光祖倡众重建。乾隆十五年，邑人谢涛等募众重修。一在北城外大街，雍正十三年，邑人刘芳孝等倡众重建，规制比前增五倍。一在壬田寨。"又记："福主庙，在县治西南十五里小舟坊，明天启间，邑人邱敬塘捐建，祀唐将军冯氏兄弟。康熙丙戌年，洪水漂没。乾隆壬戌岁，邱仁辅、邱韶、邱秀时、邱仲启等倡众□重建，庙前左边社公坛，其山土地基俱邱姓施出。"

④ 刘芳孝：《重修英显庙记》，乾隆《瑞金县志》卷 7《艺文志》，第 109 页。

> 日，土人舆辇神像出游，绘棚彩槛，炫耀耳目。往时县拔将民壮以防奸暴，而奸暴反生自民壮。万历甲寅，潘令舜历，饬本地巡检司弹压，其弊乃绝。[①]

据笔者的实地考察，瑞金县城的英显庙如今已不复存在，也没有了冯侯庙会。壬田的英显庙虽然早被拆废，但是，冯侯神像却被附近的村民请进祠堂加以供奉，冯侯庙会依然盛行。[②] 如今，用壬田当地民众的话来讲，他们对农历冯侯诞辰日（9 月 13 日）的重视程度毫不亚于过春节。这一天有两项重要活动：一是迎神。即迎接和祭拜将被抬到镇上经过的冯侯。二是宴请。即每家每户都将邀请所有的亲戚朋友前来做客，大办酒席，设宴款待，当地习俗以家里请到的客人多为荣耀。[③] 笔者对多位冯侯庙会的首事以及随机抽取的十几位当地信众进行了采访，向他们问了同一个问题："冯侯到底是什么人?" 他们提供的答案可谓五花八门，有说是为皇帝看护皇宫大门的护卫将军，也有人说是以前打败过"长毛"的英雄，极少有人知道明清《瑞金县志》中的那个"标准答案"：唐末黄巢之乱时勤王有军功而后被割据赣南的卢光稠所杀害的将军。究其原因，可能有因时代变迁所造成的对传统的隔膜，然而更主要的恐怕是对于信众来说，冯侯到底是谁其实并不重要，重要的是冯侯能给信众带来平安和福祉。现在的信众如此，明清时代的信众恐怕亦复如此。在那时的信众中，知道冯侯身份"标准答案"的比例，恐怕也未必会比现代人更高。

综上所述，明清《瑞金县志》中的忠烈冯祥兴和刘十六郎，与其说是县志编纂者对真实历史人物的描摹，不如说是对业已拥有广大信众的地方神明所作的一套解释。而这套解释既有利于地方神明的正统化，又有利于塑造瑞金县具有忠义传统的文化形象。

① 乾隆《瑞金县志》卷 8《艺文志下 · 杂记》，第 3 页。

② 2010 年 9 月 13 日，笔者前往瑞金县城及壬田进行了实地考察。

③ 笔者与同去的瑞金友人被一户钟姓人家请去吃午饭。钟家来宾竟多达四五百人，设宴四十余桌。

相对冯祥兴和刘十六郎，刘鹏、刘举夔父子倒是可以确知的历史人物。刘鹏是北宋元丰二年（1079）进士，也是瑞金县自建县以来诞生的第一位进士，历任知县、监察御史和谏议大夫。刘举夔则因父恩补北靖州知州。刘鹏因其所撰《县务纲目》，分别被《宋史》“艺文志”和《文献通考》所记录。不过，这两部史籍只言及姓氏书目，而未传其人。刘鹏的生平事迹，被入传《赣州府志》《江西通志》《大明一统志》和《大清一统志》，各志传述基本相同。从编纂时间来看，嘉靖《赣州府志》是现存最早的记录，在其“贤达”目中，有传如下：

> 刘鹏，（字）时举，安贫苦学，登元丰二年进士，知直隶华亭，擢监察御史。朝廷欲相蔡京，连章诤之，不报。京既入相，首议复王氏之学，籍元佑党人，鹏亦诤之益力，遂出知直隶广德军。秩满召拜谏议大夫，鹏辞以言既不用不宜居方职，遂出知寿春。①

编纂于嘉靖《赣州府志》后五年的嘉靖《瑞金县志》，将上引刘鹏传转载于其《人物类》之“宦业”目下。在嘉靖壬寅志（1543）中，刘鹏作为瑞金县的第一位进士，他在瑞金文化史上的地位得到了重点强调，有瑞金“士人因之知文学”② 的评说。相反，对于刘鹏的忠谏节义之举，除了转引府志的记载外，未作新的诠释，这表明嘉靖壬寅志（1543）的编纂者还没有要将之用以塑造瑞金节义传统的意识。从隆庆年间新上任的瑞金知县吕若愚“询之半载无闻”③ 的情况来看，此前瑞金士民知晓刘鹏父子其人其事者可谓寥寥无几。

最早挖掘刘氏父子这一人文资源以塑造瑞金节义传统和文化形象的，正是明隆庆壬申志（1572）的主修知县吕若愚。明隆庆三年

① 嘉靖《赣州府志》卷10《人才・贤达》，第8页。

② 嘉靖《瑞金县志》卷1《地舆类・风俗》，第6页。

③ 吕若愚：《新建忠烈祠碑记》，载康熙《瑞金县志》卷9《艺文志》，第28页。

（1569），吕氏出任瑞金知县。前文已经提到，在明代所有的瑞金知县中，拥有进士学衔的仅两位，吕氏是其中之一。他在任五年期间，比较重视地方文化建设，先后修复绵江书院、重修忠令祠和新建去思祠。他较早提出瑞金是阳明过化之地的知县。吕氏在通过方志了解到刘鹏父子的忠节故事后感慨系之曰："大贤哉，有一人焉，邑斯重矣！"[①] 他敏锐地意识到，在人文资源并不丰富的瑞金，刘鹏父子对于塑造瑞金传统和文化形象的重要意义。于是，他在县治的右边为其父子修建了一座祠庙，匾曰"忠烈祠"，重点表彰其忠谏节烈精神，并置田产若干，令其族孙一人收租以供祭祀葺理之需，[②] 祠宇落成，吕氏将刘公父子的忠节事迹、修祠缘由和意义等撰作成文，勒石祠内，以示民众。随后，吕氏又将这篇撰作即《新建忠烈祠碑记》收录在由其主修的明隆庆壬申志（1572）中。在《碑记》里，吕氏对刘鹏父子的忠节之举进行了高度颂扬，曰："公之父子之人品，即传之天下可也！"[③] 此后，"忠烈祠"中的刘鹏父子被纳入官方正祀直至清代未变，"有司时节致祭"[④]。

经由吕若愚的挖掘和弘扬，刘鹏父子的忠烈之举不仅成为其宗族后裔的荣耀和用以敬宗收族的抓手，[⑤] 而且成为地方官绅推介瑞金的一张名片。如万历癸卯志（1603）就说："瑞邑虽丛尔，犹有古风。其克自兴起者，如一统志载刘公父子，忠言劲节，烈烈一时，为宋名贤，其轨卓已。"[⑥] 这一表述，为后世县志编纂者层层相因而转载称引。县志对刘鹏的标举，也影响到邑外士人对瑞金的印象。明末吉水邹元标在追溯瑞金人文历史时，就有如下表述："宋自有谏议刘

① 吕若愚：《新建忠烈祠碑记》，载康熙《瑞金县志》卷9《艺文志》，第28页。

② 万历《瑞金县志》卷5《祀典志》，第4页。

③ 吕若愚：《新建忠烈祠碑记》，载康熙《瑞金县志》卷9《艺文志》，第28页。

④ 陈尚恬：《刘鲜睿先生传》，载民国《瑞金北关刘氏七修族谱》（不分卷），上海图书馆藏。

⑤ 刘鹏所在的瑞金北关刘氏，创制出了一套祭祀刘鹏父子的礼仪习俗。具体参见民国《瑞金北关刘氏七修族谱》中的《忠烈祠春秋祭文》《忠烈祠鹏太春秋祭文》《忠烈祠歌》等宗族文献。

⑥ 万历《瑞金县志》卷9《人物志》，第1页。

公鹏，为世伟人。而明则有谢州守元贺，卓有政绩；杨太守以杰，戮力四方，功业未艾，是皆谏议之俦匹也。”① 入清以后，随着“忠烈祠”被一再重修或扩建，以及相关的文记随之一再创制且被县志登载，较后发掘出来的忠谏死难之士刘鹏父子，和颇具传奇色彩的冯祥兴、刘十六郎一道，共同成为支持瑞金节义之乡文化形象的重要基石。②

自明末以降，瑞金县志编纂者对于塑造一个文章学术发达的县域形象，表现出了强烈的愿望。首先，他们在《风俗志》中强调“家有诗书，人多儒雅，序塾相望，弦诵相闻”③ 的好学民风。其次，他们在《人物志》中开列“文学”（或称“文苑”）一目，建构起一长串“以文章著”者的人物谱系；迨至清光绪乙亥志（1875），入传“文苑”的已多达61人，其中年代最早的一批人物，是生活在明朝万历年间的胡来章、杨春震、杨永昊等人。最后，他们在《艺文志》中开始大量收录邑人的相关诗文作品，致使《艺文志》成为县志篇幅增长最大的门目；实际上，其中有很多诗文作品，正是为了载入新修县志而量身定做的。

更详细地看，关于瑞金文行学术的兴盛，县志编纂者特别盛赞崇祯四年（1631）考取进士的杨以任，认为他起了引领地方风气的作用。曰：“杨以任，登进士，文行卓然，为海内师表。嗣是，人文蔚起，彬彬可观矣。”④ 杨以任，字维节，别号澹余，生于明万历二十八年（1600），卒于崇祯七年（1634），享年仅35岁。万历四十六年（1618）乡试中举，崇祯四年（1631）登进士，成为有明一代瑞金县仅有的两名进士之一；历任应天府教授，南京国子监博士；著有《读

① 邹元标：《新建文兴塔记》，道光《宁都直隶州志》卷31《艺文志三》，第801页。

② 入清以后，“忠烈祠”先后于康熙三十二年（1693）、康熙五十六年（1717）、咸丰六年（1856）、同治六年（1867）进行过四次修复、扩建或重建。（光绪《瑞金县志》卷4《营建志下》）此外，在县志《艺文志》中收录的相关文记有刘元傥《重建忠烈祠记》、张尚瑗《瑞金北刘氏忠烈祠增置后寝记》等。（乾隆《瑞金县志》卷7《艺文志》）。

③ 万历《瑞金县志》卷2《地舆志・风俗》，第14页。

④ 康熙《瑞金县志》卷2《地舆志・风俗》，第28页。

史集》《名宦言行录》《非非室》等。[①] 在县志书写中，杨以任的以下几个方面得到了重点推崇和阐扬。首先，他的师表风范和卓然文行。清康熙癸亥志（1683）指出，“（以任）为应天府教授，有知人鉴，勤于课士，拔取皆宿学知名，金陵士矜为杨门弟子。……其制义入明朝四十五名家。”[②] 乾隆癸酉志（1753）则评其制义“与陈、罗、章、艾并称江西五大家”[③]。所谓陈、罗、章、艾，分别指陈际泰、罗万藻、章世纯、艾南英四位江西籍晚明复社名士，他们以善八股制义而盛名一时，有“江西四家”[④] 之称。其次，他与晚明复社名士之间的密切关系。通过县志传记和艺文，我们一定会留下这样的印象：杨以任在晚明复社文化圈中具有较大的影响，因为除了上述陈、罗、章、艾“江西四家”，杨以任与晚明复社的另外一批名士，如张溥、张采、吕维祺、刘同升等人都相友善，过从甚密。[⑤] 再次，他与本邑杨、谢诸君结社赤水的历史以及他们之间的敦厚文谊。乾隆癸酉志（1753）传记告诉我们，在考中进士之前，杨以任曾与同邑朱国卿（敬之）、谢长艮（子起）、谢启彦（士芳），兄杨以旦（希元）、侄杨兆隆（尔基）等人结社赤水，读书制义，备考科举，瑞金学风文风空前大盛。上述六人被誉称为“赤水六俊”。然而，朱国卿客死他乡，士芳、子起、尔基三人则在省试返途中遇盗溺水而亡。“以任时上公车，闻讣返掉，奔哭其尸，营殓葬毕，无子者为立后”，随后又向瑞金当局请建“四贤祠”祀之而获得成功。[⑥] 时任知县吴可敷作《四贤祠碑记》，着重对赤水社诸君发奋求学的精神和超凡脱俗的文

① 杨兆年：《栩栩园文钞》卷2《行状·南国子监博士杨公维节行状》，第5—9页。

② 康熙《瑞金县志》卷8《乡贤志》，第6页。

③ 乾隆《瑞金县志》卷6《人物志》，第4页。

④ （清）纪昀总纂：《四库全书总目提要》卷180《集部三十三·此观堂集》记：“万藻与同邑章世纯、陈际泰、东乡艾南英，并以制义名一时，号江西四家。”河北人民出版社2000年版，第4879页。

⑤ 参见康熙《瑞金县志》卷8《乡贤志》；卷9《艺文志》。注：在《艺文志》，收录了上述复社人士悼念杨以任的诗文14首（篇）。

⑥ 乾隆《瑞金县志》卷6《人物志》，第4页。

品进行了高度褒扬，该记后来被收入康熙癸亥志（1683）。[①] 赤水社及“赤水六俊”则成为后世地方士绅标举瑞金人文兴盛的重要人文资源。乾隆癸酉志（1753）主纂杨于位说：“三杨朱谢六君子，讲业于此，含秀咀英，而赤水一社，特为海内雄长，继此郁郁彬彬，人文称极盛焉。”[②] 杨以任请建“四贤祠”的敦厚文谊，为后世方志相因转载的《四贤祠记》，通过后世方志的反复强调，使得那群颇具悲情色彩的“赤水六俊”，给我们留下了明末瑞金文风大盛的深刻印象。

透过瑞金县志的人物志和艺文志，我们肯定不会忽视的另外一个印象是：入清以后，瑞金文风承前继起，文人学士更胜于前。清初的谢适、杨以睿、杨兆年、杨永植、杨长世、松窦和尚等人，他们因身处明清鼎革之秋，世事剧变，仕进迷茫，于是恣情山水诗文，吟咏唱和，并与文学界颇负盛名的宁都魏氏兄弟、[③] 于都易学实和福建长汀黎士弘等人互为友朋，交往甚密，形成了一个趣味相投的诗学共同体。其中，谢适的诗尤其受到推崇。黎士弘称许其有“元白之目”[④]；河南周亮工评其诗曰“雅淡闲旷，兼韦刘之长”[⑤]。此后，瑞金文学名士代不乏人，杨以兼、谢重拔、朱世官、朱云映、杨枝远、罗有高等人，据说他们的诗文都得到过当时学界名流的好评。如康熙乾隆年间的杨枝远，据说临川硕儒李绂在读到他的诗后，称赞其为“吾乡之李青莲”，以致一时名流“皆折节辈行与交”[⑥]。又如罗有高，其学术文章受到乾隆年间官至内阁学士的文学家、金石学家翁方纲的高度评价，有诗赞曰：“君非今之人，眼有万万古。莫以汉学专，辄骂宋儒腐。”阳湖文学家恽敬对罗有高的博学深思也深表敬服，曰：“台山

---

① 吴可敷：《四贤祠碑记》，载康熙《瑞金县志》卷9《艺文志》，第33—38页。

② 杨于位：《龙珠寺兴复常住碑记》，载光绪《瑞金县志》卷12《艺文志》。

③ 宁都魏氏兄弟是指魏伯子际瑞（善伯）、魏叔子禧（冰叔）、魏季子礼（和公），合称“宁都三魏”。明末清初，三魏兄弟与友人彭士望（躬庵）、邱维屏（邦士）、李腾蛟（咸斋）、林时益（确斋）、彭任（中叔）、曾灿（青藜），聚合隐居于宁都县翠微峰，名其居室为“易堂”，世称“易堂九子”。魏氏兄弟传世著作有《宁都三魏全集》。

④ 康熙《瑞金县志》卷8《乡贤志·文学》，第24—25页。

⑤ 光绪《江西通志》卷169《列传三十五·宁都册》，第21页。

⑥ 乾隆《瑞金县志》卷6《人物志》，第41页。

于书无不窥，精思造微，必溱隙而出。”①

综上可见，士民忠节之风范，文章学术之隆盛，是明清瑞金县志编纂者所欲塑造的瑞金文化形象。塑造的方法则是通过追溯、挖掘和书写先贤的事迹行谊，表彰他们所欲提倡的节义文章价值，尤其强调他们与重大历史事件的关联及其所受硕儒名流的赞誉，借此彰显他们的身份地位，为乡人树立学习的楷模。然而，作为政治和文化均处帝国边缘的县域，瑞金的历史人文资源原本并不丰富。县志编纂者在层累地塑造瑞金节义文章之乡的文化形象时，显然要遭遇理想愿望和现实资源之间不甚匹配的尴尬。在这种情况下，导向性的解释、蓄意的夸张甚至人为的创制也就在所难免。身份并无实征的地方神明冯祥兴和刘十六郎，分别被解释成与重大历史事件或历史人物有着重要关联的忠义英雄就说明了这点。

明末以降，瑞金县志所展示的文苑领域人才济济的繁荣局面，虽则一方面反映了瑞金文学发展的一些实情，但另一方面，恐怕更应理解为县志编纂者意欲彰显的某种价值理念和试图塑造的地方文化形象。例如，入清以后，每修县志都新登载了大量律诗，文苑传中不少传主的诗学水平也正是县志编纂者们重点褒扬的方面。所有这些，无不表明县志编纂者要给读者传递出瑞金诗学兴盛发达的信息。然而，事实上却远非如此。长汀黎士弘在为谢适诗集作序时说：“怡古生瑞邑，邑鲜言诗者，怡古卓然自立，独为于众人不为之时，人颇姗笑之。”② 同治《赣州府志》也说：“瑞少言诗者，风雅一道，自适创之。”③ 可见在清初，瑞金诗学还远未形成风气。迨至清嘉庆十年（1806），清代阳湖派散文大家恽敬任瑞金知县，他对瑞金的诗人有评论曰：“瑞金诸诗人多枯槁之士，故边幅不广。虽极高如南冈，极隽如狎鸥，皆不免此病。”④ 可见，在恽氏这位行家看来，瑞金的诗

---

① 道光《瑞金县志》卷8《人物志中》，第8页。

② 黎士弘：《托素斋文集》卷1《谢怡古诗序》，第9页。

③ 同治《赣州府志》卷55《人物志・文苑》，第13页。

④ 恽敬：《大云山房文稿言事》卷1《与邹立夫》，光绪十年（1884）刻本。

学水平整体偏低。恽氏所言“南冈”是指谢南冈，“狎鸥”是指上述据说被李绂称赞为“吾乡之李青莲”的杨枝远，他著有《狎鸥亭诗钞》八卷传世。[①] 谢南冈是恽敬最推崇的瑞金诗人，认为“瑞金诗家，此格最高”[②]。恽敬还专门为谢南冈作了一篇小传，该传颇有意思，兹引如下：

> 谢南冈，名枝仑，瑞金县学生。贫甚，不能治生。又喜与人忤，人亦避去，常非笑之。性独善诗。所居老屋数间，上垣皆颓。倚时闭门过者，闻苦吟声而已。会督学使者，按部斥其诗，置四等，非笑者益大哗。南冈遂盲盲三十余年而卒，年八十三。论曰：敬于嘉庆十一年自南昌回县，十二月甲戌朔，大风，寒。越一日乙亥，早起自埽除，蠹书一册堕于架，取视之，则南冈诗也。有郎官为之序，序言秽腐已掷去。既念诗，未知如何。复取视之，高邃古涩，包孕深远。询其居，则近在城南，而南冈已于朔日死矣。南冈遇之，穷不待言。顾以余之好事为卑官于南冈所籍已二年，南冈不能自通以死，必死后而始知之。何以责居庙堂，拥摩节者不知天下士耶？古之人居下则自修而不求有闻，居上则切切然恐士之失所有以也夫。[③]

不难看出，谢南冈是一位性情偏执、经济潦倒的寒士。但是，他酷爱诗学，而且善于作诗，并刻有诗集流传。谢南冈活到 83 岁，算是高寿。然而终其一身，其诗作不仅没能受到邑人的赞赏，反倒常常招致邑人的嘲讽。谢南冈逝世于嘉庆十一年（1807），编成刊刻于道光二年（1822）的道光壬午志（1822），既未录其文，亦未传其人。迨至半个多世纪后的光绪乙亥志（1875），概因县志编纂者读到恽敬

---

① 有光绪十年（1884）刻本，现收藏于江西省瑞金市志办公室。1983 年和 2004 年，瑞金县（市）地方志办公室和“瑞金西杨氏史记编撰小组”分别据此重印。

② 光绪《瑞金县志》卷 8《人物志 · 文苑》，第 6 页。

③ 恽敬：《大云山房文稿初集》卷 3《谢南冈小传》，光绪十年（1884）刻本。

为其所作传记，才将谢南冈增补“文苑”传。在将近一个世纪的漫长历史过程中，谢南冈的诗作一直没有引起当地士人的重视。究其原因，一方面显然与谢南冈本人低下的经济地位及其不善与人沟通的个性有关；但另一方面，也折射出了有清一代瑞金诗学文风也并非像县志所呈现的那样隆盛。

第五章　瑞金县志的阅读与利用

明清瑞金县志到底为谁编纂，谁是县志的主要“消费者”；县志中的哪些内容可能成为县域民众关注的重点，它们又将以何种方式被阅读和被利用。本章拟就这些问题，试作进一步探讨。

第一节　县志的“生产者”和“消费者”

如果套用业师钱杭教授对族谱的研究，[①] 我们或许可以将县志也视为一种特殊的文化产品，然后借用生产过程、生产目的、产品消费等概念来对它加以形象的分析。所谓“生产过程”，主要是指地方县志的编纂、收藏、修订、再编纂这样一个每隔几十年（时间长短并不一定）重复一次的过程。本书前几章试图解决的问题之一，就是要明确明清瑞金县志的“生产者”是谁。明清瑞金县志的“生产者”，实际上包括两部分人：一是直接参与县志编纂的人员。找到他们并不难，只要看一看每部县志的序跋尤其是修志姓氏，就可以清楚地发现，除了知县、教谕、训导等地方官员，其余的则是拥有各类学衔或官阶的地方士绅。就明清瑞金县志编纂者的构成情况来看，这些地方绅士，大多是来自其时科名和仕宦相对成功的强宗大族，其中往往囊括了其时县域范围内学衔和官阶最高的人。二是间接参与县志编纂的人员。他们是为县志编修，或为相关县域公共工程建设而捐款出资的有钱人。这部分人的身份比较复杂，大致包括在职的或退休的官僚、读书人、地主、商人等各色人等，要重建其构成，相对困难。一般而言，在县志人物志的“义行”中，或在营建志和艺文志的相关题记

① 钱杭：《中国宗族史研究入门》，复旦大学出版社2009年版，第140—150页。

里，或在其他门类卷目中，我们可以看到他们的名字，或者是他们某位先祖的名字。

在上述两部分人中，直接参与县志编纂的人员，即兼有县域强宗大族的家族精英和县域知识精英双重身份的那部分人，显然是县志的主要“生产者”。他们主导或参与县志的辑史、编辑、撰写、校正等各个环节的工作，决定着县志的书写内容和书写方式。在县域社会中，他们既是中国大传统文化的承担者和传播者，又是地方小传统文化的塑造者和诠释者。

众所周知，任何产品的价值都必须经由消费过程来实现。那么，县志这一文化产品是为谁“生产”的？谁是这一产品的主要“消费者”？回答这一问题可不像前一个问题那样简单。

与“人自为书，家自为说”而且“秘不示人”的私家族谱不同，作为官修方志中的重要一环，县志则是一种开放性的公共历史记录。正如章学诚所言：“志乃史体，原属天下公物。”[①] 方志既为史体，其“存史”的价值、功能和重要性，自然受到方志编纂者的强调，如嘉靖壬寅志（1543）的主修知县赵勋就说：“史在列国，志在郡邑，岂末务哉。”[②] 万历戊午志（1618）的主修知县潘舜历，更是以修志存史作为自己的重要使命相标榜：“矧癸卯距今，已逾一纪，前志采摭，征有去来，则所以补缺往秩，使漏无终淹，纪载见闻，使事无遗佚，余何敢让焉。”[③] 在方志编纂经常化和制度化的明清时代，10 部瑞金县志的编纂都程度不一地受到了编纂府志、通志和一统志的推动。因此，县志编纂者非常清楚，由其参与编纂的县志，必将成为后世县志、府志、通志、一统志乃至国史的取材对象。正如康熙己丑志（1709）主纂杨以兼所言：“窃以邑之有志与国史无异，且国史之足以信今传后者，悉本于省郡志，省郡志则皆集邑志而成。”[④] 县志编

① 章学诚著，仓修良编注：《文史通义新编新注》外篇四《答甄秀才论修志第一书》，浙江古籍出版社 2005 年版，第 841 页。

② 赵勋：《瑞邑志序》，载嘉靖《瑞金县志》，第 1 页。

③ 潘舜历：《续瑞金县志序》，载康熙《瑞金县志·序》，第 2 页。

④ 杨以兼：《续修邑志跋》，载康熙《续修瑞金县志》，第 1—2 页。

纂者也非常明白，由其参与编纂的县志，也必将成为包括笔者在内的后世所有研究该县历史，或对该县历史感兴趣的人们所阅读和参考。嘉靖壬寅志（1543）主修知县赵勋又说：“命工梓之，以永其传。后之君子观风采俗，推变通时与民始终，皆将于是乎征焉。”① 县志编纂者也一定知道，较之族谱等其他非官方的地方历史文献，由其参与编纂的县志在所记历史事实的准确性和权威性上，必将赢得更高的荣誉和更大的信任。

那么，这是否意味着县志主要是为后世修志（史）者、历史研究者和对该县历史人文感兴趣的人们而“生产”的呢？笔者认为，答案应该是否定的。人们对历史的追溯，总是基于对现实的关怀。正如英国历史哲学家爱德华·卡尔所言：“历史是历史学家跟他的事实之间相互作用的连续不断的过程，是现在跟过去之间的永无止境的问答交谈。”② 县志编纂也是如此，它既非编辑纯客观的事实，也非县志编纂者头脑里的主观产物，而是县志编纂者基于其所处的社会环境和现实需要对历史事实做出的选择和解释。也就是说，县志编纂的出发点和落脚点，主要不在于过去，也不在于未来，而恰恰是在当下。后世修志（史）者、历史研究者和对该县历史人文的爱好者所看到的县志，无论就其文本形式，还是就其精神实质而言，都已经脱离了它原来的生存状态。在这一意义上，对于后世修志（史）者、历史研究者和该地历史人文的爱好者而言，其手上的县志，已不再是有生命的、与当事人的实际利益联系在一起的东西，而是成了局外人用以观察当事人生活及其环境的工具之一。这就提示我们，当我们利用县志的素材，去重建和解释某一区域历史文化过程的时候，我们既不应轻视县志，也不应过分相信县志。因为将县志作为观察当事人生活和环境的“工具”及其“工具所指”之间存在着距离。注意到这一点，会有助于进一步清晰地认识县志的本来性质。对于研究者来说，与县

---

① 赵勋：《瑞邑志序》，载嘉靖《瑞金县志》，第3页。

② ［英］爱德华·卡尔著：《历史是什么》，吴柱存译，商务印书馆1981年版，第28页。

志保持适当的“距离感”不仅非常必要，而且符合事物的本来性质。这一性质决定了县志作为了解某一特定县域生活状态工具之一的特殊地位和局限性。

“资治”是县志编纂者所标榜的方志的又一重要功能和价值。谢诏在为明万历癸卯志（1603）作序时，对县志的资治意义进行了充分阐扬，曰：

> 堵侯之棘为是举也，述往以镜来，存制以经政。使一方之故实，较若列眉而视同指掌，侯业已见诸行事，匪托空言。后之吏兹土者，一按旧籍，傥悉虑而图之原兴除以酌损益之宜，稽登耗以寻盈缩之故，别醇漓以裁移易之方，迹臧否以动劝惩之感。辟室已构而绸之缪之，毋失其时；食已具而齐之调之，毋违其适。则前事之不忘，固后事之师也。其所裨益，岂不弘多。①

在谢诏看来，新编纂的县志，将成为此后瑞金官员了解地情和展布政教提供极其有益的参考资料甚至是施政指南。方志有强大的资治功能，是明清时代县志编纂者的普遍期许。因此，“昌黎入境，首问图藉；晦翁守南康，考郡志致治”② 的典故，则成为不少方志编纂者乐于引称的话语。

那么，这是否意味着县志主要是为了其后将任斯土的地方官员而“生产”的呢？答案似乎也是否定的。尽管县志对地方官员了解地情会有一定的助益，但是对此却不宜夸大。首先，县志中的大多记载，对于地方官员的施政作为，其实并无多少参考意义。众所周知，明清时代的地方知县，其最主要的职责是钱粮和刑名。事实上，在每部县志中，也必定设有登载该县田赋钱粮的卷目，或曰“食货志”，或曰“田赋志”等。就明清瑞金县志来看，其中的内容大致包括赋役、户口、田赋、实征、起运、存留、屯田、课程等项。尤其有意思的是，

---

① 谢诏：《重修瑞金县志序》，载万历《瑞金县志》，第3—4页。

② 李文献：《康熙癸亥志序》，载乾隆《瑞金县志》卷首《原序》，第4页。

其中还公布了知县、典史、教谕、训导、巡检等所有地方官吏的俸银收入以及各项支销钱额，其中每一项的银两单位甚至都精确到了“毫”。[①] 这就很容易让人产生这样的猜想，县志中所登载的田赋钱粮，对于地方官员的施政大概具有重要的参考甚至是规范意义。然而，稍作思考将不难发现，这显然是错误的判断。且不说赋役钱粮会因时而变，几十年甚至上百年一修的县志，其数据显然将因无法跟上实际情况的变化而失去效用。就算是主持县志编纂的知县本人，恐怕也不必参照县志上的记载来征解钱粮。因为县志中的记载，无非来自《赋役全书》。对此，明万历戊午志（1618）的主修知县潘舜历就曾明言：“制胜则守乎图说，赋役则遵乎全书。”[②] 很显然，经由中央王朝编定的并通过适时更造的《赋役全书》，才是地方知县摊派和征收钱粮的真正参照手册。至于单位精确到“毫”的地方官吏的各项俸禄支销钱额，显然也不会是其时地方官吏实际收支情况的真实记录，也就谈不上可以为后任官员参考资政了。地方官员的刑名工作，则更无须参考县志记载，理应以《大明律》和《大清律》等法规典制作为司法准绳。因此可以说，在钱粮刑名这两个对于地方知县来说最为重要的问题上，地方县志的记载可以说几乎毫无参考价值。这就难怪在如《钦颁州县事宜》《佐治药言（续言附）》《学治臆说（续言附）》《梦痕录节抄》《折狱便览》等这些在清代广受推崇的官箴书中，从未见其作者对州县长官做出要好好阅读和利用州县志的建议。[③]

其次，对于地方官员而言，县志其实也并不像县志编纂者所标榜的那样重要，它绝非地方官员的必读书目，地方官员也未必会认真地去关注和阅读县志。在明万历癸卯志（1603）的“学校”目中，登载了一份瑞金县学收藏的图书目录，其中包括四书五经、《十九史略》《御制文集》《诸司职掌》《皇明祖训》《教民榜》《大明律》《大

① “毫”之前的单位从大到小依次还有“两”“钱”“分”和“厘”四个层级。

② 潘舜历：《续瑞金县志序》，载康熙《瑞金县志·序》，第2页。

③ 清咸丰九年（1859），许乃晋将上述五种官箴书合辑刻刊为《宦海指南五种》，该刻本见藏于赣南师范学院图书馆古籍部。

诰三编》《大明一统志》等共计40余种图书，却未见此前业已编纂的明嘉靖壬寅志（1543）和隆庆壬申志（1572）。[①] 清代历修瑞金县志，也一一刊载了县学所藏书目，从中也未能见到此前编纂的任何一部瑞金县志。当然，县志没有刊载，并不意味着县学中没有收藏。但这至少可以说明，在学官和知县们看来，相对被县志记录的那些图书，县志显然并不那么重要。

既然县志对地方官员的钱粮刑名几无参考价值，在地方官员看来又是可有可无的读物，那么，县志被地方官员认真阅读的概率并不会太高。光绪乙亥志（1875）的主修知县张国英的一段表述，印证了笔者的这一推论，兹引如下：

> （光绪）乙亥春正月，余奉檄调南康。瓜代者将至，行有日矣，城中父老有以增建江东庙请者。忆余初来江省，见庙有是额，彼时匆匆过之，未入展谒，不识中所祀者何神。既莅瑞，遍谒境内山川坛壝，则亦有所谓江东庙焉。意其神必生有功德于民，死则血食于其土者，故自省垣以逮下邑，皆立庙肖像以祀。然仍不识神为何如人也。逾年，从事志书之役，内有江东圣济庙灵异一记，载神事甚详。盖神为汉初时人，姓石名固，生于赣之社富里，当时灌婴讨尉陀，曾诣军门献策，功成辞赏，后人怀而祠祀，以其在赣江之东，故曰江东云。[②]

据邹春生的研究，江东神是赣南的土神，其信仰圈主要在赣闽粤边界区域，其地庙宇广布，信众繁多。与此相应的是，在该区域的方志中，留下了大量有关江东庙和江东神的记载。[③] 从上引文可知，张国英自从来到江西做官（具体时间不详）就注意到了江东庙。同治

① 万历《瑞金县志》卷4《建设志·学校》，第10—12页。

② 张国英：《增修江东庙记》，载光绪《瑞金县志》卷14《艺文志》，第27页。

③ 邹春生：《“江东神”论考——基于地方文献的分析》，载《历史文献研究》（总第30辑），华东师范大学出版社2011年版。

十二年（1873）九月二十六日，张国英出任瑞金知县。[①] 他通过“遍谒境内山川坛壝”的实地考察（而非通过阅读县志），发现瑞金县也同样建有江东庙。然而，至此他却仍然不知江东庙中所祀之神究竟“为何如人”。直到就任瑞金知县的第二年五月，他奉“大宪檄催新志”，着手主修光绪乙亥志（1875），[②] 这才通过县志所载《江东圣济庙灵异记》，[③] 弄清楚了江东神的身份和由来。很显然，在就任瑞金知县后的8个月时间里，张国英大概没有读过，至少是没有认真地读过瑞金县志。如果不是因为主修县志的工作之需，张国英或许仍然不会去阅读县志，至少是不会认真地去阅读县志。由此可见，后任官员显然不是县志的主要“消费者”，县志并非为后任官员的“资治”而“生产”。

除了“存史”和“资治”，人们赋予方志的另一个重要功能则是“教化”。薛虹在《中国方志学概论》中谈到20世纪80年代中国新修方志的意义与目的时说：“地方志全面系统地、生动形象地记叙当地这些人物及他们的事迹，用大量的事实，深刻的变化，说明了社会主义制度的优越性。对当地人来说，格外亲切，格外有教育作用。从这个意义上说，地方志是进行革命传统教育和爱国主义教育的宝贵的乡土教材，在思想建设上有着重要的作用。”[④] 明清方志编纂者所传递的意识形态当然有别于20世纪的社会主义，然而正如本书第四章的分析所表明的，其所诉诸的手法和目的，则颇有相近之处，即通过深入挖掘本地的风土、人物、事迹等历史人文资源，借着文字的摹

① 张国英署任瑞金知县的时间，详载由其主修的光绪《瑞金县志》卷5《职官志》，第7页。

② 张国英：《瑞金县志序》：“（县志）于五月开局，数月蕆事。”载光绪《瑞金县志·序》，第2页。

③ 该记为清康熙十九年（1680）至二十一年（1682）出任瑞金知县的浙江海盐人徐友贞所作，后被收录于乾隆《瑞金县志》卷7《艺文志》中；又被转载于道光《瑞金县志》卷11《艺文志》。此外，江东庙的记载复见于乾隆《瑞金县志》卷3《营建志·祠庙坛壝》和道光《瑞金县志》卷4《营建志·祠庙坛壝》。张国英读到的县志大概是道光《瑞金县志》。

④ 薛虹：《中国方志学概论》，黑龙江人民出版社1984年版，第115页。

写，阐述、建构出属于当地的文化传统和美好的地方文化形象，借此激起民众的爱乡之情和效法前贤先哲的决心，从而达到推广王朝主流意识形态和价值观的教化目的。对此，明清瑞金县志的编纂者有很清楚的表述。例如，嘉靖壬寅志（1543）在阐述记载忠孝节义之士的目的时就说：“节义，不其难乎，特书之以励风化。”又说：“孝友，……录之为世劝。”① 万历癸卯志（1603）的主修知县堵奎临在县志序言中，对自从上一轮修志的三十年来瑞金的“世风日下”表达了深深的隐忧，并对新修县志能为兴教化、挽颓俗发挥积极作用抱以殷切期待。②

有待“教化”的主体，很显然是县域范围内的广大民众。那么，这是否意味着县志是为县域范围内的广大民众所“生产”的呢？似乎也不是。虽然我们并不清楚明清时代县志的一般印刷数量和发行范围，据现有的资料，笔者也无法确知明清瑞金县志的印刷量和发行范围。但有一点是可以肯定的，在县域范围内，能拥有一套县志的个人或家族应该不会太多。对于绝大多数没有人员入传县志以及不涉及其切身利益的宗族而言（从某种意义上他们恰恰是最需要教化的群体），县志存在与否以及如何书写，他们未必会感兴趣。事实上，一般民众的文化程度也抑制了他们对这一类产品的“消费”热情。一般民众对本地历史的了解，主要是基于民间相传且高度简化的口头传承，很少通过阅读本地县志的相关记载而获得。第四章中已经指出，笔者在田野调查中发现，壬田镇的一般民众对冯侯身份的莫衷一是，以及对县志中那个“标准答案”的茫然无知，和外来的看客并没有太大的差别。这当中固然有价值取向、客观环境的变化造成了与传统之间的隔阂，但“需要”与否也是重要的因素。冯侯之所以受到民众的虔诚供奉和朝拜，因为它被认为是地方的保护神，能给人们带来

① 嘉靖《瑞金县志》卷4《人物类》，第7、11页。

② 堵奎临所著《万历癸卯志后序》：“昔也殷富今渐窘，昔也愿朴今渐浇。冠盖供张奔命，络绎流移，奸宄珥笔，嵬㤥有蝎蜗之涎，而凿混沌之窍也耶。古称三十年为一世，由壬寅以至壬申，又由壬申以至壬寅，世再变矣。不敏适承其敝，可徒诿诸运数已哉。”载乾隆《瑞金县志》卷首《原序》，第3页。

平安和福祉，而绝非因为它在瑞金县志中被打扮成了唐末勤王有功的忠义英雄。因此，与“存史”“资治”一样，为人津津乐道的“教化”功能，大部分是县志编纂者的自我标榜和后世方志研究者赋予它的。[①] 县志中的这部分内容，大多体现了中央王朝和县志编纂者们的理想以及他们试图推销的某种价值。

然而，县志到底是为谁编纂的？到底是谁在“消费”这一产品？其实主要就是前面提到的县志“生产者”自己，即直接参与县志编纂和间接参与县志编纂的那些人。正是这些县志“生产者”，或主动倡修县志，或搭乘上宪檄修方志的“便车”，出于种种目的为自己“生产”，也主要由他们自己来“消费”的。县志最集中阅读的阶段，是在新一轮编纂过程开始之时。系统继承和掌握原有县志的成果，发现各种遗留的和新出现的问题；根据旧志修成以来县域历史发生的变化，组织新一届修志委员会讨论、制定新的修志凡例和体例门目，转抄、修改、补充、删削、调整县志的记事内容，使之达到更加完美理想的状态。凡此种种，就是一代一代的县志“生产者”们在原有基础上进行活动的主要内容。期间当然会有一些热心的、非志局成员的邑人参与进来，但他们显然不是活动的主体。应该看到，主导着县志“生产者”行为的动机是相当复杂的。有对存史资治的追求，有奉行公事的应付，有政治投资的谋划，有振兴地方人文的乡梓之情，有投资身后之名的精心设计，有提高家族声望的私欲之心，当然也会有更为直接的功利目的。

实际上，在前几章的分析中，笔者已经对明清瑞金县志到底为谁“生产”这个问题，从不同的侧面进行了解答。通过第二章、第三章的分析，我们可以清楚地看到，以主修知县为代表的地方官员最关心的是他们主政期间的营建创造和相关政绩有否被载入县志。那些来自强宗大族的县志编纂者，不仅在县志中广载自己的诗文题记及其参与的县域公共事务，而且还想方设法将自己的宗族历史导入县志的相应

---

① 方志具有存史、资治和教化三大功能和价值，是方志学界普遍认同的表述。具体参见巴兆祥《方志学新论》，学林出版社 2004 年版，第 33—35 页。

门目。那些资助县志编修的有钱人，则可以借此换取为其自己或其先祖在县志的适当卷目中谋得一席之地的机会，将经济资本转化为文化资本。第四章的分析则表明，县志编纂者还想借助县志这方平台，给可能读到这部县志的人们，呈现出一个经由他们精心建构出来的地方文化形象；以及引导可能读到这部县志的人们，去关注经由他们精心选取的支撑这一形象的县域人文资源。毫无疑问，县志一旦刊刻发行，其被拥有、收藏、阅读和利用的范围将远远超出县志“生产者”自己。它可能成为藏书家、其他方志的作者、政府官员、游记作者、学生、学者等各类邑外人士所阅读；更可能被那些有条件和能力的县域民众所阅读。但是，广大的县志读者，尤其是那些将县志奉为权威和信史的读者，实际上构成了县志“生产者”实现为其自己“生产”目的必不可少的一环。

县志“生产者”虽然在主观上主要是为自己“生产”，但这并不影响县志在客观上所具有的档案意义。首先，县志的编纂过程毕竟要受到历史事实、修志规则、价值观念和社会权力结构等多种因素的共同制约。因此，它总能反映经由这些因素共同制衡后的那一部分历史事实。其次，像正史、族谱等其他文献一样，县志一旦开始编纂，就会出现力求尽善尽美的“本体性”要求。明清瑞金县志的编纂者也不例外，他们对旧志从体例到内容的调整与修改，在一定程度上正是这种“本体性”要求的外在表现。

第二节　“逆贼”江振曦及其平反案

在第三章中，笔者对县志编纂者努力将其家族历史导入县志的现象作了较为详尽的分析。其实反过来，地方宗族的族谱编纂者，又常常在县志中寻找其先祖和宗族成员的事迹行谊，以便将其转载到族谱之中，或者通过适当的方式在族谱中体现出来。很显然，具有浓厚官方色彩因而被赋予更高权威的方志记载，在宗族精英们看来，那是衡量宗族记录中涉及公共事务内容准确性的一把标尺。这当然是县志被县域民众阅读和利用最为惯常的方式。除此之外，县志被县域民众阅读和利用的方式还有很多。在编修乾隆癸酉志（1753）时，瑞金江氏为其被康熙癸亥志（1683）定性为“逆贼”的先祖提出平反申请的案例，大概是县域民众阅读和利用方志的另一种形式。

瑞金江氏为其先祖江振曦平反的故事，被登载于道光《瑞金县志》的“纪闻”目中。其记如下：

> 谈次偶及江振曦围城往事，郭荷亭明府曰：文人笔墨，不可妄加编次，不可无识。江振曦拥伪官，陈兵压境，诱命官巡检陈宏先、教谕龚一鹏杀之，又索城中三人者不得。集阎贼及各县山寇五六万，致城中煮弓掘鼠者四阅月。旧志书曰“逆贼”，己丑志不议其过，此可谓是非之公，千秋定论矣。今其家因宁化李元仲有江振曦兄弟败死诗，中云“养虎方州投信篆，烂羊节钺竖降旗”及“颜家真杲难为弟，洒血西风惨不闻”语。欲请入忠义志。嗟呼，桑海遗民之私，为贻赠寄托牢骚者，愿可以淆朝野钺之公哉。此笔墨之不可不慎也。谈次偶笔，以上俱黄天策记。①

引文中的郭荷亭，即乾隆癸酉志（1753）的主修知县郭灿，②黄天策是赣州府信丰县人。第一章已提到，黄氏应郭灿之请出任乾隆癸酉志（1753）的主纂，却不幸卒于县志修竣之前。这段文字是在修志过程中，郭灿与黄天策闲聊时的一段对话，并被后者记录了下来，最早被澄载于上引道光壬午志（1822）中，后为光绪乙亥志（1875）所因袭转载。

从“今其家”云云来看，在编修乾隆癸酉志（1753）的过程中，江振曦的族人（据下引江氏族谱，至清乾隆年间，江振曦在瑞金已经没有直系后裔了。故“今其家”，应该是江振曦的族人）曾向主修知县郭灿提出申请，希望新修县志能修改“旧志”对其先祖江振曦兄

① 道光《瑞金县志》卷16《纪闻》，第22—23页。

② 乾隆《瑞金县志》卷4《秩官志》，第7页，记：“郭灿，号荷亭，山东潍坊人。雍正己酉举人，乾隆十五年任。”

弟所作“逆贼”的评价，并提议将他们入传忠义志。郭氏所讲的将江氏兄弟书写为“逆贼”的“旧志”和“不议其过”的“己丑志”，分别是指清康熙癸亥志（1683）和康熙己丑志（1709）。很显然，江振曦的宗族不仅读到了这两部县志，而且并不认同康熙癸亥志（1683）对其先祖江振曦兄弟所作“逆贼”的评价。那么，江振曦兄弟到底是怎样的人呢？对此，康熙癸亥志（1683）在《舆地志》“兵寇”目中有记如下：

> 是岁（按：顺治三年）八月，清兵追隆武至汀州。闻报，阖城逃去。江振曦不量兵力，统数千人入汀，尽为所灭。

又记曰：

> 顺治五年戊子，江西金声桓□叛，邑人有假名义师，招联广贼欲先服瑞金，时马参戎统镇兵五百驻此，每出兵斩获甚多，贼屡丧溃。维时阎王总扎营招召乡，王昌扎营九堡富村。乡人勇者从贼，弱者逃窜，瘟疫大作，死者过半，田尽荒芜。自二月至四月不雨，百里外负米而炊。六月，逆贼江振曦拥伪官杨联芳莅任，陈兵压境。诱巡检陈宏先、教官龚一鹏杀之。又欲索城中三人，通城不平，出力格斗，贼弟授首，振曦愈仇邑人，乃集阎贼钟四总及各县田贼合五六万，四郊列营。城中排门、黄白哨勇敢能战，每日毙贼，贼不敢近城。城外橱栅为守，城门大开。但遭饥谨之后，新谷被野未登，贼知城中食少，久必生变，围至四阅月。然薪尽则拆屋，米尽则分食，将见有烹弓掘鼠之事。危急间，乞师于虔七次，不应。后生员朱巩、胡奉训同温京廉、邓魁华复乞师于汀十二次，不啻痛哭秦廷。然后贺总镇至汀，遣游戎李应进将兵而来，贼始溃散。窃思瑞金斗大之区，连遭大难，年甚一年，物力既竭，难尤未已。瑞城狭小，城外错居三分之二，今皆焚尽，已减县之大半矣。四望萧条，野无庐舍，路无人踪，谁为流祸至此哉。兵及广贼，而外皆本地之人自相攻陷。所谓门

庭之寇，流害更烈也。①

由此可见，江振曦兄弟是明清鼎革之际瑞金县的抗清人士。顺治三年（1646）八月（此时瑞金尚未被清军占领，仍属南明版图），清军追杀南明隆武帝（唐王）朱聿键至福建汀州，江振曦率领数千人由瑞金入闽抗清勤王，结果大败。据乾隆癸酉志（1753）的补充记述，在这次入闽勤王的战斗中，江振曦的弟弟“江二死于七里桥”②。顺治五年（1648），早先降清的江西总兵金声桓率部起兵反清，江振曦乘乱再起，在瑞金本土展开了一场声势浩大的抗清斗争。他杀死清朝命官多名，围攻瑞金县城四个多月，后来被来自福建汀州的清朝援兵所攻散。在这场战斗中，江振曦的另一个弟弟被杀死。据乾隆癸酉志（1753）的记述，江振曦的这位弟弟叫“江三”，死后曾被“揭首于竿，肢解其尸”③，甚为残酷。

很显然，江振曦的家族在抗清斗争中付出了沉重的代价。那么，江氏兄弟到底是以什么身份在作抗清斗争的呢？对此，康熙癸亥志（1683）并未提及，但是乾隆癸酉志（1753）稍稍作了点透露：“振曦于明季间曾官把总。”④ 在一部不知撰者，专记南明隆武朝事的《思文大纪》中有这样的记载：“议以副总兵江振曦兄弟防守白杨、黄竹二隘，上从之。每年费饷五千四百两，半取给于瑞粮正额、半取给于瑞富户家。”⑤ 由此可见，在瑞金被清军占领前的顺治二年（1645），江振曦以副总兵的身份被南明隆武政权授以瑞金军事防务和派饷征税的权力。因此，当清顺治三年（1646）八月唐王被清军

① 康熙《瑞金县志》卷10《杂记》，第7—9页。

② 乾隆《瑞金县志》卷1《舆地志上·兵寇》，第14页。

③ 同上书，第16页。

④ 同上。

⑤《思文大纪》卷8（台湾文献丛刊，第111种）。据该纪“提要”及“弁言”称，该纪未署撰者，“皆记隆武朝事，起弘光元年六月唐藩监国于闽省，迄次年九月清兵陷福州、曹学佺等殉难；据事直书，不加论断。书中颇载当时诏谕奏疏，皆为直接史料，尤为可贵”。

追赶至福建汀州时，江振曦由瑞入闽勤王抗清，具有履行南明命官职守的性质。据另一部反映南明史事的《从征实录》可以确知，江振曦在顺治五年的瑞金围城战中并未牺牲。因为迨至清顺治十年（1653），他还受其外甥时为协守福建漳州的清军将领刘国轩的委托，秘密进见郑成功，使得刘国轩献城归降的密谋取得成功。江振曦也因此被郑成功授予“大监督”。[①] 至于此后江振曦的下落，因史料缺乏，现已无从知晓。

至此，我们对江振曦有了一个大致的了解。他在明末是一名基层武官（把总）；甲申之变后，他一度追随南明隆武皇帝，受命以副总兵镇守瑞金白杨、黄竹两隘；顺治三年（1646），隆武帝亡命长汀，江振曦勤王兵败，其弟江二战死；顺治五年（1648），江西总兵金声桓叛清，江振曦乘乱再起，杀死瑞金清朝命官，围攻县城逾四月，后被清军击退，其弟江三战死。此后，江振曦又从其外甥刘国轩追随郑成功，官授“大监督”，其后下落不明。

笔者努力重建江振曦兄弟的有关史实，并非要讨论康熙癸亥志（1683）将江氏兄弟定性为“逆贼”是否合理公允，而是为了更好地分析江氏宗族最终是凭什么向地方当局提出为江振曦兄弟平反的。事实上，如果能找到江氏宗族提交给主修知县郭灿的那份申请，这个问题自可迎刃而解。笔者推想，江振曦所在宗族的族谱或许将收录这篇重要的文献，或者会留下一些与此相关的信息。费尽周折，笔者在瑞金市的日东乡找到了江振曦所在宗族的族谱。这部编纂于 1995 年的《瑞金于都会昌寻乌邑江氏联修族谱》[②] 告诉我们，江振曦的父亲叫

---

① 杨英的《从征实录》（不分卷，台湾文献丛刊，第 32 种）记：“（永历六年）十一月初二日，漳州协守清将刘国轩献城归正。先时，国轩慕义欲归藩下，未得其便，至是月乘总镇张世耀新任兵将未协，先遣母舅江振曦、江振晖等密来见藩，约日兵临城下，献城归降。……初四日，藩驾抵漳，授刘国轩都督佥事，管护卫后镇事；江振曦大监督。”

② 笔者读到的这部族谱是瑞金市日东乡陈埜村聂屋的江定焕（1953—　）先生家藏族谱，整谱共计 14 册。此外，同村的江声根（1949—　）先生则珍藏有 9 册民国 6 年编纂的《瑞邑城南江氏四修族谱》，这套族谱共计 12 册，存册缺第 1、7、12 册，其中未见江振曦兄弟的信息。另，上海图书馆收藏有民国《瑞邑城南江氏四修族谱》中的第 2、3 两册。附识于此，并向汪定焕、江声根两位先生提供借阅深表谢意！

江玉晌，曾任“明总兵正都督，娶范氏。生殁葬失考。子五：振旸、振曦、振龙（失考）、振辉、振令”[①]。然而，在玉晌房系下，却未见江振辉、江振令两兄弟（笔者猜测，这两位很可能就是上文提到的在抗清过程中牺牲的“江二”与“江三”）；而在江振旸、江振曦和江振龙的世系下，均注有“生殁葬失考”字样。其中，江振旸一子一孙，江振曦有一子五孙，振旸和振曦的曾孙辈以下世系均已失传（江振曦及子孙很可能迁离了瑞金）；只有江振龙有后繁衍至今，但人丁不多。[②] 除了以上信息，在全套族谱中，不见其他有关江振曦兄弟的记录，也不见乾隆年间江氏宗族为江振曦兄弟申请平反的记录。江氏族谱对江振曦兄弟及其系下的模糊记载，很可能与江振曦在瑞金缺乏直系后裔以及在有清代一直被定性为“逆贼”大有关系。因此很遗憾，我们无法通过族谱来重建乾隆年间江振曦的宗族为其申请平反的细节。不过，从道光壬午志（1822）所记郭灿的“今其家因宁化李元仲有江振曦兄弟败死诗”言论来看，李元仲的悼诗，应该是江氏宗族提出为其先祖平反申请的最主要理由。

尽管乾隆癸酉志（1753）的主修知县郭灿没有怀疑悼念诗的真实性，也没有否认李元仲的名望。[③] 但是，郭氏却提出这两首诗是李元仲的“笔墨不慎”之作，认为不足以成为平反的理由。至于郭灿对李氏悼诗的批评是否客观公允，笔者也无意追究。在此要进一步追问

① 《瑞金于都会昌寻乌邑江氏联修族谱》第2册《念一郎位下福安派意彬房（黄坑）》，1995年，第22页。

② 《瑞金于都会昌寻乌邑江氏联修族谱》第2册《念一郎位下玉晌房（笮坑）》，1995年，第98页。

③ 李元仲，即李世熊，福建宁化人，清初颇具遗民情结并以文章气节著称的名士，有《寒支集》《本行录》《经正录》等多种著作，其主纂的康熙《宁化县志》素称名志。李世熊其人其事，被入传乾隆《福建通志》和《清史稿》。江氏宗族提交给当局的那两首李世熊的诗，应该是题为《瑞金田家江某兄弟率旅救驾败绩弟死》的诗，均收录在《寒支初集》卷1中，全文如下：“其一：未识侯门将相材，特闻南亩齿牙欸。犊牛风蔚铜衣合，禾黍香吹铁骑来。草莽君臣昭日月，茨檐号动礴□雷。颜家真杲难为弟，碧血横流天地开。其二：亿千金帛辇关陲，万户侯封赏阿谁？养虎方州投信篆，烂羊节钺竖降旗。先畴训在今农服，尺土恩如世禄縻。矢死九原丛作厉，还期秦鬼赋无衣。”（四库禁毁书丛刊《集部》第89册）

的是，在诸多可能支持江氏兄弟忠义行为的事实中，江氏宗族为什么会将李元仲的悼念诗，当作为其先祖申请平反的最主要理由？对此问题，我们自然可以从多个角度寻求解释，而且会有多种解释的理由，比如李元仲是清初具有较大影响力的名士。但有一点恐怕是不容忽视的，那就是江氏后裔所阅读到的清康熙癸亥志（1683）尤其是康熙己丑志（1709）可能给他们带来的某种启发。因为在向当局提出申请之前，他们一定读到了康熙癸亥志（1683）和康熙己丑志（1709），也一定读到了清康熙癸亥志（1683）中唯一新增的“义烈”之士《谢长震传》，和康熙己丑志（1709）中唯一“补遗”的“忠烈”之士《钟良则传》。在这两个人的传记中，都特别标明有清初名士诗文追悼的字句。尤其是康熙己丑志（1709）新增“忠烈”钟良则，在县志传记中，他是一位抗清志士，追随南明郭维经，被授官“司李”，参加了顺治三年（1646）的赣州保卫战，结果城陷身死。尤其值得注意的是，在钟良则的传记末了，特别标有“太史崔晓为之传，昭武傅鼎铨、宁都丘维屏、魏禧兄弟皆有诗吊之”[①] 等字样。此外，在《艺文志》中，则特别收录了上述傅鼎铨、魏际瑞、魏禧等人悼念钟良则的三首诗，以示有征。[②]

很显然，生活在明清鼎革之际的江振曦兄弟与钟良则，有着比较相似的经历。他们都追随南明，抗击清朝，并因此付出了生命的代价。还必须指出的是，为江振曦兄弟写悼念诗的李世熊（元仲），他与为钟良则写悼念诗的宁都魏氏兄弟，不仅同为清初名士，而且还互为友朋，交往甚密。[③] 不难想见，在读到康熙己丑志（1709）中的“忠烈”《钟良则传》时，熟知江振曦兄弟事迹的江氏族人，必然会深受刺激而产生联想，并萌生出要为其先祖平反的冲动。康熙己丑志（1709）的文本，对江氏后裔也必定产生了这样的暗示：钟良则之所

---

① 康熙《续修瑞金县志》卷10《人物志·忠烈》，第3页。

② 康熙《续修瑞金县志》卷9《艺文志·诗》，第1—2页。

③《清史稿》卷501《遗逸二》记曰：“（元仲）尝诣西江，交魏禧、魏礼、彭士望诸子，相与泛彭蠡，登庐山绝顶。”中华书局1977年版，第13862—13863页。

以能被入传“忠烈”，在很大程度上是因为钟良则的死难事迹，得到了诸多清初名士的褒扬，且有悼诗为证。笔者认为，这应该是江氏后裔在乾隆年间瑞金重修县志时，以有李元仲的悼诗褒扬为由，提出为其先祖平反入传“忠义志”的重要原因。

当然，江氏族人的上述平反努力是注定要失败的。因为江振曦兄弟在被康熙癸亥志（1683）钉在“逆贼”这一耻辱榜上的同时，有一百多位死于顺治五年（1648）那场“县城保卫战”的士民的神主牌位，则被请进了那座于前明正德年间为御寇而死难的瑞金知县万琛所建的“忠令祠”中。[①] 这意味着，如果为江氏兄弟平反而入传“忠义”，那么，上述一百多位因“忠”于大清而死难的“忠义”之士又将何以处之？钟良则的抗清，是在远离瑞金的赣州，未曾扰害于家乡，他被入传县志“忠烈”，不易招至县域民众的反对。更何况，钟姓在瑞金堪称旺族，在明清瑞金县志编纂史上一直占据着重要地位。而江振曦的抗清，一度在瑞金本土进行，而且极为惨烈，给乡梓带来了极其深重的灾难，树敌必多，易遭痛恨。即如乾隆癸酉志（1753）所记：“使非朱、胡、温、邓诸人沥血秦庭，则救兵不至，合城老幼不将尽为鲸鲵乎？至今邑人犹呼为‘江贼’，谁不发指其人哉！”[②] 更何况，瑞金江氏晚至明末才从福建和广东等地迁入。迨至清乾隆年间，人丁依然不多，人文并不兴盛，在乾隆癸酉志（1753）的《选举志》中，没有看到一位江姓人士，是典型的小姓弱族。对此，乾隆四十年（1775）编纂的江氏族谱序言有很清楚的表述，曰：“镐太以至二世祖八郎、五郎、十三郎三房之子若孙，自闽而徙迁瑞邑，已经百有余年。……江氏之在闽粤者，不无豪杰以光家乘。今居瑞之得名庠序者仅数人，似有忝于前人多矣。”[③]

综上所述，被康熙癸亥志（1683）定性为“逆贼”的江振曦的

---

① 康熙《瑞金县志》卷5《祀典志》，第4页。

② 乾隆《瑞金县志》卷1《舆地志·兵寇》，第16页。

③ 《瑞金于都会昌寻乌邑江氏联修族谱》第1册《老序·江氏重修族谱原序》，1995年，第10页。

族人，在清乾隆初年重修县志之际，向志局提出了为江振曦兄弟平反的申请，希望能掩其贼名而入传忠义。他们主张平反的理由，主要是有清初名士福建宁化李元仲的哀悼诗。李元仲曾在题为《瑞金田家江某兄弟率旅救驾败绩弟死》的两首诗中，将江振曦兄弟比喻为以忠臣节烈而著称的唐末颜真卿、颜杲卿兄弟。江振曦的宗族后裔之所以提出为其先祖平反的主张，并以李元仲的诗作为最主要的平反理由，很可能是受到了康熙己丑志（1709）对新增忠烈《钟良则传》的启发。因为与江振曦兄弟一样，钟良则也是抗清人士。《钟良则传》表明，清初名士悼念诗文的褒扬，似乎为其入传忠烈起到了至关重要的作用。

江振曦的族人为其先祖平反的个案，从一个侧面反映了被县志赋予负面形象的历史人物，不仅会引起其宗族的密切关注，而且在一定背景下，其宗族也可能会适时提出辩驳和抗争，或者对县志的记载作出全新的解释。对此，这里不妨再举一例。光绪乙亥志（1875）在“兵寇”目中，对太平天国运动期间的瑞金战事记载甚详。其中提到一位名叫“潘秩东”的人，县志中称其为“奸民”。其记如下：

> 咸丰三年癸丑，粤西发逆洪秀泉［全］，既越湖襄，踞金陵，分遣所部伪翼王石达开寇扰。江西石城奸民潘秩东等，乘机滋事，谋为响应，而我邑土匪为所煽动，亦骚然不靖。……（咸丰七年）五月廿八日，粤逆伪国宗石姓者，自福建武平窜会昌之麻州，突至邑境山坝。知县黄曾慰檄令城乡练勇于石水湾堵御。……黄公仍命督带九堡及沿坝乡勇，并会昌堵口之三标勇环攻之，围三日，城下。擒其伪将军曾得才等杀之，斩首二千级，收复城池。并乘追剿林春余党，谍知逃匿于潘秩东所据之下伊寨。遂移师围之，寨几破，贼发巨炮，中伤九堡团绅钟著，并毙勇丁数人，始退师。①

① 光绪《瑞金县志》卷16《杂志·兵寇》，第7页。

潘秩东是石城县大由旸谷人，旸谷位于瑞金、宁都、石城三县的交界处。1994 年，旸谷潘氏七修族谱。上引文以及宁化、清流等县县志有关“奸民”潘秩东的记载一一被旸谷潘氏七修族谱的编纂者所转载，附在族谱潘秩东（族谱中作“潘泽东”）小传之后。其记如下：

> 潘泽东，生于道光七年，一八二七年九月十二日。咸丰初年自下伊揭竿领导农民起义，后联结太平军力量迅速壮大。初以下伊寨为据点，然后转战于宁都、瑞金、宁化、清流、莲城等地。后被清军及地主豪绅打败，本人不知所终，亦说被清朝杀害。关于潘泽东事迹，目前资料甚小（少），无法撰成传略，只好供资查实之后补撰成文。兹将目前所得一鳞半爪抄录于后，以裨者后应用。
>
> 《瑞金县志》载：……
>
> 《宁化县志》载：……①

很显然，光绪乙亥志（1875）中有关“奸民”潘秩东以及旨在说明潘秩东之所以为“奸民”的“斑斑劣迹”，在百年之后的新中国，却成为潘氏宗族精英塑造其先祖农民起义领导人的重要佐证资料。有关潘秩东的记载，被以这种方式所阅读和利用，毫无疑问是背离了光绪乙亥志（1875）编纂者的初衷。从这层意义上，尽管县志“生产者”主要是为自己“生产”，他们甚至对其所“生产”的县志以何种方式被“消费”也早有预设。实际上，县志“生产者”很难达至这一目的。因为县志一旦成为“他者”的阅读对象，县志“生产者”的意志必然要受到“他者”意志的“再污染”和“再创造”。

---

① 《石城旸谷潘氏七修族谱》“潘泽东史料”，1994 年。该谱由石城县大由乡罗田村潘焕新（1921—　）先生提供，特此说明和致谢！

第三节　璜溪廖氏对宁都州志的修正和挑战

瑞金江氏为其先祖平反的故事，我们是通过县志记载本身透露的信息了解到的。其实，县域民众对县志的阅读和利用方式，更多的还有待于借助县志以外的更为底层的民间文献来重建。遗憾的是，在笔者掌握的瑞金民间文献中，尚未发现这样的素材。不过，在和瑞金毗邻的宁都县璜溪廖氏的两部族谱中，保存有几份有关这方面的难得的素材。宁都与瑞金虽是两个不同的县域，但两县相邻交错，清乾隆十九年（1754）后又同为宁都直隶州辖地；更重要的是，历史上两县在文化、族群、语言和民情风俗等各方面都具有高度的一体性。[①] 有基于此，本节将用宁都璜溪廖氏族谱提供的素材，进一步探讨县域民众阅读和利用方志可能存在的其他方式。

一　县志秩官与宗族始祖：从元县尹到唐县令的廖崇德

接下来将要分析的这个案例，主要是通过宁都县璜溪廖氏的两种族谱：《清乾隆辛丑中坝廖氏家谱》（乾隆四十六年修，1781）和《廖氏清河璜溪十六修族志》（1994）中提供的信息。[②]

在笔者经眼的诸多赣南族谱中，璜溪廖氏是特别关注县志书写的一个宗族。据地方文史工作者的调查统计，在宁都县450个姓氏中，廖姓人口超过3万，在众姓氏中位列第五。[③] 据璜溪廖氏族谱，宁都廖姓多以廖崇德为始迁祖。据说廖崇德的远祖子璋，在西晋时以武功封镇国将军，居洛阳，为中原著姓。后代迁浙江处州松阳，廖崇德出任虔化（即宁都）县令，致仕后定居于虔，遂为宁都廖姓始祖。崇德七传至廖銮，銮官至武昌太守，因其移居本县璜溪中坝，后被璜溪

① 关于宁都璜溪与瑞金的区位关系，参见本书第120页的《西门杨氏、壬田朱氏和叶坪谢氏居地分布》图。

② 这两部族谱由赣南师范学院客家研究中心罗勇教授提供，特此说明和致谢。

③ 赖启华主编：《早期客家摇篮——宁都》，中华国际出版社2000年版，第28—38页。

中坝廖氏奉为一世祖。自廖銮以降，璜溪中坝廖氏人才辈出，堪称宁都望族。明万历二十九年（1601），曾经主持订定万历《宁都县志》（1592）的宁都缙绅卢逵在为璜溪廖氏修谱序言中有这样的评价："由銮公逮今，二十余传矣，星分雾列，又不知凡几。而府县志中文儒武略，忠节隐逸，方伎科目，各志其盛，銮公之后，亦俱彬彬辈出为志乘光。"[①] 卢氏的评价，似非誉美虚言。据道光《宁都直隶州志》，璜溪中坝廖氏在宋代出过8位进士（宋代全县共出39位进士）；此外，还有特科进士4人（全县45位）。[②] 又有8人分别以"宦业""忠义""孝友""文苑""处士"和"方伎"等身份性质入传《人物志》。[③] 不过，这8人都集中在唐宋时期。自元明以降，璜溪廖氏再没有出过进士；明代甚至没有出过举人；入清以后，为道光州志所记的廖姓举人也仅有3位。对于元明以降科举仕宦的式微，璜溪廖氏也不得不承认："我廖氏家学渊源，……科第仕宦，盛于唐宋，及元明稍衰。"[④]

概因家族有过辉煌的历史，璜溪廖氏对县志关于其先祖的记录和评价尤其关注。对于宁都州县志的记载，璜溪廖氏既有认同的部分，又有质疑的部分。一方面，与绝大多数宗族一样，璜溪廖氏的族谱编纂者也乐于援引县志的记载以示信而有征。例如，他们在族谱中不无骄傲地说："科名爵位，皆据郡邑志书所载，非凿空援引者比。"[⑤] 但另一方面，璜溪廖氏对方志有关其先祖事迹记载的准确性提出质疑。璜溪廖氏认为，府志和旧县志对其先祖廖崇德的记载并不准确。璜溪廖氏称，据其族谱记载，宁都廖姓始迁祖廖崇德出任虔化（宁都）令的时间是在唐代，而非府志和旧县所记的元代。对此，璜溪廖氏作

① 卢逵：《明万历辛丑七修谱序》，载《廖氏清河璜溪十六修族志·七修谱序》，1994年，第18页。

② 道光《宁都直隶州志》卷20《选举志上》，第5—13页。

③ 道光《宁都直隶州志》卷22《人物志》，卷26《方伎志》。

④ 廖桢楚：《璜溪中坝廖氏十五修谱序》（宣统元年，1909），载《廖氏清河璜溪十六修族志·十五修谱序》，1994年，第1—2页。

⑤ 《清乾隆辛丑中坝廖氏家谱》，"璜溪中坝重订世传"。

了一番严密的申论，曰：

谱载唐崇德除虔化令，因家于虔。府、县志载廖崇德元至正十年守宁，卒于官，遂隶籍。萧相经曰：府谢志暨宁都县旧志于元县尹下列廖崇德、黎日图、吴英三人，皆至正年任。及考府董志，则无廖崇德、黎日图二人。又元自成宗元贞二年已改县为州，终元之世如故。使皆至正间任则州守非邑宰矣。故今府张志廖崇德改入宁都知州，不知崇德除虔化令在唐。汉唐以来，历世久远，守令失纪载者，不独崇德一人。董公去元未远，至正间事未必失载。谢志乃以传闻增元县尹下，其舛误又不在州守邑宰间矣。况府志载廖崇德至正十年任，赵天泽亦至正十年任，则崇德之任几阅月遂卒耳。德教未治，风土未习，岂遂隶籍。大抵失载之后既无从查核，修志之日本族又无人赴局参订，致秉笔者误增错补，亦不足怪。后乾隆辛酉修县志，执此赴局，遂改廖崇德为唐时虔化令，在贞观年间任，与家谱合。①

从璜溪廖氏的这番申论中可以看出，他们参阅了多部府、县志中的《职官志》。其中包括董天锡主纂的嘉靖《赣州府志》、谢诏主纂的天启《赣州府志》、张尚瑗主纂的康熙《赣州府志》，还有“宁都旧县志”。这里所讲的“旧县志”，应该是指万历《宁都县志》。② 他们注意到，嘉靖《赣州府志》未记廖崇德，万历《宁都县志》将廖崇德列于元县尹下；天启《赣州府志》也将廖崇德增元县尹下，而清康熙《赣州府志》注意到元至正间宁都为州而非县，故又将廖崇

① 《清乾隆辛丑中坝廖氏家谱》，《璜溪中坝重订世传·辨证》清乾隆四十六年(1781)，木活字本。

② 据清乾隆《宁都县志·凡例》记：“宁（都县）志修于明万历壬辰，经吴中台天德、卢太守逵订定，迄今百五十年，镌板朽残。康熙二十年邑侯丁公聘请明经苏桓俊、杨龙泉纂有草志，因格于异议，遂尔中辍。今则续之，以成全志。”可见，在乾隆癸酉志(1753)之前，宁都县付梓的县志仅有万历二十年由吴天德、卢逵订定的万历《宁都县志》。

德的职官由宁都县尹改为宁都知州。乾隆璜溪廖氏族谱的编纂者则认为，以上府、县志的记录都不对，其先祖廖崇德是在唐代而非元代出任虔化令的。璜溪廖氏提出这一主张的最主要理由是其族谱有明确记载。迨至乾隆年间宁都县新修县志时，璜溪廖氏将以上理由提交志局，并最终将万历《宁都县志》中的廖崇德由元县尹改成了唐县令。廖氏谱族的上引记述，得到了乾隆六年（1742）刊刻的《宁都县志》的印证，其记曰："（唐）廖崇德，浙江人，卒于官，遂隶籍。旧志载元至正十年任，误。"①

那么，乾隆《宁都县志》对旧志的改写是否符合客观史实呢？从时间顺序来看，万历《宁都县志》是最早记载廖崇德的方志，它实际上是天启《赣州府志》和康熙《赣州府志》有关廖崇德的史料源。关于这部县志的编纂背景，时任赣州知府的黄克缵在为该志所作的序言中有如下记述：

> 赣东之邑，宁为大。幅员之广，财赋之繁，衣冠文物之盛，甲于诸邑。志久不续，将有遗阙之患。先是，邑令赵君谋所以续之。然私而不公，君子曰诬。会邑之缙绅先生给事卢君、中执法吴君，俱暂辍承明之直，归于枌榆。二君一时称为恃物君子者也。乃取前志与博士弟子员共增损之。②

可见，万历《宁都县志》是在此前所编县志广遭诟病而"流产"的情况下，经由地方缙绅卢、吴二君主持编纂而成的。"给事卢君"，是指卢逵。他以进士曾授中书舍人，吏科给事中，后加升太常寺少卿致仕；万历十七年（1589），其兄通中礼部乙榜，卒京师，时逵年四十；因父母皆在，力请终养；自此乡居五十三年，享年九十三岁；著有《易经儿读》《澌甫语录》《吏科奏议》等。③

① 乾隆《宁都县志》卷4《秩官·县令》，第2页。

② 乾隆《宁都县志·旧序》，第1页。

③ 雍正《江西通志》卷94《人物》，第6页。

“中执法吴君”，是指吴天德。他以乡荐历任桐城教谕、国子学录、都察院司务、刑部郎中。他主持编纂县志时，正值丁忧乡居期间；著有《读易卮言》。[①] 由卢、吴二君主纂的万历《宁都县志》，不仅得到了上引赣州知府黄克缵的褒扬，也得到了天启《赣州府志》主纂谢诏的好评，被誉为“载笔谨严，信而有征”[②]。

如果说乾隆璜溪廖氏族谱编纂者的说法（即廖崇德是在唐代而非元代出宰宁都）是可靠的，那么，这将意味着，备受关注而出炉的万历《宁都县志》却把宁都旺族廖氏始迁祖所生活的年代错误地推后了六七百年。然而，值得注意的是，作为万历《宁都县志》主纂人员的卢逵和吴天德，他们对璜溪廖氏的家族史显然是有所了解的。因为万历《宁都县志》的《选举志》和《人物志》中，收录了十多位生活在唐宋时期的璜溪廖氏子弟。如果说以卢逵、吴天德为代表的县志编纂者也认为元代那位曾任宁都县尹的廖崇德是宁都廖氏始祖，那么这无异在说，他们竟然认为宁都廖氏始迁祖比其裔孙还要晚出生数百年。这显然是有悖常理的。因此，合理的解释可能是：在以卢逵和吴天德为代表的县志编纂者们看来，万历《宁都县志》中增补的那位元代县尹廖崇德，并非璜溪廖氏后来所说的宁都廖氏始祖廖崇德，而当另有他指。以卢逵与吴天德的博学与严谨，加之是志的编修所引起的县域士民的高度关切，他们在《职官志》中新增元县尹廖崇德必定有所根据，绝不会是空穴来风，而且也一定是得到了时人尤其是密切关注这次县志编纂的地方绅士的普遍认可。

因此，清初璜溪廖氏认定万历《宁都县志》中那位曾任宁都县尹的廖崇德为其始迁祖，可能是穿凿附会之说。事实上，在明清鼎革的过程中，璜溪廖氏惨遭冲击，原有谱牒摧毁几尽。康熙二十七年（1688），璜溪廖氏进行入清以后的第一次族谱重修。据这次族谱编修者所透露的信息，世乱造成的谱牒不存，给璜溪廖氏重建世系带来

---

① 道光《宁都直隶州志》卷22《人物志·儒林》，第41—42页。

② 同上。

了极大的麻烦，最终只有依凭周边县域的廖氏残谱才勉强得以重建。① 不难想见，由此重建起来的世系，与其说是实录，不如说是拟制。璜溪廖氏以廖銮为一世祖，总体而言，廖銮以下的世系比较清楚，但以上的世系却比较模糊。据说廖銮是廖崇德的六世孙，其父廖昌岐生有十个儿子，其中九个儿子都官至州守。然而，这一说法却没能得到府、县志编纂者的认可，正如其族谱所指出："岐十子九州守，则父老历传不谬，府县志失载。"② 由此观之，廖昌岐以上的世系，可能是清初宁都及周边县域的廖氏出于联宗需要而拟制出来的，而廖崇德则是联宗的组织者们共同选定的宁都廖氏始祖。进而在廖氏宗亲的推动下，乾隆《宁都县志》对廖崇德的记载进行了重要改动：一是将其由元县尹改为唐县令，二是在其后附加了"卒于官，遂隶籍"等字样。这样一来，乾隆《宁都县志》最终将万历《宁都县志》中那位原本与璜溪廖氏并无关涉的廖崇德转换和打扮成了他们体面的始祖。

由此可见，县志职官志中的官宦，有的竟然可能成为地方姓氏进行联宗和凝聚宗族认同的工具。在这个过程中，县志书写因此发生改变。当然，改变的目的显然不是要使县志记载更符合史实，而是要使其更符合相关地方姓氏宗族的现实利益和需求。

二　曾氏与廖氏：宁都"诗国"之称究竟源自谁家

乾隆十九年（1754），宁都县升格为宁都直隶州，瑞金、石城二

① 廖宗良《康熙戊辰八修族谱序》记："丙戌年来，草寇发难，谱牒始有遗亡之患。自后兵往寇来，年复一年者又二十余载。念稽家谱已十亡八九。迨至丁巳韩逆来驻，瓦砾村落，荡无炊烟，哀我人斯冀得保全骨肉为幸，遑问谱牒哉。迨寇退归来，方救死扶伤不暇。越康熙甲子，始佥议赎求家谱，卒无踪迹。乃挟资之广昌，之建宁，邈然希购。又退而问鱼梁，问东溪，过瑞金，奔走数百里，遍历多处，杳不可得。于康熙戊辰秋，祠命余房子孙冠习等，往石城跟寻古党祠孙承武房，得第三修宏治年间老谱一本。虽时事迁流，而源流一字不乱。又幸祠孙子昌氏偶于读书之余阅万历辛丑谱牒头绪，而讶其厚重难携，因誊为袖珍，奈书未竟而绝笔其遗稿。幸逢冠习拾回查对，老谱字字皆符，今谱中源流，强半从缮本中来也。"载《廖氏清河璜溪十六修族志》，第14页。

② 《清乾隆辛丑中坝廖氏家谱》，《璜溪中坝重订世传·辨证》，清乾隆四十六年（1781），木活字本。

县隶之。道光四年（1824），宁都直隶州编纂刊刻了第一部州志，是为道光《宁都直隶州志》。这是有清一代宁都直隶州修撰的唯一州志；对于宁都而言，这也是上承乾隆《宁都县志》的又一部方志。

在道光《宁都直隶州志》卷22《人物志》中，有一位名叫“曾原一”的传主，传记如下：

> 曾原一，字子实，兴宗孙。绍定辛卯领乡荐。与从弟原郕同师庐陵杨柏子，博学工诗，避乱钟陵，与戴石屏诸贤结江湖吟社。及归，偕其叔益之倾赀筑城以御寇，民多德之。隐苍山，构万松亭。著《苍山诗集》及《选诗衍义》。诗人宗之，邑由此称诗国。祀乡贤。①

这则传记，介绍了传主南宋曾原一的生平行谊和主要著述，并对其在诗学中的历史地位给予了高度评价，认为宁都之所以有“诗国”之称，正是源于曾原一在诗学上的成就和影响力。然而，这一评价却引起了璜溪廖氏的极大不满，其在族谱中有如下异议：

> 旧志载：廖氏父子伯仲，称诗国，自五季时始。嗣是二曾、两肖擅名，故称虔南诗国之宗，惟廖氏开先。道光四年甲申州《艺文志》亦然。但《文苑类》又载：曾原一著《苍山诗集》及《选诗衍义》，诗人宗之，邑由此称诗国。其说自相抵牾，原一生宋，廖氏之后学。大抵当日伊子孙伪扬其祖宗，混冒廖氏诗国之称。……秉笔之不公至此，日后复修州志，不可不呈明订正。②

璜溪廖氏的上述异议，被转载于《廖氏清河璜溪十修族志》（1994）。其形成年代和作者，应该是自道光四年之后至民国之前的族谱编修者。期间，璜溪廖氏曾三次编修族谱，分别是在道光二十二

① 道光《宁都直隶州志》卷22《人物志·文苑》，第61页。

② 《廖氏清河璜溪十六修族志·辨证》，1994年，第48页。

年（1842）、光绪三年（1877）和宣统元年（1909）。[①] 也就是说，这段文字应该正是形成于这三次族谱编修中的某一次。

璜溪廖氏认为，道光《宁都直隶州志》认定宁都的“诗国之称”源于曾原一，其实是其宗族后裔在编修州志时“伪扬其祖宗”而“混冒廖氏诗国之称”的私心所致，秉笔并不客观公正。这不仅有悖于“旧志”中“廖氏父子仲伯，称诗国，自五季时始”的定评，也使得州志《曾原一传》和《艺文志》的相关表述前后矛盾。璜溪廖氏揭露曾氏在州志书写中的营私行为，似乎并非空穴来风。在该志修志“职名”中，有3位来自宁都州的曾姓人员，他们分别是“分纂”——“岁贡曾宜春”，“采访”——“生员曾日明”，“督刊”——“军功千总曾兆松”，却未见有廖姓人员。[②] 据该志主修宁都知州刘丙介绍，是志之修，“操觚雠校，考据纂辑，杨、李、谢、曾诸明经也”[③]。其中的“曾”明经，是指担任“分纂”之职的曾宜春。可见曾氏在道光《宁都直隶州志》的编纂过程中，确实掌握着一定的话语权。而且这些曾姓人员，大概就是璜溪廖氏暗指的“伪扬其祖宗”的曾氏后裔。

然而必须指出的是，第一部认定曾原一为宁都“诗国之宗”的方志，其实并非道光《宁都直隶州志》。因为州志《曾原一传》，几乎是对乾隆《宁都县志》中的《曾原一传》的全盘转抄。[④] 璜溪廖氏可能没有注意到这点，或是不愿意提及这点。不管怎样，他们因此批评道光《宁都直隶州志》秉笔者的“不公”，应说是打错了板子。更重要的是，璜溪廖氏所说的“旧志”早已认定其先祖即五代时的“廖氏父子兄弟”为宁都“诗国之宗”的说法，其实缺乏依据。廖氏所谓之“旧志”，当指乾隆《宁都县志》。但是遍查该志，既不见有

---

① 《廖氏清河璜溪十六修族志·族谱历修考》，1994 年。

② 道光《宁都直隶州志》卷首《职名》，第 1—3 页。

③ 道光《宁都直隶州志》卷首《刘丙序》，第 3 页。

④ 乾隆《宁都县志》卷 6《人物志·隐逸》，第 45 页。其记曰：“曾原一，字子实，兴宗孙。绍定辛卯领乡荐。与从弟郕同师庐陵杨柏子。博学工诗，避乱钟陵，与戴石屏诸贤结江湖吟社。及归，偕其叔益之倾资筑城以御寇，民多德之。隐苍山，构万松亭。著《苍山诗集》及《选诗衍义》。诗人宗之，宁都由此称诗国。祀乡贤。”

“廖氏父子兄弟，称诗国，自五代时始”的说法，也不见“虔南诗国之宗，惟廖氏开先”的说法。乾隆《宁都县志》对“廖氏父子兄弟”诗学成就的评介，主要见诸《人物志》中的“廖匡图传”，其记如下：

> （五代）廖匡图，文学博瞻。湖南马氏辟幕下，奏天策府学士，与刘禹、李宏皋、徐仲雅、蔡昆、韦鼎、释虚中、刘已俱以文藻知名。有诗集二卷行世。正图，匡图兄弟行也，俱负诗名。按：府志谢诏论曰：《宋史·艺文志》：《廖正图诗集》一卷、《廖凝诗集》七卷、《廖邀诗集》二卷、《廖融诗集》四卷。又廖匡图有《家集》一卷。评诗者谓：廖氏《家藏集》与李氏《花萼集》、韦氏《兄弟集》、窦氏《联珠集》，皆父子伯仲一门之作，后世不易得也。①

乾隆《宁都县志》对廖氏父子伯仲在诗学上的成就给予高度评价。但并没有因此说宁都“诗国”之称是源于“廖氏父子兄弟”。因此，不管乾隆《宁都县志》的评论是否公平合理，但有一点是肯定的，其编纂者在宁都“诗国之称”源于谁家这一问题上所采纳或认可的说法，恰恰是宋代的曾原一，而非五代时的“廖氏父子兄弟”。也就是说，至迟在乾隆《宁都县志》中，就已有宁都“诗国”之称始于曾原一的评说。

既然如此，璜溪廖氏为什么晚至道光《宁都直隶州志》编纂之后才提出上述异议，而在从清乾隆年六年（1741）县志编纂至道光四年（1824）州志编纂这一长达八十多年里却未见提出？这是否因为此前璜溪廖氏没有关注县志记载呢？答案应该是否定的。上文已经论及，《清乾隆辛丑中坝廖氏家谱》（1781）的编纂者为了寻找家族资料，曾对乾隆《宁都县志》进行过十分认真的查阅；下文将要详论，璜溪廖氏对乾隆《宁都县志》的编修还进行过有效干预，璜溪廖氏

① 乾隆《宁都县志》卷6《人物志·文儒》，第36页。

宗族精英对乾隆《宁都县志》的记载并非不知情。那么，是否因为在此期间璜溪廖氏提出过异议，只是没有留下文字记录呢？答案也应该是否定的。自乾隆六年至道光四年，璜溪廖氏先后三次编修族谱，分别是在乾隆三十四年（1768）、乾隆四十六年（1781）和嘉庆十三年（1808）。[①] 因此，他们有很多机会将其抗议记录下来，并像上引族谱编纂者那样，叮嘱族人要在今后重修县志时"呈明订正"，将之上升为全体族人不可推卸的职责而载入族谱。然而，在廖氏族谱中却没有看到这方面的记录。此外，上引族谱记载也未提其宗族之前曾就此提出过异议。所有这些表明，自乾隆六年（1741）至道光四年（1824），璜溪廖氏对乾隆《宁都县志》中"诗国"之称始于曾原一的说法是默认的，至少没有提出过异议。

那么，后来又是什么原因致使璜溪廖氏对宁都"诗国"之称始于曾原一的说法提出异议的呢？笔者推测，这大概和道光《宁都直隶州志》的一段评述有关。这段评述，正是上引廖氏族谱提的遵循了"旧志"评述的"甲申州志《艺文志》"，其文如下：

> 五季时，廖氏父子兄弟并以诗著。嗣是，二曾振藻，两萧擅名，而阳都有诗国之称。[②]

这段评述是道光《宁都直隶州志》卷31《艺文志》新增小序中的一段话。说其新增，是因为乾隆《宁都县志》在其《艺文志》中并无此小序，也无此评述。新增小序对宁都的诗学谱系作了简要勾勒，并将此谱系追溯到了五代时的廖氏父子兄弟。璜溪廖氏提出宁都"故称虔南诗国之宗，廖氏开先"，正是据此而来，而并非上引族谱所说的"旧志"所载。上文已经申明，乾隆《宁都县志》其实并无此说，上引族谱中所谓"旧志载"云云，应是璜溪廖氏为抬升其先祖诗学地位的假托附会之词。

---

① 《廖氏清河璜溪十六修族志・族谱历修考》，1994年。

② 道光《宁都直隶州志》卷31《艺文志》，第1页。

平心而论，璜溪廖氏据上引小序提出宁都“诗国之宗，廖氏开先”，不是没有道理。璜溪廖氏父子兄弟毕竟生活在五代，比南宋的曾原一要早得多。而且他们在诗学上取得的成就和影响力也不小，以致为《宋史·艺文志》所收录。[①] 但是，他们由此认为宁都“诗国之称”始于“廖氏父子兄弟”，却又明显曲解了州志作者的本意。上引小序很清楚地表明，州志作者其实无意将宁都“诗国之称”的荣誉落实到某个个人的头上。相反，他们似乎更想把宁都之所以有“诗国”之称，归结到自五代直至宋明宁都县涌现出了大批著名的诗人诗著上，而非某一个人。这一诠释应该说是比较合理和有说服力的。然而，州志作者在对宁都“诗国”之称做出上述诠释的同时，却没有修改《曾原一传》中“诗人宗之，邑由此称诗国”的表述，这就为璜溪廖氏攻击“其说自相抵牾”留下了硬伤。当然，这个硬伤大概是不得不留的。“擅翻旧案”毕竟是方志编修之大忌，[②] 州志编修者对此应该心知肚明。更何况，曾氏是明清时代宁都县域数一数二的望族，[③] 而且又有宗族成员参加这次州志的编修，新编州志要撤销“旧志”早已颁发给其先祖的荣誉将谈何容易。

综上所述，璜溪廖氏在宁都“诗国”之称源于谁家的问题上，对州志归结到宋代曾原一的观点提出了质疑。他们认为，州志的评论实际上是曾氏后裔“伪扬其先祖”的结果，并不客观公正。进而提出，其先祖即五代时的“廖氏父子兄弟”才是宁都的“诗国之宗”。璜溪廖氏对州志的“不公”评述耿耿于怀，于是将“呈明订正”州志的“不公”评述上升为全体族人的重大历史使命而载入族谱，垂戒后人。璜溪廖氏对宁都“诗国”之称源于曾原一的质疑，大概是受到

---

① 《宋史》卷 208《艺文志》：“《廖光图诗集》二卷，《廖凝诗集》七卷，《廖邈诗集》二卷，《廖融诗集》四卷。”中华书局 1977 年版，第 5350 页。

② 章学诚曾指出修志有八忌，其中一忌就是“忌擅翻旧案”。详见章学诚著，仓修良编纂《文史通义新编纂》外篇四《修志十议呈天门胡明府》，浙江古籍出版社 2005 年版，第 857 页。

③ 据吴宗慈主编纂民国《江西通志稿》，宁都有著姓 21 个，其中曾氏位列全县第二。详见据民国《江西通志稿》第 34 册《江西省各县氏族略说明》。

了州志《艺文志》新增小序对宁都诗学谱系简要勾勒的启发。《艺文志》新增小序和《人物志》《曾原一传》的前后抵牾，则成为璜溪廖氏借以质疑州志评述的一大硬伤。璜溪廖氏对曾氏私心的揭露和批评自有其道理，但是，廖氏欲以其先祖取代曾氏“诗学之宗”地位的设想，以及为达此目的而对州志《艺文志》的有意曲解和对“旧志”的借托附会，却又暴露出了与被其揭批的曾氏同样的私心。璜溪廖氏对县志人物传记中可能暗含的宗族观念和私人目的，有着高度自觉，这大概也是他们有意曲解州志和借托附会“旧志”，以达到为其先祖力争“诗国之宗”荣誉的逻辑起点。

行文至此，我们的认识或许可以稍进一步。尽管璜溪廖氏的案例不会具有普遍性，因为并非所有的地方宗族都有成员被载入县志，也非所有的地方宗族有条件和能力阅读到县志，更非所有被载入县志的历史人物都将遇上某种荣誉的纠葛。但是，这个案例却提示我们，县域民众阅读和利用县志可能存在的一种方式或者说倾向，那就是：对于阅读和利用县志的县域士民而言，县志作为公共历史记述的权威性，大概只有在合其所需时才可能真正得到认可和宣扬，否则就有可能被视为不公之作而遭到质疑和挑战，甚至成为他们试图努力改写的对象。

三　璜溪三桥：谁是它们的兴建者

明清时期，作为私家历史记述的族谱，在地方社会的人们陷入纠纷时，常常被当作司法证据加以利用。其实，作为公共历史记述的地方志，因其官方性和权威性，更是被赋予了同样的功能。就官方而言，他们有时会寄希望于通过县志的记录，来防范县域公共利益日后被私人侵吞；有时则会利用县志的记载，去追回业已被私人占去的公共利益。这方面的案例，在县志中屡屡可见。例如，乾隆癸酉志（1753）在其《营建志》中，对县治北边那座寄予了地方官绅振兴地方人文厚望的毓秀台的四址边界，作了详细勘察和记录，目的是为了“防后之侵伐伤龙脉者”①。又如，据说瑞金古称象湖镇，自建邑以

① 乾隆《瑞金县志》卷3《营建志·寺观》，第58页。

后，居民稠密，湖水堙塞，仅存方池两口。但日久渐成平地，为市民占筑溷厕。据形家言，这两口方池，系关县域风水，意义甚大。于是在乾隆年间，知县郭灿依凭县志记载，最终“清出旧址，谕将厕寮折毁……千年古迹，顿复旧观”[①]。

不过在这里，笔者试图探讨的，并非县志对于官方的司法意义及其被利用的方式；而是县志中的哪些内容，在民众陷入利益纠纷时可能被当作司法依据加以利用，以及县域民众又是如何关注和重视这些相关内容的记载。为达此目的，我们仍然不妨根据璜溪廖氏族谱提供的信息，并结合宁都方志的相关记载，对此作一微观考察。

道光《宁都直隶州志》设有《关津志》一目，其中对辖区内的桥梁、河渡和亭阁进行了一一载录。所记的内容一般包括桥、渡、亭的名称、方位和建设者等。我们的讨论，将从宁都州属（不包括石城和瑞金两县）近三百座桥的其中三座开始。州志对此三座桥的记载如下：

> 石桥头木桥，胡尚瑜建。今中坝廖姓建。
> 螺山庙木桥，胡尚瑜建。今廖同众姓建。
> 锦迎木桥，改名永兴。胡尚瑜建。今众姓建。[②]

相比其他数百座桥，州志对这三座桥的记载并无特别之处。然而，璜溪廖氏族谱的记载提示我们，看似平淡无奇的记载背后，却曾经备受关注和争论，甚至可以说上述记载是经过多方力量长期较量后的结果。为明乎此，兹将璜溪廖氏族谱的相关记载征引如下：

> 螺山庙前桥。旧无众资，每漂折，郎［仰］资人募化，常月余不就。而赴市杂踏，肩摩踵接，此独甚焉。莲社庵僧尼亮，于康熙五十二年冬，敦请本村檀越，得二十人。亦正、三近、少

① 杨于位：《浚复象眼塘碑记》，载光绪《瑞金县志》卷12《国朝文》，第12页。

② 道光《宁都直隶州志》卷15《关津志》，第7页。

> 严、子遴四人，管理生息，自有桥有众，随圮（随）成，人不病涉。康熙六十年，创置六十二担粮亩庄田土段，刻簿散给二十人，各执为照。并请县尊陈公作叙，勒石七仙庙侧。其乐助人名，悉载碑记，附记螺山庙、石桥头二桥。乾隆六年，本县修志，误载胡尚瑜建。大祠随命世才赴县进呈，恳县主更板，董修诸人再四劝留，更板再刷，但志书俱已颁行各处。改刷四十页，止换本族四部。各处之志办事者，未及领取就更换。道光甲申州志，仍沿旧误。族因永兴桥一斋［案］，承控州宪梁，并呈廖姓族谱及桥众谱。蒙饬局订正。查州志补违［遗］（关）津志，炳据确然。①

据璜溪廖氏的说法，螺山庙木桥和石桥头木桥，均为廖氏所建。但乾隆六年（1741）编修《宁都县志》时，却将其误记为胡尚瑜建。对此，璜溪廖氏高度重视，一度以大祠的名誉派专人赴县呈明，要求当局对县志进行改板重刷。颇具戏剧性的是，此时刊刻县志大多已经被散发出去。最后，当局改板重刷了四十页，其中四份由璜溪廖氏收藏，其余的则分发给了尚未来得及领取县志的宗族或个人。也就是说，乾隆《宁都县志》对上引两桥的记载其实存在两个版本：一个版本记胡尚瑜建，另一个版本记廖姓建。笔者读到的乾隆《宁都县志》（中国国家图书馆收藏本），当属后一个版本。其记曰："（桥）石桥头、螺山庙，中坝廖建。"② 由此可见，璜溪廖氏族谱关于改版重刷之说并非虚言。当局改版重刷，到底出于对县志误载的纠错，还是迫于璜溪廖氏宗族所施加的压力，或者两者兼而有之，我们已经不得而知。可以肯定的是，此举表明其时当局最终认可了螺山庙木桥和石桥头木桥的兴建者均为璜溪廖氏而非胡尚瑜的主张。

然而，颇具戏剧性的是，到道光年间宁都编修州志时，州志作者所参考的乾隆《宁都县志》是未经改版重刷的版本，于是，又将二

① 《廖氏清河璜溪十六修族志·胜迹》，1994 年，第 35 页。

② 乾隆《宁都县志》卷二《建设·桥》，第 46 页。

桥的兴建者写成了胡尚瑜。于是，璜溪廖氏再次向当局呈明，递交相关证据，要求更正。据上引廖氏族谱“蒙饬局订正”的记载来看，宁都州志所载石桥头木桥后面的“今中坝廖姓建”和螺山庙木桥后面的“今廖同众姓建”字样，正是璜溪廖氏与其时当局交涉后的结果。很显然，如果说乾隆年间的改版重刷是对载记之误的纠错，那么，道光州志在上引补刻字句前所记“胡尚瑜建”则并不符合史实。然而，璜溪廖氏却似乎能够容忍这一曾为其先祖所不能接受的说法。究其原因，大概是因为州志补刻字句（“今中坝廖姓建”与“今廖同众姓建”）实际上认可了上述两桥的当下物权主要是归璜溪廖氏所有。从这个意义上讲，璜溪廖氏在对此两桥的利益主张取得了成功。

上引族谱还提示我们，石桥头和螺山庙二桥兴建者的归属问题，只是这次申诉所附带的内容。在这次申诉中，璜溪廖氏更主要的任务是要主张对州志所载“永兴桥”的归属权。对此，廖氏族谱有记如下：

> （永兴桥）跨璜溪之上游，北接吉永，南通赣兴，括其枢要，锡［赐］之号曰“永兴”。乾隆三十二年丁亥，廖同众姓建。今名仍旧。道光四年甲申州志补遗云，乾隆辛酉志，锦迎桥，载胡尚瑜建，而无永兴桥。采访称锦迎，后改名永兴。不知锦迎原系胡姓所建，年久未知其处。永兴之桥，中坝市头横亘，首流之木梁，廖同家姓捐资建。采访冒称永兴为锦（迎），当日因此呈控州宪梁，并呈廖姓桥会谱，蒙饬局订正，兹特载明，免后争竞。①

由此可见，关于永兴桥，州志采访者认定，那其实就是乾隆《宁都县志》所记的锦迎桥，后来被改名为永兴桥。然而，璜溪廖氏却并不认同这一说法。他们认为乾隆《宁都县志》所记载的锦迎桥，早因年久而不知所处。而永兴桥是廖同众姓兴建于乾隆三十二年，与原来的锦迎桥毫无关系。州志把永兴桥说成是以前的锦迎桥，其实是州

① 《廖氏清河璜溪十六修族志·胜迹》，1994 年，第 34 页。

志采访者的冒称所致。于是呈控当局，要求改正州志的书写。上引州志关于永兴桥的书写表明，当局部分采纳了璜溪廖氏的申诉主张，一方面坚持认为永兴桥就是以前为胡尚瑜所建的锦迎桥；另一方面，又增补了“今众姓建”字样，显然是承认了璜溪廖氏对永兴桥的兴建也拥有部分权益。

相对璜溪廖氏永兴桥与锦迎桥毫无关系的说法，州志对锦迎桥改名永兴桥的认定大概是比较客观公正的。首先，乾隆《宁都县志》中记有锦迎桥，却无永兴桥；其次，永兴桥对于璜溪交通意义重大，所谓“北接吉永，南通赣兴，括其枢要”，按照常理，此处在璜溪廖氏所说的乾隆三十二年兴建永兴桥之前不可能没有桥。因此笔者推测，其实际情况可能是乾隆六年编修县志时，这里原有一座名为锦迎的桥，而且其兴建者被公认为是“胡尚瑜”[①]，于是被乾隆《宁都县志》采录为“锦迎，胡尚瑜建”[②]。后来，此桥由于水灾或其他原因被毁。乾隆三十二年（1767），璜溪众姓募资重建，新建之桥不再用“锦迎”之名，而是取名为“永兴”。在兴建永兴桥的过程中，璜溪廖氏可能出力较多，即所谓“首流之木梁，廖同家姓捐资建”。或因如此，当璜溪廖氏看到道光州志将永兴桥记为“锦迎木桥，改名永兴，胡尚瑜建”时，产生了不满并向当局提出申诉也就不难理解了。当然，璜溪廖氏关于原锦迎桥“年久未知其处”云云，显然是有意要撇开永兴桥与胡姓的渊源关系，以便为自己争取对永兴桥的更大权益。

由于史料的局限，我们没能知道胡尚瑜的后裔对璜溪廖氏此举的回应。但是，从州志补刻的寥寥数字：“今众姓建”的论定来看，璜溪廖氏试图掩盖锦迎桥与永兴桥之间渊源关系，以及有意夸大本族在兴建永兴桥中作用的主张，应是遭到了包括胡氏在内的其他众姓的制

① 按照宗族兴办地方公共工程的惯习，锦迎桥很可能是胡尚瑜的裔孙们主要利用其名下公产并以其名誉兴建的。因此，县志所载锦迎桥的兴建者“胡尚瑜”，可能是胡姓宗族或胡姓宗族中某个房支的代称，而并非实指其人。

② 乾隆《宁都县志》卷2《建设·桥》，第46页。

约或反对。也就是说，道光州志中这一看似平淡无奇的桥梁记录，应是州志编纂者经过平衡众姓权益后的书写。

当然，笔者在此无意于讨论璜溪廖氏所处地方社会宗族势力的消长过程及展开方式，尽管这是另一个颇有意义的社会史课题。而是试图通过这个个案，揭示县域民众尤其是宗族精英，除了在县志中查找其先祖资料和了解家史外，还可能会特别关注可以利用的内容。璜溪廖氏对上述三座桥梁兴建者身份的主张提示我们，县志中大凡关涉县域民众物权归属的记录，诸如桥梁津渡、台塔寺庙、墟市、水利等，都将引起相关利益群体的高度关注，而成为被认真阅读的重要内容。因为这些记录可能成为县域民众陷入纠纷时加以引证的司法依据。

结　语

以上各章论述了明清时期瑞金县志的编纂和地方社会之间的复杂关系。笔者相信，明清瑞金县志形成过程的历史经验与逻辑，不只是在提供经验知识方面具有其价值，而且对于理解作为官修方志体系中最重要一环的县志的性质，也有一定的普遍意义。因此，本章将总结明清瑞金县志形成过程的历史经验和逻辑，并对区域社会史研究中将县志作为理所当然的史料基础而加以利用的方式进行反思。

一　话语权力与文化资本：地方官绅竞相染指的场域

明清时期的瑞金县，先后十次编纂县志。这十次县志编纂，都受到了编纂府志、通志抑或一统志的推动，是帝制中国皇家政权建构和推行“大一统”意识形态的结果，是反映地方社会发展进程的产物。毋庸置疑，每一部瑞金县志，在很大程度上都是对县域自然、政治、经济、社会、文化等各项内容的历史记录，具有很强的地方历史档案的性质。当然，与其他官修方志一样，从结构体例的外在形式，到记事叙事的价值取向，也无不打上了其时方志编修的制度框架和主流意识形态的深深烙印，体现着国家意志，具有典型的官方史书性质。

不过，如果我们将研究的目光投向县志编纂主体，又可以清楚地看到，在地方知县的主持下，明清瑞金县志的书写权又长期被科名宦业相对成功的西门杨氏、壬田朱氏和叶坪谢氏等世家大族以及由他们结成的姻亲集团所操控。县志编纂主体与县志新增内容之间的逻辑关系表明，作为最贴近民间社会而且在一定程度上规限着府志、通志乃至一统志取材的县志，它不仅仅是皇家政权彰显一统理念和展布政教的文化渠道，也是掌握着县志编纂权的地方官绅共享的话语权力和文化资源。

明清瑞金县志的历任主修知县，无不将其在任期间的施政作为和有利彰显其才学德性的诗赋题记一一载入县志，在一定程度上将县志编成了他们的“政绩簿”，绘成了他们的“自画像”。所有这些记录既是他们被评为名宦并被入传后世方志的主要依凭，也是明清时期担任过县志主修的瑞金知县被评为名宦的概率（70%）远远高出平均概率（22%）的主要原因。从这层意义上，这些主修知县在其所主修县志中设下的“陷阱”，成功地“捕获”了将他们做出名宦评价的后世官绅。此外，通过对县志编纂权的分配、请作序跋题记、在修志姓氏中冠名等形式，县志编修又往往成为以知县为首的地方官员交好地方士绅和达官显贵的文化媒介。

直接参与县志编纂的地方士绅，也无不在县志文本中掺入了浓重的宗族观念。尽管有资格参与县志编纂的地方士绅，大多来自县域望族，具有更多被县志记录的人文资源。然而，明清瑞金县志编纂的史实表明，是否拥有参加县志编纂的资格，往往意味着是否拥有将其先祖或家族历史导入县志的机会。直接或间接参与县志编纂，往往有将家族历史导入地方县志的“近水楼台”之便。第三章的研究表明，明清瑞金县志的编纂者，他们在人物志中为宗族成员立传，在艺文志中收录宗族成员的诗文，在其他各个卷类门目中设法安插有利彰显自己宗族地位的资料，尤其在县志人物志中呈现了宗族父系世系的部分特征，使得明清瑞金县志披上了浓郁的私家族谱的色彩。换言之，他们努力将私家历史记录转化为县域公共历史记录的一部分。经由层累地建构，不同的姓氏宗族因其在县志编纂史上的地位和在科举宦业上取得的成绩，导入了长度不一的父系传记链和广度不一的宗族历史。

能够分享县志这一话语权力与文化资源“蛋糕”的，还包括拥有一定经济资本、社会资本或其他类型资本的邑人。他们或利用金钱资助县志编纂或者相关县域公共工程建设，或利用某种人际关系网络（例如与县志编纂者的姻亲关系或师友关系等），或利用其他可供交换的资本形式，在新修县志的适当门目中为其个人、先祖或宗族谋得一席之地。从这层意义上，县志又是地方社会各色人等实现经济资本和社会资本向文化资本转化的场域。

因此，县志文本尤其是像人物传记、艺文志这样的门类，是地方官员和社会各种力量依凭各自的实力规划和描绘出来的“权力分布地图”，是对地方权力结构的投影及其合法化的诉求与表达。个人、宗族或族群，通过直接或间接参与具有官方性质因而被赋予权威性的县志编纂，将其政治、经济、社会和文化资本，努力转化为县志书写中的权力符号，旨在确定、维护、强化乃至提升他们在社会秩序中的位置。当然，县志作为一种话语权力和文化资源的魅力还不止于此。如果我们将县志编纂视作符号生产的话，那么县志文本就是一个符号系统。第三章中对谢长震的人物形象转变，以及第五章中对江振曦的宗族为其平反的分析表明，这个符号系统一方面通过导入帝国大一统的意识形态，成为地方社会表达国家认同的工具；另一方面又通过运用“忠义”和“逆贼”等概念来进行未必符合史实的社会区分，将历史人物及其宗族纳入不同的社会等级序列之中。随着县志的编纂与再编纂及其在地方社会和方志体系中的传播，这个符号系统又将内化为人们的认知结构，族谱编纂者从地方志中寻找其宗族资料的惯习也表明了这一点。这样，个人、宗族与族群又不知不觉地再生产了县志文本中所呈现的那个社会秩序。也就是说，县志编纂这一符号权力的生产，实际上不仅仅把现实的社会权力结构合法化了，而且伴随着县志的持续生产，又实现了不平等社会关系的代际间的再生产。明清时期，县志被作为一种话语权力和文化资本而成为地方官绅竞相染指的场域，其更深层次的动因或许正源于此。

二 事实与建构：地方性知识的创造

首先，笔者并不否认县志在很大程度上是对地方历史过程的客观反映。例如县志对县域建置、河流山川、历任官宦、科举人才等内容的书写，大体是对客观事实的记录。然而，毫无疑问，县志中的内容也并非全是对区域社会历史所作的纯客观记录。尤其在人物志、艺文志这些弹性较大的门类中，将谁以及哪些文章登载县志，其实具有很大的选择性和灵活性。正如本书第三章的考察所显示的，县志人物志中新增的人物传记，其传主绝大多数来自县志编纂者的宗亲和姻亲。

这些入传县志的历史人物，有的可能是因其生平行谊的确符合帝国倡导的忠、孝、节、义等主流意识形态被书写，有的则可能根据主流意识形态而建构。当然，建构并非纯粹的虚构，它也会有一定的事实原型，只是远远谈不上纯客观的记录。

瑞金县志中那位死于“丙戌之乱”的谢长震，就是典型的经由建构的人物形象。正如前文所申论的，谢长震是在瑞金处于政权真空状态的明清鼎革之际，死于一场无所谓公平正义的主佃或土客混战。他的死既谈不上对明朝的“忠”，也谈不上对清朝的“忠”，甚至也谈不上儒家意义上的“义”。但是，他却被康熙癸亥志（1683）塑造成了忠于明朝的“义烈”之士，尔后又被乾隆癸酉志（1753）改塑成忠于清朝的“忠烈”之士。谢长震在清代县志中的身份性质及其在人物志中序列地位的变化，正是他那直接参与县志编纂的裔孙们基于某种目的建构与再建构的结果。县志书写中的谢长震，与其说是事实中的谢长震，不如说是他那些参与县志编纂的裔孙们观念中的谢长震。而后者也正是他们试图通过县志这一公共历史记录的平台加以合法化并将之垂范于后世的形象设计。如果忽视了这一点，我们必将把观念中的谢长震误识为事实中谢长震。当然，这也正是县志编纂者们所期望的结果。若真如此，我们就在无意中继承了他们的事业。那么，我们就将无法从中窥见明清时代的县志编纂者，这一兼有“宗族精英”和“国家史官”双重身份的地方知识精英，是如何基于现实环境和当下的价值取向来定位和重新定位其先祖和帝王皇家政权之间的关系；就无法知晓谢长震在县志中身份性质的变化，其实是地方士绅宗族对以帝王皇家政权为象征的国家认同的一种表达方式。进而言之，如果我们不剥离县志文本背后的权力色彩和价值观念，并因此造成对县志记录的误识，我们就会错过触及建构背后更富意义的真历史的契机，县志对于我们借以研究区域史的意义和价值也将大为削减。彰显这一点，也正是笔者在本书中努力将明清瑞金县志置于特定时空情境之下进行“解构”的主要目的所在。

事实与建构的交织及其展现方式，也充分体现在县志所隐含的地方文化意识中。素有“绵江第一峰”之称的铜钵山在县志众山中的序列及其被赋予的意义，在明清历修瑞金县志中有一个变化的过程。这个过程一方面映射出作为文化相对落后的县域，县志最终成为地方知识精英表达地方文化意识的平台；另一方面又映射出县志记述中事实与建构之间的某种逻辑关系。比如，铜钵山的名称由来，就经历了从“山形如铜钵”到“开山掘得铜钵”的转变。再如，县治“来龙之山”也由铜钵山置换成了县治北部二里处毓秀台后的那座小山包。在乾隆癸酉志（1753）中，铜钵山在体现着等级观念的县域诸山序列中的首要位置被龙山所取代，究其原因，是因为后者在乾隆年间被地方知识精英赋予了风水学上系关县邑人文兴盛的“案山”性质，因此在县邑诸山中的地位空前提升。换言之，作为具有“长时段”性质的山岭，在数百年中虽则几无变化，山还是那座山；但是，随着地方知识精英地方文化意识的觉醒和变化，它在地方文化中的意义和地位也就随之变化。与此相应的是，一系列地方性知识得以确认或创造以及再确认或再创造。由此可见，县志记述中基于事实的建构，在一定程度上又是源于地方知识精英的地方意识。具体而言，上述县志围绕着铜钵山所确认或创造的一系列地方性知识，反映的是地方知识精英在风水理念的作用下，对地方文化现状的反思和表达出来的边缘性焦虑。

明清时期，在王朝视野下，瑞金县的基本形象是“群盗肆虐”和“民风强悍”。但是，在明清县志中，瑞金县的基本形象则是“阳明过化之地”和“节义文章之乡”。为了支持“阳明过化之地”文化形象的建构，作为地方知识精英的县志编纂者们一方面努力挖掘王阳明曾经途经瑞金的事实；另一方面又对这些事实进行加工和发挥，夸大王阳明驻足瑞金的时间，拟制王阳明在瑞金时“进诸生讲明正学，开导引掖”的情境，登载经由筛选、篡改和限定性诠释的相关诗文，创造出一系列与王阳明有关的地方性知识。同样的，为了建构“节义文章之乡”的文化形象，县志编纂者们则将身份并无实征的地方神明冯祥兴和刘十六郎，分别诠释为唐末黄巢之乱时赴长安勤王的将军和南宋追随岳飞在瑞金平寇有功的忠义英雄。也就是说，县志编纂者将地方神明人格化与正统化，并将之与重大历史事件或历史人物关联起来。此外，县志编纂者们在人物志中建构起一长串“以文章著”者的人物谱系，并在艺文志中刊载了大量邑人的诗文作品，旨在阐明自明代以降瑞金文章学术日益隆盛的文化形象。尽管事实未必果真如此，前文提到的黎士弘和恽敬对明清瑞金诗文水平的评价说明了这点。

这些同时包含着历史事实和建构成分的地方性知识，实际上是以县志编纂者为代表的知识精英对地方文化意识的表达。当然，这些地方文化意识又生成于特定的历史情境，即特定的历史条件下所形成的文化意识和价值观念，以及由特定的利益关系所决定的立场和视域。围绕着铜钵山的一系列地方性知识得以建构的历史情境，是在明清时代风水观念日益盛行的背景下，地方知识精英对地方在帝国政治文化版图中处于边缘地位所表达的一种焦虑和期待。围绕着“阳明过化之地”与“节义文章之乡”的一系列地方性知识得以建构的历史情境，则是明清时代儒家理念在赣南地方影响渐深的背景下，地方知识精英将“大传统”地方化的过程中却遭遇到了“小传统”的天然“排斥”。具体言之，就是明清时代瑞金知识精英按照儒学标准建构地方文化形象时，却又遭遇到了缺乏支持这一文化形象的历史人文资源的尴尬。因此，王阳明在瑞金驻足一月进诸生讲明正学，冯祥兴、刘十六郎则是与重大历史事件或历史人物有着密切联系的忠义英雄等，这些地方性知识就被创造出来，用以弥合衔接帝国“大传统”和地方“小传统”时留下的缝隙。明清瑞金县志对地方性知识的创造，在某种程度上暴露出了经济文化处于帝国边缘的地方知识精英的文化自卑心理。

因此，县志中基于一定事实所建构出来的地方性知识，与其说是对地方历史的重建，不如说是对现实情境的写照，以及对地方未来的规划。易言之，拟制建构的背后有真历史。当然，这个真历史不只是从地方性知识中可以过滤出来的那个事实内核，更应该是这些地方性知识得以建构、生成和辩护的那个特定历史情境。而后者，也正是笔者认为有必要对县志进行解构的意义所在。因此，解构县志的形成过程，并不是要否定它在传统史料学上的价值，更不是为了消解历史本身；恰恰相反，是为了发掘暗含其中的更为丰富的史料价值，以及重建“去伪存真”的方志利用方式所不易重建的区域历史。

三 作者与读者：县志的“生产”与“消费”

人们普遍认为，作为官修史书的一种，地方志相对私人著述而言更具有公共性和权威性。这种认识和判断是有其道理的。因为地方志毕竟是在国家编修方志的制度框架以及地方权力结构的共同制衡下产生的公共历史记述。然而在本书第五章中，笔者要重点强调的是，在对地方志“公”“私”成分和性质的权衡评判中，也应对其“私”的一面给予足够的重视，对于方志体系中最贴近民间社会而最容易被地方权力所渗透和操控的县志更应如此。

透过明清王朝编修方志的意义预设和明清瑞金县志编纂者们的言说，编修县志的目的似乎相当明确。若借用后世方志学界普遍认同的概括，那就是主要为了存史、资治和教化。这似乎意味着，方志主要是为那些寻找该县历史事实的人们、出仕该县的官宦以及借以教化的邑人而“生产”的。毋庸置疑，方志的确存在存史、资治和教化的潜在功能，上述那些个人或群体也确实有可能成为方志的“消费者”。但是，这并不意味着县志主要为了他们而“生产”。事实上，大多数县域民众缺乏阅读县志的条件和能力；地方官员在行政实践中也未必会去参考县志记载，也未必需要参考县志的记载。更为重要的是，除了少部分限于县志惯例类似于填空的内容其弹性较小外，大多县志记述实际上是县志编纂者基于现实环境和需要对地方历史做出的选择和解释。方志编纂的出发点和落脚点，主要不在于过去，也不在于未来，而是在于当下，在于当下的社会权力结构、利益关系和价值取向。

明清瑞金县志的编纂主体与县志内容之间的逻辑关系表明，县志主要不是为了其他人而“生产”，恰恰是为了县志“生产者”自己。直接或间接参与县志编纂的那些人，才是县志的主要“消费者”。正是这些县志“生产者”，或主动倡修县志，或搭乘“上宪”檄修方志的“便车”，出于种种目的为自己“生产”，也主要由他们自己来

“消费”。他们“生产”县志的动机是复杂的，有对存史资治的追求，有奉行公事的应付，有政治投资的谋划，有振兴地方人文的乡梓之情，有投资身后之名的精心设计，有提高家族声望的私欲之心，当然也会有更为直接的功利目的。不管出于什么目的，他们却有着一个共同的期待：希望经由他们选择和解释的“地方历史”，或者说经由他们挖掘和铺设好的“陷阱”，能够成功地“捕获”所有将要读到这部县志的人们。唯其如此，为自己“生产”的目的才最终达到，对自己“产品”的“消费”才真正得以实现。

然而，县志“生产者”的目的自然难以完全实现。县志一旦“生产”出来，就像有了独立的生命。县志“生产者”根本无法规限县志将以何种方式被阅读、理解和利用。例如，受到康熙己丑志（1709）《忠烈》目中《钟良则传》书写模式的启发，江振曦的宗族在瑞金编纂乾隆癸酉志（1753）时，以有长汀名士李元仲的赞诗为由，向当局为其族人暨被康熙癸亥志（1683）定性为“逆贼”的江振曦兄弟提出平反申请，请求当局“掩其贼名”而改传“忠义”。江氏的努力虽以失败告终，却暴露出县志作者基于主流意识形态并结合地方实际对“忠义”与“逆贼”的区分以及对号入座，当其遭遇事实与逻辑的矛盾时却并不能服众。当然，县志关于“忠义”与“逆贼”这类带有明显政治色彩的人物二元区分，随着时代的嬗变及意识形态的转换，在特定的历史条件下也完全可能被倒置过来。光绪乙亥志（1875）中的“奸民”潘秩东，在新时期的族谱编纂者那里，就被赋予了“农民起义领袖”的性质。

事实上，县志编纂者对地方历史所作的事实判断与价值判断，当其不符合县志记述所指涉的县域民众的现实利益和目的意图时，也常常遭到质疑、挑战甚至是篡改。明万历《宁都县志》中的元代县令廖崇德，在璜溪廖氏的运作下，被附会和篡改成乾隆《宁都县志》中的唐代县尹廖崇德暨宁都廖氏的始迁祖，成为璜溪廖氏借以抬升始祖地位和进行地域联宗的工具。道光《宁都直隶州志·艺文志》中的新增小序对宁都诗学谱系的简要勾勒，却引发了璜溪廖氏对宁都“诗国”之称源于曾原一的评说的强烈不满。璜溪廖氏认为州志的这一评说是曾氏后裔“伪扬其祖宗”的结果。进而提出，宁都之所以有“诗国”之称，是源于其五代时的先祖“廖氏父子兄弟”在诗学上的成就和影响力。其理由是，乾隆《宁都县志》早有“廖氏父子伯仲，称诗国”的评说。然而，事实却并非像璜溪廖氏所申辩的那样，乾隆《宁都县志》并无“廖氏父子伯仲，称诗国”的评说，倒是在曾原一传中早就有“诗人宗之，邑由此称诗国”的评论。也就是说，为了给其先祖争取“诗国之宗”的地位，璜溪廖氏既篡改了道光《宁都直隶州志》的本意，也篡改了乾隆《宁都县志》的本意。很显然，璜溪廖氏在阅读县志时，做了有利于己方的选择、诠释甚至是假托附会。对县志类似的阅读和利用方式，复见于廖氏对璜溪三桥兴建者身份的主张，所不同的是，后一个案例提示我们，县志中大凡关涉域内民众物权归属的记录，在日后则有可能成为人们陷入纠纷时当作司法依据而加以利用。

由此可见，县志“生产者”虽然希望经由他们“生产”出来的县志，能按其预设的目标被阅读、理解和利用，最终达到为自己“生产”的目的。但在客观上，阅读县志的人们尤其是县志记述所关涉的县域民众，他们对于县志“生产者”所认定的事实与价值却未必会照单全收。相反，随着时代背景、社会地位、价值观念和县志书写本身的变化，他们可能将基于特定的现实利益和目的意图做出自己的理解和诠释，并努力将其转化为新修县志的表达。也就是说，县志作者选择和解释的那个“地方历史”，其权威性在很大程度上只有当其符合阅读者的现实利益和目的意图时才可能得到真正的认可和宣扬，否则就有可能被视为不公之作而遭到质疑和挑战，以致成为他们试图努力改写的对象。就像璜溪廖氏所做的那样，将“呈明订正”县志对其先祖的“不公”记载，上升为整个宗族的神圣使命而载入有宗族“宪章”之喻的族谱之中。

笔者揭示并强调县志记述中“私”的性质，以及县志作者与读者之间的张力关系，并非要像后现代史学家那样宣称“作者死亡”或

“读者诞生”，进而否定历史认识的可能性和消解历史学存在的合法性。[①] 恰恰相反，笔者坚信只要不忽视县志“私”的性质，并多加关注县志作者与读者之间存在的这种张力，将县志置于具体的时空环境中进行分析，探究其形成过程，我们就能更好地避免落入县志作者早已挖好的陷阱，以及能更好地超越县志记述的真实性纠缠，发现蕴含其中的不同于传统意义上的史料价值，进而触及县志之外的更为真切的区域社会史。

综上所述，我们可视县志为一种地方官绅创作的文本，对它进行史料学的批判和社会史的分析，以剥离其背后的权力与观念。县志在一定程度上固然是对地方历史的客观反映，同时，也因其成为地方官绅竞相染指的话语权力和文化资本，被浸染上了浓重的权力色彩而含有建构的成分。因此，县志既是地方历史的记录，本身又是地方历史过程的重要组成部分。在这层意义上，县志是被那些掌握着县志编纂权的地方官绅基于现实社会的权力结构、价值观念和私人目的，对同样隐含着权力、观念与目的的文本如正史、方志、族谱、文集、传说、碑刻及其他类型文本进行筛选、组合、解释而建构起来的“地方历史”。

① 对于后现代史学的这一挑战，韩震等学者从历史哲学的角度做了富有建设性的批判。可参见韩震、董立河《历史学研究的语言学转向——西方后现代历史哲学研究》，北京师范大学出版社 2008 年版。

附　　录

附录1　明清历修瑞金县志简称对照表

序号	明清瑞金县志	简称
1	（明）赵勋修，林有年纂：《瑞金县志》	嘉靖壬寅志（1543）
2	（明）吕若愚修纂：《瑞金县志》	隆庆壬申志（1572）
3	（明）堵奎临修，钟谟等纂：《瑞金县志》	万历癸卯志（1603）
4	（明）项元濂纂修：《瑞金县志》	万历乙卯志（1615）
5	（明）潘舜历修，杨以杰等纂：《瑞金县志》	万历戊午志（1618）
6	（清）朱维高修，杨长世等纂：《瑞金县志》	康熙癸亥志（1683）
7	（清）郭一豪修，杨以廉等纂：《瑞金县志》	康熙己丑志（1709）
8	（清）郭灿等修，黄天策等纂：《瑞金县志》	乾隆癸酉志（1753）
9	（清）蒋芳增纂修：《瑞金县志》	道光壬午志（1822）
10	（清）张国英修，陈芳、杨本初、钟庚等纂：《瑞金县志》	光绪乙亥志（1875）

附录2 明清时期赣南各府州县修志情况一览表

	洪武	洪熙	永乐	正统	景泰	成化	宏治	正德	嘉靖	隆庆	万历	天启	崇祯	顺治	康熙	乾隆	道光	咸丰	同治	光绪	小计
赣州府	—	—	—	—	—	—	不详	—	15	—	—	1	—	—	23,52	43	28	—	12	—	8
赣县	—	—	—	—	—	—	—	—	—	—	—	—	—	—	23	21	5	—	11	—	4
于都	—	—	—	2	—	—	—	—	25,45	—	22	—	—	—	1,47	22	10	—	13	29	10
信丰	不详	—	不详	—	—	—	—	—	不详	4	不详	—	—	—	3,5,41,58	16	4	—	9	—	12
兴国	—	—	—	—	—	8	—	2	27	—	48	—	—	—	22,50	15	4	—	11	—	9
会昌	—	—	—	—	—	22	—	—	—	3	14	—	—	—	14	15	6	—	11	—	7
龙南	—	—	—	—	—	—	13	—	—	不详	5	—	—	—	12,22,48	15,50	6	—	9	2	11
安远	—	—	—	—	—	—	6	—	44	5	6,41	—	—	9	22	16	3	—	11	—	10
长宁	—	—	—	—	—	—	—	—	—	—	7	—	—	—	12	14	6	5	—	2,25,27,33	9
定南	—	—	—	—	—	—	—	—	—	—	13	—	—	14	23	44	5	—	11	—	6
南安府	—	—	—	—	不详	—	—	不详	15	—	—	—	—	—	12,49	33	—	—	7	1	8
大庾	—	—	—	—	—	—	—	—	—	—	—	—	—	—	38	13	—	1	13	—	4
南康	—	—	—	—	—	—	—	—	34	—	—	—	—	—	13,22,49	18	3	—	11	—	7
崇义	—	—	—	—	—	—	—	—	32	—	38	—	—	—	32	32	—	6	6	21	7
上犹	—	—	—	—	—	—	—	—	32	—	—	—	—	—	12,21,36	15,49,55	3,不详	—	—	19	10
宁都	—	1	—	—	—	—	—	—	—	—	10,20	—	—	—	1,22	6	4	—	12	—	7
瑞金	—	—	—	—	—	—	—	—	20	6	31,43,46	—	—	—	22,49	18	2	—	—	1	10
石城	—	—	—	—	—	—	4	—	—	—	—	—	16	17	13	10,46	4	—	—	—	7
小计	1	1	1	1	1	2	4	2	11	5	15	1	1	3	33	22	16	3	14	10	147

注:1. 该表根据中国科学院北京天文台主编《中国地方志联合目录》,金恩辉主编《中国地方志总目提要》,林平、张纪亮编《明代方志考》,赣州市地志办编《赣南各县修志简况》等制作而成。2. 表中的数字表示修志的时间为其所对应朝代年号的年份。

附录 3 明清时期瑞金县的进士、举人统计表

进士

序号	朝代	姓名	年代	职务
1	明	谢富阳	明成化十一年乙未（1475），谢迁榜进士	福建清流县知县
2		杨以任	崇祯四年辛未（1631）陈于泰榜进士	南京国子监博士
3	清	杨于位	清康熙六十年辛丑（1721），邓钟岳榜进士	广东平远县知县
4		胡泰	乾隆元年丙辰（1736），金德瑛榜进士	湖南知府
5		杨方立	乾隆十三年戊辰（1748），梁国治榜进士	鸿胪寺正卿

举人

序号	朝代	姓名	年代	职务
1	明	谢富阳	成化七年辛卯（1471）	
2		刘葵	弘治十七年甲子（1504）	湖广荆门州学正
3		王雍	正德二年丁卯（1507）	福建宁化教谕
4		戴汝器	嘉靖二十五年丙午（1546）	山东东昌推官、四川乌蒙通判
5		刘道	万历元年癸酉（1573）	德州知州、府同知
6		谢元贺	万历十六年戊子（1588）	福建永定知县、河南禹州知州
7		杨以杰	万历十六年戊子（1588）	贵州都均府知府
8		杨以任	万历四十六年戊午（1618）	
9		杨以旦	天启元年辛酉（1621）	德化教谕
10		朱国卿	天启四年甲子（1624）	
11	清	朱世官	顺治十七年庚子（1660）	拣选知县
12		杨以兼	顺治十七年庚子（1660）	河南涉县知县
13		谢聘	康熙二年癸卯（1663）	拣选知县
14		胡朝极	康熙十一年壬子（1672）	广昌靖安教谕
15		杨方英	康熙二十年辛酉（1681）	吉水教谕
16		谢重扬	康熙四十四年乙酉（1705）	
17		刘琛	康熙四十七年戊子（1708）	补内阁中书
18		陈尚恬	康熙五十年辛卯（1811）	历任永丰德化教谕
19		杨于位	康熙五十九年己亥（1720）	
20		钟秉用	雍正元年癸卯（1723）	拣选知县
21		杨枝经	雍正四年丙午（1726）	拣选知县

续表

举人				
序号	朝代	姓名	年代	职务
22	清	胡泰	雍正十三年乙卯（1735）	
23		杨于渊	雍正十三年乙卯（1735）	拣选知县
24		钟泰岩	雍正十三年乙卯（1735）	拣选知县
25		管希曾	乾隆元年丙辰（1736）	浙江金华府汤溪县知县
26		杨方晨	乾隆六年辛酉（1741）	拣选知县
27		杨方立	乾隆六年辛酉（1741）	
28		胡修	乾隆十七年壬申（1742）	拣选知县
29		赖云鹏	乾隆十七年壬申（1742）	
30		周之崙	乾隆二十七年壬午（1752）	
31		罗有高	乾隆三十年乙酉（1765）	
32		杨方亭	乾隆三十三年戊子（1768）	太常寺博士
33		赖昌清	乾隆三十九年甲午（1774）	拣选知县
34		刘忠皓	乾隆三十九年甲午（1774）	福安县知县
35		陈承兰	乾隆四十五年庚寅（1780）	拣选知县
36		曾光玠	嘉庆三年戊午（1798）	崇义县学教谕
37		钟奕德	嘉庆二十四年己卯（1819）	
38		邹靖	道光三年壬午（1823）	赣州府训导
39		杨会庠	道光十一年辛卯（1831）	
40		陈芳	道光二十三年癸卯（1843）	
41		陈述曾	道光二十三年癸卯（1843）	
42		钟瑞元	同治十二年癸酉（1873）	
43		陈斌	同治十二年癸酉（1873）	

注：此表据光绪《瑞金县志》卷6《选举志》统计制作，《选举志》记事时间截止清同治十二年（1873）。另，表中未包括武进士和武举人，亦未包括钦赐举人。

附录 4　明清时期瑞金县的贡生姓氏分布表

姓氏 方志	嘉靖壬寅志（1543）	万历癸卯志（1603）	康熙癸亥志（1683）	康熙己丑志（1709）	乾隆癸酉志（1753）	道光壬午志（1822）	光绪乙亥志（1875）
杨	5	24	58	81	74	127	160
刘	14	26	36	46	40	62	104
钟	5	12	21	25	28	65	92
谢	1	4	14	21	18	41	52
陈	2	3	10	15	15	39	49
胡	2	6	8	14	15	26	31
赖	1	2	9	17	16	26	31
邓	0	5	9	10	8	18	26
朱	2	6	12	18	12	14	22
罗	1	2	3	6	6	15	21

明清时期瑞金县贡生姓氏分布态势图

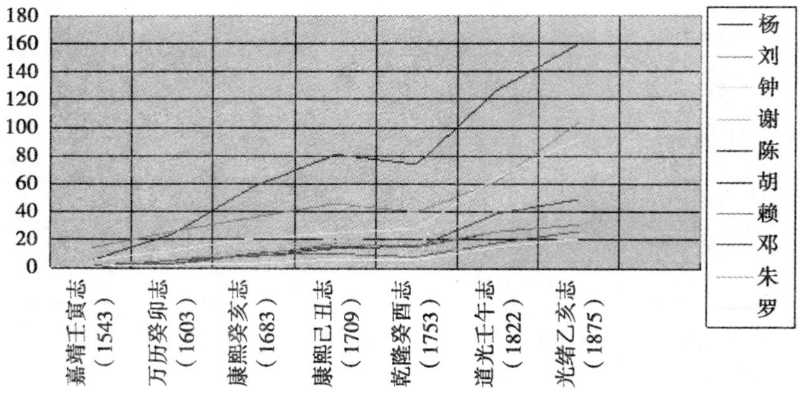

说明：1. 上表的数据来自嘉靖壬寅志（1543）的岁贡目；万历癸卯志（1603）、康熙癸亥志（1683）的岁贡、例贡两目；康熙己丑志（1709）的恩贡、拔贡、副榜贡、岁贡、例贡五目；乾隆癸酉志（1753）的恩贡、拔贡、廪贡、副榜贡、岁贡、例贡等六目；道光壬午志（1822）和光绪乙亥志（1875）的恩贡、拔贡、副榜贡、岁贡、优贡、廪贡、例贡等七目。

2. 统计时间截止到清同治十二年（1873）。

3. 该表只统计了贡生数量排名前十的姓氏。

参考文献

一　历史文献资料

1. 方志

（明）赵勋修，林有年纂：《瑞金县志》1961年《宁波天一阁藏明代方志选刊》本。

（明）堵奎临修，钟譔、赖聘等纂：《瑞金县志》，明万历三十一年（1603）刻本。

（清）朱维高修，杨长世、朱康侯等纂：《瑞金县志》1990年《日本藏中国罕见地方志丛刊》本。

（清）郭一豪修，杨以兼、朱云映、谢重拔等纂：《续修瑞金县志》1990年《日本藏中国罕见地方志丛刊》本。

（清）郭灿等修，黄天策、杨于位等纂：《瑞金县志》，故宫博物院藏清乾隆十八年（1753）刻本。

（清）蒋芳增纂修：《瑞金县志》，清道光二年（1822）刻本。

（清）张国英修，陈芳、杨本初、钟庚等纂：《瑞金县志》，台湾中央研究院傅斯年图书馆藏清光绪元年（1875）刻本。

民国《瑞金县志稿》，瑞金市地方志办公室藏复印本，据民国30年（1941）油印本复印。

黄嘉焕：《绵江风土录》（1947年），油印本，瑞金市地方志办公室藏。

瑞金县志编纂委员会编：《瑞金县志》，中央文献出版社1993年版。

朱庆亮主编：《瑞金市志》，三秦出版社2007年版。

瑞金县文物志编写小组编写：《瑞金县文物志（历史文物部

分)》，1984 年。

瑞金县人民政府地名办公室编印：《江西省瑞金县地名志》，内部资料，1985 年。

（明）康河修，董天锡纂：《赣州府志》1962 年《天一阁藏明代方志选刊》本。

（明）余文龙修，谢诏纂：《赣州府志》，明天启元年（1621）修、清顺治十七年（1660）汤斌重刻本。

（明）陈灿纂：《虔台续志》。

（清）黄汝铨修，张尚瑗纂：《赣州府志》，清康熙五十二年（1713）刻本。

（清）朱扆等修，林有席等纂：《赣州府志》，清乾隆四十七年（1782）刻本。

（清）李本仁修，陈观酉纂：《赣州府志》，清道光二十八年（1848）刻本。

（清）魏瀛修，鲁琪光、钟音鸿纂：《赣州府志》，清同治十二年（1873）刻本。

（清）黄鸣珂修，石景芬、徐福炘纂：《南安府志》，清同治七年（1868）刻本。

（明）林庭木昂修，周广纂：《江西通志》，明嘉靖四年（1525）刻本。

（清）谢旻等修，陶成、恽鹤生等纂：《江西通志》，清雍正十年（1732）刻本。

（清）刘坤一等修，刘铎、赵之谦等纂：《江西通志》，清光绪七年（1881）刻本。

吴宗兹修，辛际周、周性初纂：《江西通志稿》，民国 36 年（1947）稿本。

（清）卢振先修，管奏锳等纂：《于都县志》，清康熙四十七年（1708）刻本。

（清）张瀚修，黄彬等纂：《信丰县志》，清康熙五十八年（1719）刻本。

（清）黄德溥、崔国榜修，褚景昕纂：《赣县志》，清同治十一年（1872）刻本。

（清）黄瑞图修，欧阳铎纂：《安远县志》，清同治十一年（1872）刻本。

（明）莫应奎、王光蕴修，吴天德等纂：《宁都县志》，明万历二十年（1592）刻本。

（清）郑昌龄修，梅廷驯纂：《宁都县志》，清乾隆六年（1741）刻本。

（清）黄永纶修，杨锡龄等纂：《宁都直隶州志》，清道光四年（1824）刻本。

（清）刘荣修，李德龄纂：《广昌县志》，清光绪元年（1875）刻本。

（清）朱一慊修，许琼等纂：《石城县志》，清道光四年（1824）刻本。

（明）苏民望修，萧时中纂：《永安县志》，明万历二十二年（1594）刻本。

（明）汪瑀修，林有年纂：《安溪县志》1963 年《天一阁藏明代方志选刊》本。

（清）李福泰修，史澄、何若瑶纂：《番禺县志》，清同治十年（1871）刻本。

（清）卢兆鳌修，余鹏举等纂：《平远县志》，清嘉庆二十五年（1802）刻本。

（清）郑炳修，凌元驹纂：《始兴县志》，清乾隆二十年（1755）刻本。

（清）徐清选、李培绪修，毛辉凤、文炳汉、熊起凤等纂：《丰城县志》，清道光五年（1825）刻本。

（清）李寅清、夏琮鼎修，严升伟、彭启昆、易炳晃纂：《分宜县志》，清同治十年（1871）刻本。

（清）祝文郁修，李世熊纂：《宁化县志》，清康熙二十三年（1684）刻本。

（清）孙和相修，戴震纂：《汾州府志》，清乾隆三十六年（1771）刻本。

（宋）欧阳忞纂：《舆地广记》，四库全书本。

（明）李贤等纂：《明一统志》，四库全书本。

马蓉、陈抗等点校：《永乐大典方志辑佚》，中华书局2004年版。

2. 文集

（清）杨以任：《杨维节先生稿》，清康熙年间天盖楼刻江西五家稿本。

（清）杨长世：《影居文钞》，南京图书馆藏清康熙年间刻本。

（清）杨以睿：《汲亭文钞》，南京图书馆藏清康熙年间刻本。

（清）杨兆凤：《寓鸿亭文钞》，南京图书馆藏清康熙年间刻本。

（清）杨以俨：《强恕斋文集》，南京图书馆藏清康熙年间刻本。

（清）杨兆年：《栩栩园文钞》，南京图书馆藏清康熙年间刻本。

（清）罗有高：《尊闻居士集》，上海图书馆藏清光绪七年（1881）刻本。

（清）彭士望：《耻躬堂文钞》，清咸丰二年（1852）刻本。

（清）邱维屏：《邱邦士文集》，清道光十七年（1837）刻本。

（清）李世熊：《寒支初集》，清初檀河精舍刻本。

（清）林时益辑：《宁都三魏全集》，清道光二十五年（1845）宁都谢廷绶园书屋重刻本。

（明）刘节：《梅国前集》，北京图书馆明刻本。

（清）黎士弘：《托素斋文集》，福建省图书馆藏清雍正二年（1724）黎致远刻本。

（清）恽敬：《大云山房文稿初集》，清光绪十年（1885）刻本。

（明）罗洪先：《念庵文集》，四库全书本。

（明）海瑞：《海瑞集》，中华书局1981年版。

（明）王阳明：《王阳明全集》，上海古籍出版社1992年版。

（唐）韩愈著，阎琦校注：《韩昌黎文集注释》，三秦出版社2003年版。

3. 族谱

《瑞金叶坪谢氏六修族谱》，清道光二十九年（1849）修，木活字本，上海图书馆藏。

《瑞金叶坪谢氏八修族谱》，民国11年（1922）修，木活字本，上海图书馆藏。

《瑞金叶坪谢氏九修族谱》，1995年修。

《瑞金北关谢氏宗谱》，民国修（具体年份不详），木活字本，上海图书馆藏。

《瑞金西门杨氏七修族谱》，民国37年（1948）修，铅印本，上海图书馆藏。

瑞金西杨氏史记编撰小组编：《瑞金西杨氏史记》2004年印，赣南师范学院客家研究中心藏。

《瑞金壬田朱氏六修族谱》，清代修（具体年份不详），木活字本，上海图书馆藏。

《瑞金壬田朱氏八修族谱》，1993年修。

《瑞金东山朱氏八修族谱》，1997年修。

《瑞金密溪罗氏六修族谱》，清光绪三十四年（1908）修，木活字本，上海图书馆收藏。

《瑞金东关钟氏族谱》，民国35年（1946）铅印本，上海图书馆藏。

《（瑞金）东关钟氏九修族谱》，1995年修。

《瑞金九堡灞溪钟氏七修族谱》，清修（具体年份不详），上海图书馆藏。

《瑞金蓼溪赖氏五修族谱》，清同治十年（1871）修，木活字本，上海图书馆藏。

《瑞金北关刘氏七修族谱》，民国（具体年份不详），木活字本，上海图书馆藏。

《彭城刘氏宗谱》，民国30年（1941），木活字本，上海图书馆藏。

《瑞金刘氏首次联修总族谱》，1996年修。

《瑞金县孔胡氏族谱》，民国18年（1929）修，木活字本，上海图书馆藏。

《瑞金南冈邓氏族谱》，清修（具体年份不详），上海图书馆藏。

《瑞金北关刘氏七修族谱》，民国年间修（具体年份不详），上海图书馆藏。

《瑞邑城南江氏四修族谱》，民国6年（1917）修，上海图书馆藏。

《瑞金于都会昌寻乌邑江氏联修族谱》，1995修。

《石城旸谷潘氏七修族谱》，1994年修。

《廖氏清河璜溪十六修族志》，1994年修。

《清乾隆辛丑中坝廖氏家谱》，清乾隆四十七年（1782）修，赣南师范学院客家研究中心藏。

4. 其他

李景隆等：《明实录》，“中央研究院”历史语言研究所1966年版。

《清实录》，中华书局1986年版。

（清）张廷玉等撰：《明史》，中华书局1974年版。

赵尔巽等撰：《清史稿》，中华书局1976年版。

（明）谈迁：《国榷》，中华书局1958年版。

（宋）欧阳修：《新五代史》，中华书局1974年版。

（宋）司马光：《资治通鉴》，中华书局1956年版。

（清）杨英：《从征实录》，台湾文献丛刊第32种。

《思文大纪》（台湾文献丛刊第111种），台北大通书局1984年版。

（元）马端临：《文献通考》，中华书局1986年版。

《钦定四库全书总目》，中华书局1997年版。

（清）章学诚著，仓修良编纂：《文史通义新编纂》，浙江古籍出版社2005年版。

（清）徐栋辑：《牧令书》，清道光二十八年（1848）刻本。

（清）许乃普辑：《宦海指南五种》，清咸丰九年（1859）刻本，赣南师范学院图书馆藏本。

（唐）杨筠松：《疑龙经》，四库全书本。

（元）脱脱等撰：《宋史》，中华书局点校本，1977 年版。

（清）上官周编绘，胡佩衡选订：《晚笑堂画传》，人民美术出版社 1959 年版。

《文渊阁四库全书》，台湾商务印书馆影印 1984 年影印本。

《续修四库全书》，上海古籍出版社 2002 年影印本。

《四库全书存目丛书》，齐鲁书社 1997 年影印本。

《四库未收书辑刊》，北京出版社 1997 年影印本。

《四库禁毁书丛刊》，北京出版社 2000 年影印本。

周宪文编：《台湾文献丛刊》，台北大通书局 1984 年版。

二 论著与论文

1. 论著

李泰棻：《方志学》，商务印书馆 1934 年版。

傅振伦：《中国方志学通论》，商务印书馆 1935 年版。

Hsiao Kung-ch'üan, *Rural China: Imperial Control in the Nineteenth Century*, University of Washington Press, 1960.

张国淦编：《中国古方志考》，中华书局 1962 年版。

《马克思恩格斯选集》（第一卷），人民出版社 1972 年版。

［英］爱德华·卡尔：《历史是什么》，吴柱存译，商务印书馆 1981 年版。

地方史志研究组编：《中国地方志总论》，中国地方史志协会、吉林省图书馆学会 1981 年版。

地方史志研究组编：《中国地方志分论》，中国地方史志协会、吉林省图书馆学会 1981 年版。

来新夏著：《方志学概论》，福建人民出版社 1983 年版。

路志霄等校辑：《方志学两种》（黎锦熙《方志今议》、甘鹏云《方志商》），岳麓书社 1983 年版。

中国地方史志协会编：《中国地方志论丛》，中华书局 1984 年版。

薛虹：《中国方志学概论》，黑龙江人民出版社 1984 年版。

金恩辉主编：《中国地方志论集（1950—1983）》，吉林省地方志编纂委员会 1985 年版。

吉林省图书馆学会编：《中国地方志论集（1911—1949）》，吉林省地方志编纂委员会 1985 年版。

中国科学院北京天文台主编：《中国地方志联合目录》，中华书局 1985 年版。

黄苇主编：《中国地方志辞典》，黄山书社 1986 年版。

朱士嘉编：《中国旧志名家论选》，《史志文萃》编辑部出版 1986 年版。

［法］勒高夫等主编：《新史学》，姚蒙译，上海译文出版社 1989 年版。

［美］何炳棣：《中国人口史研究（1368—1953）》，葛剑雄译，上海古籍出版社 1989 年版。

曹子西等编：《中国地方志论集》，吉林省地方志编纂委员会 1989 年版。

樊树志著：《明清江南市镇探微》，复旦大学出版社 1990 年版。

张仲礼：《中国绅士——关于其在 19 世纪中国社会中作用的研究》，李荣昌译，上海社会科学院出版社 1991 年版。

陈支平：《近五百年来福建的家族社会与文化》，上海三联书店 1991 年版。

刘纬毅：《中国地方志》，新华出版社 1991 年版。

郑振满：《明清福建家庭组织与社会变迁》，湖南教育出版社 1992 年版。

黄苇：《方志学》，复旦大学出版社 1993 年版。

金恩辉主编：《中国地方志总目提要》，汉美图书有限公司 1996 年版。

梁启超：《中国近三百年学术史》，东方出版社 1996 年版。

陈宝良：《中国的社与会》，浙江人民出版社 1996 年版。

陈桥驿：《陈桥驿方志论集》，杭州大学出版社 1996 年版。

［美］杜赞奇：《文化、权力与国家——1900—1942 年的华北农村》，王福明译，江苏人民出版社 1996 年版。

钱穆：《中国近三百年学术史》，商务印书馆 1997 年版。

刘志伟：《在国家与社会之间——明清广东里甲赋役制度研究》，中山大学出版社 1997 年版。

王铭铭：《社会人类学与中国研究》，生活·读书·新知三联书店 1997 年版。

［法］米歇尔·福柯：《知识考古学》，谢强等译，生活·读书·新知三联书店 1998 年版。

陈光贻：《中国地方志学史》，福建人民出版社 1998 年版。

周迅：《中国地方志》，商务印书馆 1998 年版。

林耀华：《金翼》，生活·读书·新知三联书店 1999 年版。

［日］濑川昌久：《族谱：华南汉族的宗族·风水·移居》，钱杭译，上海书店出版社 1999 年版。

唐力行：《明清以来徽州区域社会经济研究》，安徽大学出版社 1999 年版。

［美］吉尔兹：《地方性知识：阐释人类学论文集》，王海龙、张家瑄译，中央编译出版社 2000 年版。

王家范：《中国历史通论》，华东师范大学出版社 2000 年版。

张研：《清代社会的慢变量——从清代基层社会组织看中国封建社会结构与经济结构的演变趋势》，山西人民出版社 2000 年版。

赖启华主编：《早期客家摇篮——宁都》，中华国际出版社 2000 年版。

［英］莫里斯·弗里德曼：《中国东南的宗族组织》，刘晓春译，王铭铭校，上海人民出版社 2000 年版。

［日］山根幸夫：《中国史研究入门》（增订本），田人隆等译，社会科学文献出版社 2000 年版。

王鹤鸣主编：《中华族谱研究》，上海科学技术文献出版社 2000 年版。

钱杭：《血缘与地缘之间：中国历史上的联宗与联宗组织》，上海社会科学院出版社 2001 年版。

杨念群：《中层理论——东西方思想会通下的中国史研究》，江西教育出版社 2001 年版。

梁其姿：《施善与教化——明清的慈善组织》，河北教育出版社 2001 年版。

唐立宗：《在“盗区”和“政区”之间——明代闽粤赣湘交界的秩序变动与地方行政演化》，台湾大学出版委员会 2002 年版。

冯贤亮：《明清江南地区的环境变动与社会控制》，上海人民出版社 2002 年版。

张海英：《明清江南商品流通与市场体系》，华东师范大学出版社 2002 年版。

林天蔚：《地方文献论集》，南方出版社 2002 年版。

饶伟新：《生态、族群与阶级——赣南土地革命的历史背景分析》，2002 年厦门大学历史系博士论文。

瞿同祖：《清代地方政府》，范忠信等译，法律出版社 2003 年版。

［美］海登·怀特：《后现代历史叙事学》，陈永国等译，中国社会科学出版社 2003 年版。

仓修良：《方志学通论》，方志出版社 2003 年版。

徐茂明：《江南士绅与江南社会（1368—1911）》，商务印书馆 2004 年版。

［美］格奥尔格·伊格尔斯：《二十世纪的历史学：从科学的客观性到后现代的挑战》，何兆武译，山东大学出版社 2005 年版。

陈宝良：《明代儒学生员与地方社会》，中国社会科学出版社 2005 年版。

张英聘：《明代南直隶方志研究》，社会科学文献出版社 2005 年版。

［美］戴维·斯沃茨：《文化与权力：布尔迪厄的社会学》，陶东风译，上海译文出版社 2006 年版。

费孝通：《中国绅士》，中国社会科学出版社 2006 年版。

赵世瑜：《小历史与大历史：区域社会史的理念、方法与实践》，生活·读书·新知三联书店2006年版。

程美宝：《地域文化与国家认同：晚清以来的“广东文化”观的形成》，生活·读书·新知三联书店2006年版。

赵园：《制度·言论·心态——〈明清之际士大夫研究〉续编》，北京大学出版社2006年版。

常建华：《清代的国家与社会研究》，人民出版社2006年版。

吕妙芬：《阳明学士人社群：历史、思想与实践》，新星出版社2006年版。

陈江：《明代中后期的江南社会与社会生活》，上海社会科学院出版社2006年版。

黄志繁：《“贼”“民”之间：12—18世纪赣南地域社会》，生活·读书·新知三联书店2006年版。

林晓平：《客家祠堂与文化》，黑龙江人民出版社2006年版。

何朝晖：《明代县政研究》，北京大学出版社2006年版。

［日］井上彻：《中国的宗族与国家礼制》，钱杭译，上海书店出版社2008年版。

方志远：《明代国家权力结构及运行机制》，科学出版社2008年版。

巴兆祥：《中国地方志流播日本研究》，上海人民出版社2008年版。

行龙：《从社会史到区域社会史》，人民出版社2008年版。

［加］卜正民：《明代的社会与国家》，陈时龙译，黄山书社2009年版。

钱杭：《中国宗族史研究入门》，复旦大学出版社2009年版。

钱杭：《库域型水利社会史研究——萧山湘湖水利集团的兴与衰》，上海人民出版社2009年版。

戴鞍钢：《中国地方志精读》，复旦大学出版社2009年版。

张宏卿：《农民性格与中共的乡村动员模式：以中央苏区为中心的考察》，中国社会科学出版社2012年版。

许金华：《社会变迁与乡村革命（1860—1928）：赣南农民暴动

的源起研究》，江西人民出版社2013年版。

2. 论文

陈春声：《嘉靖“倭乱”与潮州地方文献编修之关系——以“东里志”的研究为中心》，《潮学研究》（第五册），汕头大学出版社1996年版。

罗勇：《客家与风水术》，《赣南师范学院学报》1997年第4期。

江晓敏：《浅谈地方志续修与重修之异同》，载《津图学刊》1999年第1期。

梁洪生：《江西谱牒与地方社会文化变迁——〈江西公藏谱牒目录提要〉自叙》，载王鹤鸣主编《中华族谱研究》，上海科学技术文献出版社2000年版。

［美］戴思哲（Joseph Dennis）：《谈明万历〈新昌县志〉编撰者的私人目的》，载王鹤鸣主编《中华谱牒研究》，上海科学技术文献出版社2000年版。

［美］范德（Edward L. Farmer）：《图绘明代中国：明代地方志插图研究》，吴莉苇译，载《中国社会历史评论》（第二卷），天津古籍出版社2000年版。

邱新立：《中国五六十年代地方志的编修始末及成果概述》，《中国地方志》2000年第1期。

盛晓明：《地方性知识的构造》，《哲学研究》2000年第12期。

李文良：《清初台湾方志的“客家”书写与社会相》，《台大历史学报》2003年第31期。

［日］滨岛敦俊：《方志与乡绅》，载（台）《暨南史学》（第6号），2003年，第239—254页。

余新忠：《明清时期的孝行与家庭生活——以江南方志记载为中心的解读》，载张国刚主编《中国家庭史论》，南开大学出版社2003年版。

程美宝：《由爱乡而爱国：清末、广东乡土教材的国家话语》，《历史研究》2003年第4期。

邱新立：《二十年来章学诚方志理论研究综述》，《福建史志》

2003 年第 4 期。

钱杭:《真实与虚构之间的历史授权——萧山湘湖史上的〈英宗敕谕〉》,《史林》2004 年第 6 期。

饶伟新:《明清以来赣南乡村宗族的发展进程与历史特征》,载《"赣州与客家世界"国际学术研讨会论文集》,人民出版社 2004 年版。

陈蕴茜、曲兵:《论清末民初士绅与江浙地方志的变化》,《江海学刊》2004 年第 4 期。

张英聘:《论〈大明一统志〉的编修》,《史学史研究》2004 年第 6 期。

巴兆祥:《论〈大清一统志〉的编修对清代地方志的影响》,《宁夏社会科学》2004 年第 5 期。

谭必友:《19 世纪民族地方志描述视角的变迁——以乾隆、道光、光绪本〈凤凰厅志〉比较研究为例》,《贵州民族研究》2005 年第 1 期。

黄志繁:《明代赣南的风水、科举与乡村社会"士绅化"》,《史学月刊》2005 年第 11 期。

张新民:《大一统冲动与地方文化意识的觉醒——明代贵州方志成就探析》,《中国文化研究》2002 年冬之卷;《地方性知识的文本世界——贵州地方志修纂源流考论》,《贵州民族研究》2007 年第 2 期。

罗勇:《三僚与风水文化》,《赣南师范学院学报》2007 年第 4 期。

李晓方:《明清时期赣南客家地区的风水信仰与政府控制》,《社会科学》2007 年第 1 期。

杨念群:《章学诚的"经世"观与清初"大一统"意识形态的建构》,《社会学研究》2008 年第 5 期。

[日] 佐藤仁史:《清末民初在乡知识分子的文明观与乡土观》,载《日本中国史研究年刊》(2006 年度),上海古籍出版社 2008 年版。

沈毅:《"家""国"关联的历史社会学分析——兼论"差序格

局”的宏观建构》，《社会学研究》2008年第6期。

王明珂：《王崧的方志世界——明清时期云南方志的本文与情境》，载孙江主编《新史学：概念·文本·方法》，中华书局2008年版。

冯玉荣：《明末清初社会变动与地方志的编纂——以〈松江府志〉为例》，《中国地方志》2008年第7期。

谢宏维：《文本与权力：清至民国时期江西万载地方志分析》，《史学月刊》2008年第9期。

罗艳春：《教育、宗族与地域社会——清中叶江西万载书院再考》，载常建华主编：《中国社会历史评论》（第九卷），天津古籍出版社2008年版。

李晓方：《清中期赣南的会匪问题与政府控制——以〈清实录〉为考察中心》，《史林》2008年第4期。

刘永华、朱忠飞：《道光〈平和县志〉介评》，载国家图书馆古籍馆编《第二届地方文献国际学术研讨会论文集》，国家图书馆出版社2009年版。

游欢孙：《地方志叙事“小传统”与明清以来江南市镇的数量增长——兼论1929年与1934年的“商业镇”与“自治镇”》，《学术月刊》2009年第10期。

李晓方：《禁烟之议与清代赣南客家地区社会生态变迁》，《农业考古》2009年第4期。

李晓方：《村落、建筑与记忆：赣南下村的历史叙事》，《历史教学问题》2010年第3期。

李晓方：《崇文向学与尚武好斗：明清历修〈赣州府志〉对赣南民风的表达》，《社会科学》2010年第4期。

邹春生：《“江东神”论考——基于地方文献的分析》，载中国历史文献研究会编《历史文献研究》（总第30辑），华东师范大学出版社2011年版。

张嗣介：《明末清初赣州抗清战争纪实及其对清早中期赣闽粤客家移民之影响》，载《赣州历史与文化学术研讨会暨中国历史文献研究会第 31 届年会论文集》(2010 年 10 月)。

[美] 戴思哲:《明代方志出版中的财务问题》，陈玮译，何朝晖审校，《浙江大学学报》2011 年第 1 期。

张小也:《地方志与地方史的建构：以清代〈江夏县志〉与民间文献〈灵泉志〉的对比为中心》,《清史研究》2012 年第 3 期。

李晓方:《地方县志的族谱化：以明清瑞金县志为考察中心》,《史林》2013 年第 5 期。

李晓方:《地方县志的“生产者”与“消费者”：基于明清瑞金县志的考察》,《历史教学问题》2014 年第 3 期。

李晓方:《传记书写与皇权攀附：清代瑞金县志对谢长震的形象建构》,《上海师范大学学扳》2014 年第 6 期。

后　记

本书初稿是2011年5月通过答辩的博士论文。正式出版之际，我不由得想起了完成博士论文时的心境，那大体反映在博士论文的《后记》之中。我愿意将之转录于此，与读者诸君分享。其记如下：

> 后记与前言一样，大概是读者最愿意阅读的内容。通过前言，可以概览文章大意；通过后记，则可能了解到文章背后的“故事”，更近距离地触及作者的写作背景和才情心性。多次与同学神侃八卦，聊到博士学位论文的后记，认为这是一个很有意思的“文类”，由此切入，或许可以透视改革开放以来中国的社会变迁与部分知识群体的生存状态。基于这种“自觉”，我愿意在此记下此时我最想表达的两层意思：一是选择攻读博士学位的原因；二是感谢帮助我完成博士学位论文的人们。
>
> 2004年，我硕士研究生毕业，进入一所地方师范院校任教。其时适逢各大高校扩招和掀起新校区建设高潮的重要时期。各大高校尤其是地方院校的学生人数空前膨胀。与此相应的是，教师的教学工作量随之倍增，每星期上二三十节课，一时成为常态。我曾经有过一学期上七门课的经历，因此一度戏称自己“三头六臂”。这实在是迫不得已。繁重的教学任务，让我在任教四年中没有太多的精力从事学术研究。这让我很纠结，更是愧疚。愧疚于疲于应付，没能把课上好，深感对不起学生。我自认为对学术是感兴趣的，也是有追求的。然而，教学工作让我分身乏术，常感“江郎才尽”，深陷纠结。于是有了攻读博士学位的想法，想好好充实和提高自己，为的是更好地站在讲台上，力免误己误人，以求心安。

我虽孤陋，但钱杭老师的大名和学术还是如雷贯耳。尤其是钱老师在宗族研究方面的成就，贯通历史学与人类学的理论视野和研究方法，都令我神往和敬佩不已。2008 年，我有幸忝列钱老师门下，终于实现了学习深造的愿望。钱老师精于实证研究，又长于理论思辨，他特别希望我能加强理论自觉。为此，钱老师要求我研读马、恩著作中的相关原典篇章。尽管读得认真，却不敢说达到了老师的要求。然而，这却激发了我对史学理论的兴趣，受此影响，我开始涉猎较为前沿的史学理论，一度为后现代的史学理论著作和经验作品所吸引。这为我本文的选题和研究过程，都产生了极为关键的作用。

读书是一件快乐的事情，做学问也是一件快乐的事情。然而，要在规定的时间内，按照一定的要求完成博士学位论文，却并不都是那么快乐。其中的酸甜苦辣，五味杂陈，只要是过来人，恐怕都有此同感。在此过程中，如果没有钱老师总是在关键时刻的指导和鼓励，要如期完成这篇学位论文是不可能的。从论文开题、写作到修改定稿，钱老师的指导意见仅形成的文字，就多达万余。这篇学位论文包含了太多钱老师的心血和智慧。如果说本文尚有可取之处的话，这首先得归功于钱老师。当然，文中存在的问题与不足，则是因我的愚钝和慵懒所致，责任全都在我。师母杨晓芬女士，对我在上海期间的学习和生活关怀备至，俨然把我当作家庭中的一成员，以至每每到沪，都令我有回家的感觉。然而此时，久久萦绕在内心深处的“谢谢”两字，却无论如何也说不出口。我害怕这样反倒显得生分。老师与师母的恩情，我将永铭于心。

我的硕士导师，江西师范大学的方志远教授，是将我带入历史研究学术殿堂的引路人。方老师一直很关心我的成长，他的鼓励和期待，一直是我前行的动力。当听说方老师又在课堂上提到我时，每每令我感动和愧疚不已。我唯有加倍努力，力求在学术之路上走得更远些，以回报老师的厚爱于万一。

华东师范大学历史系的王家范教授、牟发松教授、章义和教授、刘昶教授、庄辉明教授、陈江教授、王东教授、张耕华教授、许纪霖教授、李月琴副教授、黄爱梅副教授，在我三年的博士研究生学习过程中，他们以不同的方式给过重要的指导和帮助。我的学位论文中，也包含着他们的智慧，在此一并致以深深的谢意。同样的感谢要献给江西师范大学的黄今言教授、许怀林教授、梁洪生教授、谢宏维教授，南昌大学的黄志繁教授，他们一直关心着我的研究和写作，给我了很大的精神鼓励。

赣南师范学院客家研究中心的罗勇教授、钟俊昆教授、陈文红副教授，他们无私地给我提供了部分地方文献资料，在此深表谢意。历史文化与旅游学院的同事林晓平教授、黎章春教授、方世藻教授、魏炜教授、周琍教授、朱钦胜副教授、邹春生副教授、谢敏华副教授、孙胤副教授，他们不仅给我提供了可以安心学习的环境，而且一直很关心我的学习进展；组织部谢庐明教授、科研处周建新教授、中央苏区研究中心的张玉龙教授、曾耀荣副教授、机关党总支周建华副教授，则分别接受过我的请教。在此，我向他们表示由衷的感谢。

我得特别感谢上海图书馆，尤其是族谱馆中至今我都说不出姓名的工作人员，没有他们的服务和帮助，没有上图百余种瑞金谱族资料，我的学位论文将无法展开。我还得感谢赣州市方志办的谢芳桂主任，瑞金市方志办的朱庆亮主任，他们将方志办收藏的所有资料全部向我开放，使我得以不放过其中任何可能对我有用的东西。

在田野调查的过程中，我结识了很多瑞金的朋友。他们是瑞金市原党史办主任曹春荣先生，原文联主席刘庆春先生，作协主席钟俊诚先生，革命烈士纪念馆书记赖雨亭先生，法院的严帆先生，作协的钟谊女士、钟九九先生、钟吉安先生，还有一些一时记不起名字的乡亲，他们对我热情接待，多次陪同我深入瑞金的各乡镇村寨，了解地理山川，寻访族谱碑刻，收集民间传说故事。对他们的热情帮助，在此深表谢忱。为了调查一个地处瑞金、宁都、石城三县交界处的潘姓村落，高中同学刘继青先生，用一辆性能不算太好的旧摩托车，带着我奔跑在常常令我吓出一身冷汗的险峻的山间小道上。此情此景，至今历历在目，谢谢这位兄弟。

同门师兄王健博士、师姐王敏博士、张爱华博士、师妹李建华博士、师弟岳钦韬博士，我们不时小聚，畅饮畅谈，其乐无穷。师弟岳钦韬，是师门中通过网络寻找资料尤其是海外文献的高手，在我们的印象中，只有我们没想到的文献，没有他不能从网上找到的文献。对这些同门师兄弟姐妹的关心和帮助，在此就不言谢了。

博士研究生同学宋登卯、张现民、何建国、谢勇、孙旭红、曹广金、吴超、鄢洪峰、王郡、胡悦晗、崔海智、刘磊、侯鹏、李秀芳、朱月白、褚艳红、杜英、张玲、李芸诸君，我们或一起球馆竞技，或海阔天空地神侃，或卡拉 OK 厅里引吭高歌，此类集体活动，使原本单一的学习生活变得多姿多彩，这必将给我留下美好的记忆。借此机会，祝愿他们前程似锦。

最后，我得感谢我的妻子和女儿。我的妻子小吕，她义无反顾地支持我的学业，希望我能做好一名老师。她常开玩笑说，她是我们家的“家长”，同时供着我和女儿上学读书。可是，这个“家长”却并不好当。三年来，绝大多数的家庭重担，都落在了她的肩上。三年前，当时读二年级的女儿珂汇，常问读“一年级”的我，是否也像她一样考了一百分？当她得到否定的答案时，总是那样的得意扬扬。然而，在我进入论文写作后，她竟然知道了“爸爸正在研究瑞金县志”。大约从那时起，女儿不再缠着我讲她喜欢的历史故事了。只要看到我一进书房，她准会很“知趣”而颇为失落地走开。此刻，夜深人静，我对女儿和妻子的歉意也漫漫无边，希望能继续得到她们的谅解和支持。

博士论文《后记》，主要交代了为何读博士，如何读的博士，多少有些悲情色彩。博士毕业后，机缘巧合，开始了教学科研与行政工作双肩挑的状态。尽管做一名好老师的初衷未变，但投入教学科研的时间明显少了许多。因此，在同行面前，我一度常惶恐地自谓“不务正业”。近读《王阳明全集》，其中的一个故事令我颇有感触。王阳明临终前几天，逾南岭至南安，登船时，其弟子、时任南安府推官的周积来见。见面后，师生间有一段简短的对话。王阳明问：“近来进学如何？”面对此问，周积则向老师汇报了近来的工作情况，所谓“积以政对”。粗读故事，感觉周积答非所问，老师明明问的是学术，他汇报的却是工作；细细品味，则深感不然，这恰恰说明周积本人或者编纂这个故事的阳明弟子深谙其师的学术思想，因为在王阳明看来“事功即学问”；掩卷而思，我似乎可以从中找到减轻“不务正业”的内疚感和负罪感而聊以心安的理由了。相信我的“不务正业”，也定能得到关心我的师友们的理解和宽容。一位我很敬重的长者常说，学术思维与管理思维不同，学术思维重在求异，管理思维重在求同，实乃良论。不过，在我看来，两者却有着殊途同归的终极目标，那就是追求真善美。只要走在追求真善美的路上，就是正业。

时间一晃，已过四年。论文答辩时，唐力行教授、刘昶教授、章义和教授、张佩国教授、王振忠教授、马学强教授、徐茂明教授，为拙作提出了许多宝贵的批评意见。此后，又将相关内容先后提交了“中国社会学会2011年学术年会”“第五届全国青年史学工作者会议”“第六届海峡两岸客家高峰论坛”“第十五届中国社会史学会年会”等学术会议，在同行中进行交流，得到了不少师友的批评和鼓励。“井冈学者”特聘教授北京师范大学万建中教授拨冗审阅了书稿。此次付梓之前，曾对某些章节作了修改和补充。但是，由于本人的愚顽和疏懒，未能广泛吸取同行师友的修改意见，缺点和错误在所难免，还望读者批评指正。

本书的出版，得到了“江西省高校高水平学科——赣南师范学院社会学高水平学科”学术带头人林晓平教授的大力支持。若无他的积极推动、精心安排，正式付梓恐还有待时日。研究生部的同事们对我工作的体谅和分担，使我得以抽出更多的时间进行论文修改。中国社会科学出版社的宫京蕾女士、张依婧女士，为本书的编辑校对做了大量耐心细致的工作。2013级研究生刘和富同学，协助我对书稿引文进行了一一校对。值此全书杀青之时，笔者对他们特致深切的谢意！

最后，我得感谢我的博士导师钱杭教授欣然为本书赐序。钱师序中的批评意见，为读者提供了一个便于理解本书的视角，也为笔者今后的学术工作进一步指明了方向。

李晓方

识于赣南师范学院逸夫楼 11 栋 115 室

2014 年 12 月 22 日